동서 속담 사전

編者略歷

1933년 진해에서 출생하여 서울대학교 법과대학을 졸업하고, 同大學院에서 법학석사 · 법학박사 학위를 취득하였다. 1973년에는 Harvard-Yenching Institute의 초청으로, 1980년에는 American Council of Learned Societies의 장학금으로, 각각 1년간 Harvard Law School에서 公法을 연구하였고, 1996년에는 일본 北九州大學 초청교수로서 1년간 比較憲法을 강의하였다. 1965년부터 35년간 영남대학교 법학과에 재직하면서 교양학부장 · 법과대학장 · 대학원장 등을 역임하였고 현재 동대학의 명예교수이다. 저서로는 행정법강의(I), 민주적 교양, 정보화 사회의 프라이버시와 표현의 자유 등이 있다.

동서속담사전

엮은이 _ 변 재 옥
펴낸이 _ 영남대학교 출판부
초판발행 _ 2007년 5월 15일
초판2쇄 _ 2008년 10월 20일
등록일 _ 1975년 9월 5일 경산 제16-1호
주 소 _ 경북 경산시 대동 214-1번지
전 화 _ 053) 810-1801~4
팩 스 _ 053) 810-4722
ISBN _ 89-7581-287-1 03380
가 격 _ 32,000원

東西俗談辭典

韓·漢·日·英·獨·佛·羅

변재옥 엮음

동서속담사전

영남대학교출판부

머리말

지금은 어느 하나라도 제대로 구사하는 것이라고는 없지만, 영어, 독일어, 프랑스어를 터득하는 것이 당위라 생각하고 열중할 때가 있었다. 터를 넓게 잡아야 깊이 팔 수 있다고 생각한 때문이었으리라. 언어를 통하여 그 민족의 문화와 정감을 알기 마련인데, 간간이 접하게 되는 속담俗談은 매력이 있었다. 그래서 이것들을 수집 정리했고, 그것을 어쩌다 만나는 외국인과의 대화에 사용하면 그들은 크게 재미있어했다. 이것을 통하여 속담이란 과연 그 언어의 진주眞珠이며, 촌철寸鐵의 기능을 다하고 있음을 실감하게 되었다.

그래서 한·중·일·영·독·불의 속담집을 구하여 틈나는 대로 읽기 시작했는데, 동양과 서양 상호간에는 독특한 표현에도 미묘한 유사성類似性이 있어, 그 맛에 매료되어 버렸다. 한·중·일·영·독·불의 속담비교표를 만드는 일도 재미있으리라 착상했던 것이 동서속담사전東西俗談辭典이라는 책이 되었다.

한국·중국·일본은 한자문화권漢字文化圈이라는 공통성에 서있으면서도 각각 고유한 언어가 있어서, 자생적인 독특한 속담이 있는가 하면, 서로 번안飜案·전래된 것도 있다. 라틴어의 영향 아래 있는 영어, 독일어, 프랑스어에 있어서도 속담에는 자생적自生的인 것과 전래적인 것이 있어, 동서양의 사정에 다를 바가 없는 것 같다.

양洋의 동서東西나 때의 고금古今을 막론하고 인간의 본성은 같은지라, 어떤 민족의 어떤 방언으로 된 속담이라 할지라도 읽어 보면 즉시 마음에 와 닿는다. 그것은 여러 민족의 속담이 그 짧은 표현 속에 민중의 지혜를 담아, 입에서 입으로 건너다니면서 만인의 심금을 울리는 촌철寸鐵로서의 기능을 가지고 있기 때문이다.

속담에는 기지機智·재치才致·해학諧謔·욕설辱說이 있어서 스트레스 해소에 좋고, 처세處世의 요령, 준절峻切한 꾸짖음이 있는가 하면 시詩 처럼 향기로운 것이 있어서 좋다.

한 사람이 즐겨쓰는 말이 그 사람의 품격을 나타내듯이, 한 민족이 자주 쓰는 속담은 그 민족성을 말해 준다. 외국어에 있는 교훈적 속담이 우리에게 없어서 안타깝게 느껴지는 경우가 있는데, 그것을 번안飜案·활용하면 우리 민족성의 어떤 단점을 고칠 수도 있을 것이다. 속담은 쓰면 쓸수록 그 가치를 더해 가는 주인 없는 보물이며, 이로써 한 인간의 성정性情을 고치고, 한 민족의 정감情感을 가꿀 수도 있을 것이다. 이 책이 우리 마음의 양식을 풍부히 하고 우리의 어떤 단소短所를 보완하는데 도움이 된다면 편자編者의 요외料外의 보람일 것이다.

이 책을 만드는 데 많은 분의 도움을 받았다. 출판을 승락하여 주신 영남대학교 출판부에 감사를 드리고, 문의에 답하여 주신 동료 교수 몇 분께 감사한 마음 금할 수 없다. 출판부 이종백 선생의 헌신적 노력에도 감사를 드린다.

2007年 5月

編者 識

차 례

참고문헌

方鍾鉉・金思燁 共著, 俗談辭典, 文星閣, 1958.

韓國民俗學會 編, 韓國俗談集, 瑞文文庫, 1973.

李基文 編, 俗談辭典, 一潮閣, 1980.

______ 編, 韓國의 俗談, 三星文化文庫, 1980.

洪萬宗 著 李民樹 譯, 旬五志, 乙酉文化社, 1982.

송재선 엮음, 우리말속담큰사전, 서문당, 1985.

鄭鉉祐 編, 中國의 故事名言, 自由時代, 1989.

한국고전신서편찬회 편, 고사성어사전, 홍신문화사, 1990.

이명호 지음, 프랑스 속담격언사전, 어문학사, 1998.

원영섭 엮음, 우리속담사전, 세창출판사, 1999.

임종욱 엮음, 한국한자어속담사전, 이회문화사, 2001.

임종욱 엮음, 고사성어대사전, 시대의창, 2004.

이동진 편저, 동서양의 고사성어, 해누리, 2004.

앤 시튼 외 지음, 영어속담 쓰는 재미를 알게 되는 책, 랜덤하우스 중앙, 2005.

鶴麟居士 編著, 中國成語大辭典, 復漢出版社, 1971.

唐志超 主編, 中華成語大詞典, 吉林大學出版社, 2004.

劉明濤 主編, 新編中華成語大詞典, 黑龍江人民出版社, 2004.

鈴木棠三 外 共編, 故事ことわざ辞典, 東京堂出版, 1971.

山川丈平 編, ドイツ語ことわざ辞典, 白水社, 1975.
田辺貞之助 編, フランス故事ことわざ辞典, 白水社, 1976.
大塚高信 外, 英語諺辞典(SANSEIDO'S DICTIONARY OF ENGLISH PROVERBS), 三省堂, 1976.
渡辺高明 外 共編, フランス語ことわざ辞典, 白水社, 1977.
加藤常賢 外, 中国故事名言辞典, 角川書店, 1979.
山本忠尚 監修, 日英比較ことわざ事典, 創元社, 1981.
臼田甚五郎, 故事成語辞典, 日東書院, 1982.
田島諸介, ことわざ辞典, 梧桐書院, 1985.
M.Maloux, Dictionnaire Des Proverbes Sentences Et Maximes, 1960.

일러두기

이 책을 東西俗談辭典이라고 하였지만, 여기에는 속담뿐만 아니라 널리 교훈이 되는 名句까지 출처를 막론하고 수록하였다. 標題語(entry) 역시 한국 속담을 원칙으로 하였으나, 탐스러운 외국의 名句를 표제어로 빌려 쓴 예가 몇 개 있다.

이 책은 같은 뜻을 가진 각국의 속담을 비교하여 그 妙味를 견주어 보는데 그 취지가 있다고 할 것이다. 따라서 아무리 재미있는 우리나라 속담일지라도 외국어에서 그 예를 발견할 수 없으면 표제어에서 빠질 수밖에 없었다. 예컨대, 사촌이 논을 사면 배가 아프다, 방귀 뀐 놈이 성낸다, 바늘 가는데 실 간다 등이다. 이와 같은 토속적 묘미를 주는 속담이 외국에도 없지 않을 것이지만 아직 발견하지 못하였다. 앞으로 더욱 섭렵하고자 한다.

속담이란 민중생활에서 우러나온 것이므로, 方言으로 쏘아붙여야만 寸鐵로서의 기능을 다할 것이다. 그러나 이 책에서는 표준어로 대체하였다.

표제어 밑에 **뜻**이라 하여 그 의미를 풀이하였고, **類**라 하여 표제어와 유사한 속담을 수록했다. **對**는 표제어와 대립되는 속담을 의미하고 있다.

표제어와 같은 뜻을 가진 외국속담을 漢 日 英 獨 佛 羅의 순으로 배열하였는데, 이들은 한문, 일본어, 영어, 독일어, 프랑스어, 라틴어를 뜻한다. 외국의 속담 중에는 반대의 뜻을 가진 것도 섞여 있으므로 혼돈하지 말아야 할 것이다.

동서 속담 사전

東西俗談辭典

韓·漢·日·英·獨·佛·羅

ㄱ

가게 기둥에 立春(입춘)

뜻 지나치게 격에 맞지 않음.

類 거적문에 돌쩌귀.

석새 짚신[1]에 구슬 감기.

삿갓에 刷子(쇄자)[2]질.

方笠(방립)[3]에 쇄자질.

짚신에 丁粉(정분)[4] 칠하기.

紗帽(사모)[5]에 纓子(영자).[6]

짚신에 국화 그리기.

개 발에 주석 편자.[7]

개 발에 다갈.[8]

돼지 우리에 주석 자물쇠.

---

1) 석새짚신 : 총이 굵은 짚신.
2) 쇄자 : 갓이나 탕건의 먼지를 터는 솔.
3) 방립 : 방갓. 대나무로 만든 삿갓으로 상제가 외출할 때 쓴다.
4) 정분 : 粉色顔料(분색안료)의 일종.
5) 사모 : 官服(관복)을 입을 때 쓰는 비단 官帽(관모).
6) 영자 : 갓끈을 다는 데 붙이는 쇠. 鉤纓子(구영자).
7) 편자 : 말 발굽에 붙이는 쇠(蹄鐵).
8) 다갈 : 또는 대갈. 말굽에 편자를 신길 때 박는 징.

조리에 옻 칠하기.

홀 중의에 겹말.

軺軒(초헌)[1]에 채찍질.

쥐구멍에 홍살문.[2]

㊉ 假家柱立春(가가주입춘)[3]. 가게 기둥에 입춘.

軺軒馬鞭(초헌마편)[4]. 초헌에 말 채찍질.

藁履丁粉(고리정분)[5]. 짚신에 정분.

紗帽纓子(사모영자)[6]. 사모에 영자.

蒯笠刷子(괴립쇄자)[7]. 기령풀 삿갓에 솔질하기.

㊐ 猫(ねこ)に小判(こばん). 고양이에 金貨(금화).

犬(いぬ)の小判(こばん)見(み). 개의 금화 보기.

牛(うし)に麝香(じゃこう). 소에게 사향.

提灯(ちょうちん)に釣鐘(つりがね). 초롱에 梵鐘(범종).

犬に論語(ろんご). 개에게 논어.

㊇ It is folly to strew roses amongst swine.
  돼지 무리에게 장미를 흩뿌리는 짓은 어리석다.

Cast not pearls before swine : 돼지 앞에 진주를 던지지 말라.

The barleycorn is better than a diamond to a cock.
  닭에게는 보리의 낟알이 다이아몬드보다 낫다.

㊈ Perlen vor die Säue werfen. 돼지에게 眞珠(진주)를 던지다.

---

1) 초헌 : 從二品(종이품) 이상의 벼슬아치가 타는 마소가 끌지 않는 수레.

2) 홍살문 : 陵(능)·官衙(관아) 따위 앞에 세운 붉은 살을 박은 지붕이 없는 문. 紅門이라고도 함.

3) 東言解.

4), 5), 6), 7) 稗官雜記 卷四.

Was soll der Honig in Esels Maule?
당나귀 아가리에 꿀이 무슨 소용이 있나.

Was nutzt der Kuh Muskate?
암소에게 麝香(사향)이 무슨 소용이 있나.

佛 Jeter des perles(marguerites) aux pourceaux.
돼지들에게 眞珠(진주)를 던지다.

Cela ne vaut pas les quatre fers d'un chien.
개발에 편자 만한 가치도 없다.

가까운 남이 먼 일가보다 낫다

類 이웃 사촌.

漢 遠水不救近火(원수불구근화), 遠親不如近隣(원친불여근린)[1].
멀리 있는 물은 가까운 불을 끄지 못하고, 멀리 있는 親戚(친척)은 가까운 이웃만 못하다.

日 遠(とお)い親類(しんるい)より近(ちか)くの他人(たにん).
먼 친척보다 가까운 남.

遠水(えんすい)近火(きんか)を救(すく)わず.
멀리 있는 물은 가까운 불을 끄지 못한다.

英 A near friend is better than a far-dwelling kinsman.
가까운 친구가 멀리 사는 친척보다 낫다.

Water afar off quenches not fire.
멀리 있는 물은 불을 끄지 못한다.

Far water does not put out near fire. 上同.

1) 明心寶鑑.

(獨) Besser ein Nachbar an der Wand(Hand) als ein Bruder über Land. 가까운 이웃이 먼 兄弟(형제)보다 낫다.

Ein guter Nachbar ist besser als ein ferner Freund. 좋은 이웃은 먼 친구보다 낫다.

(佛) Mieux vaut son bon voisin que[1] longue parenté. 좋은 이웃은 멀리 있는 친척보다 낫다.

가난할수록 기와집 짓는다

(類) 든 거지, 난 부자.

겁 많은 개가 크게 짖는다.(p.34)

빈 수레가 요란하다.(p.196)

빛 좋은 개살구.

허울 좋은 하눌타리[2].

명주 자루에 개똥.

명주 전대[3]에 개똥 들었다.

청보[4]에 개똥.

붉고 쓴 장.

(漢) 內貧外華(내빈외화). 가난한 자가 밖으로는 부자인 척하는 것.

虛張聲勢(허장성세). 실력이 없으면서 허세만 떠벌림.

靑褓狗矢(청보구시)[5]. 푸른 보자기에 개똥.

---

1) Il vaut mieux A que B : B보다 A가 낫다.
2) 하눌타리 : 박科(과)에 속하는 多年生(다년생) 넝쿨 식물.
3) 전대(纏帶) : 물건을 넣어 어깨에 메는 자루.
4) 청보(靑褓) : 푸른 보자기.
5) 松南雜識.

錦褓裏犬矢(금보리견시). 비단 포대기 속에 개똥.

㊐ 内劣(うちおとり)の外(そと)めでた.
  안으로 못난 것이 밖으로 잘난 체하는 것.

内裸(うちはだか)でも外錦(そとにしき).
  안으로는 벗어도 밖으로는 비단.

世間(せけん)は張(は)り物(もの). 세상은 겉치레.

錦(にしき)の袋(ふくろ)に糞(くそ)を包(つつ)む.
  비단 보자기에 똥을 싸다.

薮医者(やぶいしゃ)の玄関(げんかん).
  돌팔이[1] 의사의 현관. 엉터리 의사가 현관을 꾸며서 환자를 속이는 것.

㊙英 The body is better dressed than the soul.
  身體(신체)가 精神(정신)보다 더 잘 치장되었다.

A leaden sword in an ivory sheath.
  象牙(상아) 칼집에 납으로 만든 칼이 들었다.

A wooden dagger in a golden sheath.
  황금 칼집에 木製短劍(목제단검).

More show than substance. 内實(내실)보다 더한 外觀(외관).

Bravado and bluster. 虛勢(허세) 떨며 날뛰다.

Sodom apples outwardly fair, ashes at the core.
  소돔의 사과는 外觀(외관)은 좋으나 속에 재가 들었다.

Apple of Sodom[2]. 上同.

Fair in show, but full of shame.
  外觀(외관)은 좋으나 羞恥(수치)로 가득하다.

1) 돌팔이 : 떠돌아다니며 점을 치거나 물건을 파는 사람. 돌팔이 의사 : 변변찮은 의사.
2) The apple of Sodom : 死海(사해) 근방에서 나는데 보기는 좋으나 한번 손에 넣으면 연기가 나고 재가 된다는 傳說(전설)의 사과.

佛 Le corps est mieux habillé que l'âme.
육체가 靈魂(영혼)보다 더 잘 입었다.

羅 Canis timidus vehementius latrat quam mordet.
겁 많은 개는 물기보다도 심하게 짖는다.

가는 말에 채찍질

類 닫는 말에 채찍질.

漢 走馬加鞭(주마가편). 上同.

日 駆(か)け馬(うま)に鞭(むち). 上同.

走(はし)り馬にも鞭. 上同.

鬼(おに)に金棒(かなぼお). 도깨비에 쇠몽둥이.

英 A good horse oft needs a good spur.
훌륭한 말에도 適切(적절)한 追車(박차)가 가끔은 필요하다.

佛 Jeter de l'huile sur le feu. 불 위에 기름을 던지다.

A bon cheval point d'éperon.
좋은 말에게는 拍車(박차)가 없다.

가는 말이 고와야 오는 말이 곱다

漢 來語不美(내어불미) 去語何美(거어하미)[1].
오는 말이 곱지 아니한데 가는 말이 어찌 고우랴.

言悖而出者(언패이출자) 亦悖而入(역패이입)[2].
어긋난 말을 하면 어긋난 말을 듣는다.

---

1) 旬五志.
2) 大學.

悖出悖入(패출패입). 어긋난 짓을 하면 어긋난 갚음을 받는다.

㊐ 売言葉(うりことば)に買言葉(かいことば). 파는 말에 사는 말.

㊕ Bad word finds bad acceptance.
나쁜 말은 나쁘게 받아들여진다.

One ill word asks another.
나쁜 말은 또 하나의 나쁜 말을 청한다.

㊖ Wer ausgibt, muß auch einnehmen.
주는 자는 또한 받아들여야 한다.

Wie du mir, so ich dir.
네가 나에게 행한 것처럼 나도 너에게 행한다.

Wie man in den Wald schreit, so schallt es heraus.
숲 속에서 고함을 지른 만큼 울린다.

Ein Wort gab das andere. 한 말은 다른 말을 낳는다.

Wurst wider Wurst. 소시지에는 소시지로.

㊗ A beau jeu beau retour. 좋은 條件(조건)에는 좋은 갚음이 온다.

Un méchant propos en amène un autre.
中傷(중상)은 다른 中傷을 낳는다.

Il n'est point de[1)] dette qui soit sitôt payée que le mépris.
輕蔑(경멸)보다 빨리 갚아지는 빚은 없다.

▌가랑비에 옷 젖는 줄 모른다 ▌

㊋ 작은 原因(원인)이 쌓여 큰 不幸(불행)을 초래한다. 財産(재산) 등이 눈에 뜨이지 않게 조금씩 없어진다.

---

1) Il n'est point de~ : ~은 결코 없다.

(類) 마른 나무에 좀 먹듯.

(漢) 積羽沈舟(적우침주), 群輕折軸(군경절축)[1].
　깃털도 많이 실으면 배가 가라앉고, 가벼운 것도 많이 실으면 수레축을 부러뜨린다.

衆口鑠金(중구삭금), 積毁銷骨(적훼소골)[2].
　뭇 입은 금을 녹이고 흉 보는 일이 쌓이면 뼈를 녹인다. 讒言(참언)의 두려움을 뜻하고 또한 많은 사람의 말은 威力(위력)을 발휘함을 뜻한다.

(日) 積羽(せきう)舟(ふね)を沈(しず)む.
　깃털을 많이 실으면 배가 가라앉는다.

(英) Many sands will sink a ship. 많은 모래는 배를 가라앉힌다.

The last straw[3] breaks the camel's back.
　最後(최후)의 짚 하나가 駱駝(낙타)의 등뼈를 부러뜨린다.

The last drop makes the full cup runs over.
　최후의 한 방울이 가득 찬 잔을 넘치게 한다.

In a long journey straw weighs. 긴 旅行(여행)에는 짚도 무겁다.

Many strokes fell great oaks. 여러 번 찍으면 큰 참나무도 넘어진다.

(佛) Au long aller petit fardeau pèse. 작은 짐도 멀리 가면 무겁다.

(羅) Si arena amplius in navem mittatur, mergit illam.
　많은 모래를 배에 던져 넣으면, 모래는 배를 가라앉힌다.

Multis ictibus dejicitur quercus.
　많은 打擊(타격)으로 참나무는 넘어진다.

---

1) 史記 張儀列傳.
2) 史記 鄒陽列傳.
3) the last straw : 파멸의 최후의 작은 원인.

袈裟長衫(가사장삼)[1)]이 중을 만들지 아니한다

類 겉 다르고 속 다르다.

對 옷이 날개다.

겉 볼 안이라 : 겉만 보아도 속을 짐작할 수 있다.

日 衣(ころも)ばかりでは和尚(おしょう)はならぬ.
옷만으로 중이 되지 아니한다.

珠数(じゅず)ばかりでは和尚(おしょう)は出来(でき)ぬ.
念珠(염주)만으로는 스님이 안 된다.

人(ひと)は見掛(みか)けによらぬ物(もの).
사람은 겉치레에 의하지 아니하는 것.

英 Appearance oft deceives. 外觀(외관)은 더러 속인다.

Appearances are deceitful (or deceptive). 외관은 속인다.

The feather makes not the bird. 깃이 새를 만들지 아니한다.

A holy habit cleanses not a foul soul.
聖衣(성의)는 더러운 魂(혼)을 깨끗이 하지 아니한다.

Things are not as they seem. 사물은 그 외관과 같지 않다.

None can guess the jewel by the casket.
누구도 상자로써 寶石(보석)을 짐작할 수 없다.

The jewel is not to be valued for the cabinet.
보석은 상자로 評價(평가)되지 아니한다.

Never judge from appearances. 외관으로 判斷(판단)하지 말라.

The hood(or habit, or cowl)[2)] does not make the monk.
頭巾(두건)이 중을 만들지 아니한다.

---

1) 袈裟長衫 : 중이 입는 法衣(법의)로서, 가사란 장삼 위에 왼쪽 어깨에서 오른쪽 겨드랑이 밑으로 걸쳐 입는 겉옷이며, 장삼이란 길이가 길고 소매가 넓은 검은 베로 만든 두루막과 같은 옷이다.

2) cowl : 고깔 달린 修士(수사)의 겉옷.

Silk or satin(or Fine clothes) do not make a gentleman.
비단이나 공단이 紳士(신사)를 만들지 아니한다.

獨 Das Kleid macht keinen Mönch. 옷이 중을 만들지 아니한다.

Es sind nicht alle Doktoren, die rote Hüte tragen.
붉은 모자를 쓴 자가 모두 醫師(의사)는 아니다.

Es sind nicht alle Mönche, die schwarze Kutten tragen.
검은 道袍(도포)를 입었다 하여 모두 僧侶(승려)는 아니다.

Es sind nicht alle Jäger, die das Horn blasen.
뿔피리를 부는 자가 모두 사냥꾼은 아니다.

Es sind nicht alle Köche, die lange Messer tragen.
긴 칼을 가진 자가 모두 料理師(요리사)는 아니다.

Es sind nicht alle Jungfern, die Kränze tragen.
花環(화환)을 가진 자가 모두 處女(처녀)인 것은 아니다.

Es sind nicht alle Diebe, die der Hund anbellt.
개가 짖는다고 모두 도둑은 아니다.

佛 L'habit ne fait pas le moine. 옷이 중을 만들지 아니한다.

La robe ne fait pas le médecin.
옷은 醫師(의사)를 만들지 아니한다.

Ce n'est pas la robe qui fait le médecin.
의사를 만드는 것은 옷이 아니다.

Les apparences sont souvent trompeuses. 외관은 가끔 속인다.

Ne sont pas tous chevaliers qui à cheval montent.
말에 탄 사람이 모두 騎士(기사)는 아니다.

갈수록 泰山(태산)이다

뜻 갈수록 일이 어려워지고 苦生(고생)이 많아진다.

類 갈수록 須彌山(수미산)[1]이라.

산 넘어 산이라.

재는 넘을수록 높고, 내는 건널수록 깊다.

살자니 苦生(고생)이요, 죽자니 靑春(청춘)이라.

노루를 피하니 범이 나온다.

여우를 피하니 호랑이를 만난다.

조약돌을 피하니 水磨石(수마석)[2]을 만난다.

漢 去愈須彌山(거유수미산). 갈수록 須彌山(수미산).

去一難又一難(거일난우일난). 한 어려움이 지나니 또 한 어려움이 온다.

禍不單行(화불단행). 화는 홀로 오지 아니한다.

避獐逢虎(피장봉호). 노루를 피하니 범을 만난다.

前門虎(전문호), 後門狼(후문랑). 앞문에는 호랑이, 뒷문에는 늑대.

日 一難(いちなん)去(さ)つて又(また)一難.
一難(일난)이 지나니 또 一難.

虎口(とらくち)を逃(のが)れて 龍穴(りゅうけつ)に入(い)る.
虎口(호구)를 피하고 용의 구멍에 들어간다.

追手(おって)を防(ふさ)げば搦手(からめて).
추격자를 막으니 후면 공격.

前門(ぜんもん)虎(とら)を拒(ふせ)ぎ後門(こうもん) 狼(おおかみ)を進(すす)む. 앞문의 범을 막으니 뒷문에 늑대가 들어 온다.

---

1) 須彌山(수미산) : 불교의 世界說(세계설)에서 세계의 한가운데 높이 솟아 있다는 산.

2) 水磨石(수마석) : 물에 닳아서 미끄럽게 된 돌.

小難(しょうなん)をのがれて大難(たいなん)にあう.
小難(소난)을 피하니 大難(대난)을 만난다.

あちら立(た)てばこちら立たず. 저기가 서면 여기가 서지 아니한다.

出船(でふね)によい風(かぜ)は入船(いりふね)に悪(わる)い.
나가는 배에 좋은 바람은 들어오는 배에는 나쁘다.

英 One mischief comes on the neck of another.
한 不幸(불행)이 다른 不幸에 곧 이어서 온다.

Take one foot out of the mire and put in the other.
한 발을 진흙에서 빼내니 다른 발이 빠진다.

Out of the frying pan into the fire.
프라이팬에서 나와 불 속으로 들어가다.

If the Bermudas let you pass, you must beware of Hatteras.
버뮤다[1] 群島(군도)가 그대를 무사히 通過(통과)시키면 그대는 하테라스[2]를 操心(조심)하라.

獨 Vom Galgen auf das Rad[3] kommen.
絞首台(교수대)에서 車裂刑(거열형)으로.

Aus dem Rauche ins Feuer kommen. 연기에서 불 속으로.

Aus dem Regen in die Traufe kommen.
비를 피하고 낙숫물을 만나다.

佛 Tomber de Charybde en Scylla.
카리브드[4]에서 스킬라로 떨어지다.

---

1) Bermudas는 대서양 서부 南北美(남북미) 사이에 있는 英領群島(영령군도)로서 海難事故(해난사고)가 많은 공포의 海域(해역)이다.

2) Hatteras는 Bermudas를 지나 미국 North Carolina주의 Pamlico Sound 바다에 있는 곶(岬)으로 難破船(난파선)이 많이 생기는 험한 곳이다.

3) ein Verbrecher auf das Rad binden(flechten) : 죄인을 車裂刑(거열형)에 처하다. zum Rad verurteilt werden : 車裂刑에 선고되다.

4) 카리브드는 시실리島(도) 近海(근해)의 큰 소용돌이이며, 스킬라는 이탈리아 쪽에 있는 큰 바위로서, 兩者(양자)가 모두 험한 航路(항로)이다.

Tomber de la poêle dans la braise.
프라이팬에서 불 속으로 떨어지다.

▌갑작 사랑, 영 離別(이별)▐

類 쉬 더운 방이 쉬 식는다.

對 大器晩成(대기만성). 큰 그릇은 늦게 이루어진다.(p.107)

漢 急歡歡離別端(급환환이별단)[1]. 上同.

日 近惚(ちかぼ)れの早飽(はやあき). 빨리 반하면 빨리 싫증난다.

早好(はやず)きの早倦(はやあき).
빨리 좋아지면 빨리 권태로워진다.

熱(ねつ)し易(やす)く冷(さ)め易(やす)し. 쉬 덥고 쉬 식는다.

早合点(はやがってん)の早忘(はやわす)れ.
지레짐작은 빨리 잊는다.

英 A hasty meeting, a hasty parting. 급한 만남은 급한 이별.

Lad's love is a busk(bush) of broom, hot awhile and soon done.
젊은이의 사랑은 金雀花(금작화)의 덤불이다. 잠시 더웠다 곧 그친다.

Light love will change. 가벼운 사랑은 변한다.

Zeal has wings. 열성은 날개를 가졌다.

Soon learnt, soon forgotten. 빨리 배워 빨리 잊어버린다.

Soon hot, soon cold. 쉬 더우면 쉬 식는다.

The bavin burns bright but it is but a blaze.
섶나뭇단은 눈부시게 잘 타지만 그것은 확 타오르는 불꽃에 불과하다.

---

1) 洌上方言.

獨 Anfang heiß, Mitt lau, Ende kalt.
처음에는 뜨겁고, 중간에는 미지근하고, 끝에는 차다.

Ein kleiner Topf siedet bald.
작은 냄비는 곧 끓는다. 小人(소인)은 성을 잘 낸다.

佛 Sitôt appris, sitôt oublié. 빨리 배우면 빨리 잊어버린다.

羅 Cito maturum, cito putridum. 빨리 익는 것은 빨리 썩는다.

갖바치[1] 내일 모레

뜻 약속한 날짜를 차일피일 미루다.

類 皮匠(피장)[2]이 내일 모레.

고리백정[3] 내일 모레.

漢 皮匠再日(피장재일)[4]. 皮匠이 모레.

日 紺屋(こうや・こんや)の明後日(あさって).
染色業者(염색업자)의 모레. 염색업은 날씨에 의존하므로, 약속 기일보다 늦어지기 마련이라는 뜻.

英 One of these days is none of these days.
近日(근일) 중에 된다는 것은 近日 중에 안 된다는 뜻이다.

佛 A Pâques ou à la Trinité[5].
復活祭(부활제)나 또는 三位一體祭(삼위일체제)에. 어느 날에도 약속을 지키지 않음을 뜻함.

---

1) 갖바치 : 가죽신 만드는 사람.
2) 皮匠 또는 皮色匠 : 짐승의 가죽으로 상품을 만드는 사람.
3) 고리 白丁(백정) : 고리장이. 고리버들로 키・고리짝을 만드는 사람.
4) 東言解.
5) 13・4세기경 프랑스왕은 신하로부터 돈을 빌리면서 復活祭나 三位一體祭에 갚겠다 하고는, 어느 날에도 갚지 아니하였으므로, 날짜를 믿을 수 없음을 의미한다.

‖ 같은 깃의 새는 같이 모인다 ‖

(類) 가재는 게 편이요, 초록은 한 빛이라 : 비슷한 것끼리는 서로 편을 들고, 한데 어울려야 서로 마음이 편하다.

(漢) 同聲相和(동성상화)[1]. 같은 소리는 서로 和合(화합)한다.

類類相從(유류상종). 같은 것끼리는 서로 따른다.

草綠同色(초록동색). 초록은 한 빛이다.

(日) 蓑(みの)のそばへ笠(かさ)が寄(よ)る.
도롱이 옆에 삿갓이 다가온다. 농사꾼끼리 모인다는 뜻.

菰(こも)のところへ菰が来(く)る. 줄[2] 있는 곳에 줄이 온다.

牛(うし)は牛連(うしづ)れ馬(うま)は馬連(うまづ)れ.
소는 소끼리, 말은 말끼리.

類(るい)をもつて集(あつ)まる. 類(유)로써 모인다.

類(るい)は友(とも)を呼(よ)ぶ. 類는 벗을 부른다.

似(に)たるを友(とも)とする. 닮은 것을 벗으로 한다.

似るを友. 上同.

(英) Birds of a feather flock together.
같은 깃의 새는 같이 무리를 짓는다.

Like to like. 같은 것에 같은 것.

(獨) Vögel von einerlei Federn fliegen gern beisamen.
같은 깃의 새들은 즐겨 같이 날아다닌다.

Gleich bei gleich macht guten Frieden.
닮은 것끼리는 사이가 좋다.

---

1) 同聲相應 同氣相求 流水濕火就燥 雲從龍風從虎.

2) 줄 : 포아(poa) 풀科에 속하며 물가에 무리로 자라는 높이 약 1m의 多年草. 열매는 菰米라 하여 먹을 수 있고, 잎은 도롱이・차양・자리를 만드는 데에 쓰임. 眞菰(まこも)라고도 함.

Gleich und gleich gesellt sich gern. 같은 것끼리는 즐겨 모인다.

佛 Qui se ressemble, s'assemble. 닮은 자는 서로 모인다.

Chacun aime son semblable. 각자는 닮은 자를 좋아한다.

Dis-moi qui tu hantes, je te dirai qui tu es.
그대의 친구를 말하면, 그대의 사람됨을 말하겠다.

羅 Semper graculus assidet graculo.
갈가마귀는 언제나 갈가마귀 옆에 앉는다.

개관사정(蓋棺事定)

뜻 棺(관) 뚜껑을 닫아야 그 사람에 대한 評價(평가)가 끝난다. 죽기까지 사람은 노력하고 죽으면 일이 끝난다.

漢 丈夫蓋棺事始定(장부개관사시정), 君今幸未成老翁(군금행미성노옹)[1].
장부는 관뚜껑을 닫아야 비로소 일이 정하여지는데, 그대는 다행히 아직 노인이 되지 아니하였으니 노력하라.

日 棺(かん)を蓋(おお)いて事定(ことさだ)まる. 上同.

英 Praise a fair day at night and life at the end.
좋은 날씨는 밤이 되어 칭찬하고, 사람의 生涯(생애)는 끝난 다음 칭찬하라.

Call no man happy until he is dead.
죽을 때까지 사람을 행복하다고 하지 말라.

Praise no man till he is dead. 사람이 죽기까지 稱讚(칭찬) 말라.

One day judges another but the last is judge for all.
한 날은 다른 날을 評價(평가)하나, 최후의 날은 모든 날을 평가한다.

1) 杜甫 贈蘇徯詩.

The end crowns the life, and the evening the day.
죽음이 生涯(생애)를 최후로 장식하고, 저녁은 그날을 장식한다.

(獨) Niemand ist vor seinem Tode glücklich zu preisen.
누구도 죽기 전에는 幸福(행복)하다고 칭찬할 수 없다.

(佛) Il ne faut pas[1] louer un homme avant sa mort.
사람을 죽기 전에 칭찬해서는 안 된다.

On ne doit appeler personne heureux avant sa mort.
사람을 죽기 전에 幸福(행복)하다고 말해서는 안 된다.

개를 친하면 옷을 버린다

(類) 개를 따라가면 측간[2]으로 간다.

孫子(손자)를 귀애하면 코 묻은 밥을 먹는다.

종의 자식 귀애하니까 生員(생원)[3]님 상투에 꼬꼬마[4]를 단다.

먹을 가까이 하면 검어진다.

(漢) 較狗如廁(교구여측)[5]. 개를 따라가면 측간으로 간다.

近墨者黑(근묵자흑). 먹을 가까이 하면 검어진다.

近朱者必赤(근주자필적).
주홍에 가까이 가는 者(자)는 반드시 붉어진다.

(日) 朱(しゅ)に交(まじ)われば赤(あか)くなる. 주홍에 섞이면 붉게 된다.

墨(すみ)に近付(ちかづ)けば黑(くろ)し. 먹에 가까이 가면 검어진다.

1) Il ne faut pas inf : ~해서는 안 된다. ~하지 말라.
2) 측간(廁間) : 변소.
3) 生員 : ① 小科(소과) 終場(종장)의 경의(經義)시험에 합격한 사람. ② 나이 많은 선비를 대접하여 부르는 말. ③ 生員님이란 常(상) 사람이 선비를 부르는 말.
4) 꼬꼬마 : 軍卒(군졸)의 벙거지에 꽂는 붉은 깃.
5) 東言解.

㊕ Who keeps company with the wolf will learn how to howe.
늑대와 사귀는 자는 짖는 법을 배운다.

Familiarity breeds contempt. 친밀은 輕蔑(경멸)을 낳는다.

He who touches pitch shall be defiled(therewith).
瀝靑(역청)을 만지는 자는 손을 버린다.

Evil communications(or words) corrupt good manners.
나쁜 말은 體面(체면)을 버린다.

(獨) Wer Pech angreift, besudelt sich.
瀝靑(역청)을 쥐는 자는 손을 버린다.

Wer mit Hunden schlafen geht, steht mit Flöhen auf.
개와 함께 자면 벼룩과 함께 일어난다.

Allzu große Vertraulichkeit erzeugt Verachtung.
지나친 親密(친밀)은 侮辱(모욕)을 낳는다.

Wer mit Lahmen umgeht, lernt das Hinken.
절름발이와 어울리는 자, 저는 것을 배운다.

Bei Lahmen lernt man hinken, bei Säufern trinken.
절름발이한테서는 저는 것을, 술꾼한테서는 술 먹는 것을 배운다.

Böse Gesellschaft verdirbt gute Sitten.
나쁜 친구를 사귀면 좋은 性質(성질)을 버린다.

(佛) Les mauvaises compagnies corrompent les bonnes mœurs.
나쁜 친구는 좋은 성질을 버린다.

Par compagnie, on se fait pendre.
친구로 인하여 목에 줄을 감는다.

Rien de plus contagieux que le mauvais exemple.
나쁜 示範(시범)보다 잘 번지는 것은 없다.

A colleter un gueux, on devient pouilleux.
거지와 싸우면 이를 옮긴다.

Une pomme pourrie en gâte cent.
썩은 사과 한 개는 백 개를 버린다.

Il ne faut qu'une brebis galeuse pour gâter(infecter) un troupeau.
무리 전체에 感染(감염)시키기 위해서는 옴 오른 양 한 마리만 있으면 충분하다.

Il ne faut qu'un mauvais moine pour dérégler tout le couvent.
修道院(수도원) 전체를 紊亂(문란)시키는 데 한 사람의 나쁜 중만 있으면 充分(충분)하다.

▌개천에 나도 제 날 탓이라 ▌

뜻 미천한 집안에 태어나도 저만 잘나면 훌륭하게 될 수 있다.

對 왕대 밭에 왕대 난다.

類 개천에서 용 난다.
개똥밭에 인물 난다.
누더기 속에서 영웅 난다.

漢 開川龍出乎(개천용출호)[1]. 上同.

日 氏(うじ)より育(そだ)ち. 姓氏(성씨)보다 자라나기.
生(うま)れ付(つ)きより育(そだ)ちが第一(だいいち).
태어나기보다 자라남이 첫째.

英 Birth is much but breeding is more.
출생이 重要(중요)하지만 자라나는 것은 더 중요하다.

It is breeding and not birth that makes a man.
사람을 만드는 것은 出生(출생)이 아니고 자라남이다.

---

1) 東言解.

Not where one is bred but where he is fed.
태어난 곳이 아니라 자라난 곳이 사람을 만든다.

Nurture is above nature. 敎育(교육)은 天性(천성)보다 낫다.

Nurture and good manners maketh man.
교육과 좋은 禮儀(예의)가 사람을 만든다.

㊣獨 Der Adel sitzt im Gemüte, nicht im Geblüte.
貴族(귀족)은 心情(심정)에 있지 血統(혈통)에 있는 것이 아니다.

Tugend ist allweil der beste Adel.
德(덕)이야말로 최고의 귀족이다.

Gute Zucht, gute Frucht. 훌륭한 栽培(재배)에 훌륭한 結實(결실).

(佛) Nourriture passe nature. 자라남은 천성을 능가한다.

La naissance ne fait pas la noblesse.
出生(출생)은 貴族(귀족)을 만들지 아니한다.

(羅) Non ubi nascor, sed ubi pascor.
태어난 곳이 아니라 자라난 곳이라.

▎거짓말이 外三寸(외삼촌)보다 낫다 ▎

(뜻) 거짓말은 나쁘지만, 일의 圓滿(원만)한 處理(처리)를 위하여 필요한 수단일 수 있다.

(類) 거짓말도 잘하면 오려논[1] 다섯 마지기보다 낫다.

男子(남자) 풍은 논 서 마지기보다 낫다.

(日) 嘘(うそ)も方便(ほうべん). 거짓말도 방편.

1) 오려논 : 올벼를 심은 논(早稻田).

嘘(うそ)も誠(まこと)も話(はなし)の手管(てくだ).
거짓말도 참말도 이야기를 구슬려내는 솜씨.

嘘をつかねば仏(ほとけ)に成(な)れぬ.
거짓말하지 아니하면 부처님이 될 수 없다.

英 The end justifies the means.
目的(목적)은 手段(수단)을 정당화한다.

He that cannot dissemble knows not how to live.
속일 줄 모르는 자는 어떻게 살 것인가를 모르는 자이다.

Who knows not how to dissemble knows not how to live. 上同.

A lie does good how little a while soever it be believed.
거짓말은 아무리 짧은 동안이라도 믿어지는 한 쓸모가 있다.

獨 Der Zweck heiligt die Mittel.
目的(목적)은 手段(수단)을 神聖(신성)하게 한다.

Eine Notlüge schadet nichts.
어쩔 수 없는 거짓말은 害(해)를 끼치지 아니한다.

佛 Toutes les vérités ne sont pas bonnes à dire.
모든 眞理(진리)는 말하기 좋은 것은 아니다.

Il y a des mensonges pieux. 敬虔(경건)한 거짓말도 있다.

羅 Qui nescit dissimulare nescit vivere(regnare).
속일 줄 모르는 자는 살아갈 줄(통치할 줄) 모른다.

▌健康(건강)한 몸에 건강한 정신 ▌

日 健全(けんぜん)なる精神(せいしん)は健全なる身体(しんたい)に宿(やと)る. 건전한 정신은 건전한 몸에 깃든다.

英 A sound mind in a sound body. 上同.

獨 Ein gesunder Geist im gesunden Korper. 上同.

佛 Un esprit sain dans un corps sain. 上同.

羅 Mens sana in corpore sano. 上同.

겁 많은 개가 크게 짖는다

類 겁 많은 개가 제 집에서는 짖는다.
겁 많은 놈이 큰소리친다.
빈 수레가 요란하다.(p.196)
가난할수록 기와집 짓는다.(p.16)

漢 虛張聲勢(허장성세). 실력이 없으면서 허세만 떠벌림.

日 内弁慶(うちべんけい)[1]の外(そと)竦(すく)まり.
홧대 밑 사나이의 밖에서 움츠리기.
弱(よわ)い者(もの)の空威張(からいばり). 약자의 허장성세.
痩馬(やせうま)の声(こえ)嚇(おど)し. 여윈 말의 소리가 겁준다.
負(ま)け犬(いぬ)の遠吠(とおぼ)え. 싸움에 진 개의 멀리서 짖기.

---

1) 弁慶 : 12세기 鎌倉(かまくら) 初期의 승려 겸 무사로서 源義經(みなもとのよしつね)를 主君으로 섬겼다. 그는 뛰어난 지략과 무술로 많은 일화를 남겼으며 오늘날에도 소설과 歌舞伎(かぶき)의 소재가 되고 있다. 이 弁慶과 관련하여 다음과 같은 말들이 있다.
内弁慶(うちべんけい) : 집 안에서는 위세를 부리나 밖에서는 기가 죽는 사람. 우리말의 '홧대 밑 사나이'에 해당한다.
弁慶の立往生(たちおうじよう) : 弁慶는 전신에 화살을 맞아 앉지도 넘어지지도 못하고 선 채로 죽는다. 여기서 진퇴를 할 수 없는 막힌 상태를 의미하게 되었다. 往生(おうじょう)이란 死亡, 極樂往生의 뜻이다.
弁慶の泣(な)き所(ところ) : 앞 정강이, 강한 자의 유일한 약점. 차이면 弁慶과 같은 호걸도 울 수밖에 없을 만치 아픈 곳.

(英) Bravado and bluster. 허세 떨며 날뛰다.

Cowardly dogs bark much. 겁 많은 개가 많이 짖는다.

Long mint[1], little dint. 긴 威脅(위협)에 손찌검은 없다.

After long mint, never dint. 上同.

(獨) Im Hause ein Held, draußen ein Hasenfuß.
집 안에서는 英雄(영웅), 밖에서는 卑怯者(비겁자).

Der Hahn ist König(kühn) auf seinem Mist.
장닭은 그의 똥무더기 위에서 王(왕)이다(용감하다).

(佛) Chien qui aboie ne mord pas. 짖는 개는 물지 않는다.

Chien sur son fumier est hardi.
개는 제 똥거름 위에서 勇敢(용감)하다.

겉 다르고 속 다르다

(類) 사람은 겪어 보아야 안다.

사람은 겉으로만 볼 수 없다.

慶州(경주) 돌이면 다 玉石(옥석)인가.(p.38)

반짝이는 것이 모두 금은 아니다.

袈裟長衫(가사장삼)이 중을 만들지 아니한다.(p.21)

(對) 겉 볼 안이라. 겉만 보아도 속까지 짐작할 수 있다는 뜻.

보기 좋은 떡이 먹기도 좋다.

(漢) 羊頭狗肉(양두구육). 양머리를 내어 걸고 개고기를 판다.

衒玉賈石(현옥고석). 옥을 내어 걸고 돌을 판다.

1) mint : 위협하다(Scotland어).

衒士不信(현사불신), 衒女不貞(현녀부정).
잘난 체하는 선비는 믿을 수 없고, 잘난 체하는 여자는 貞淑(정숙)하지 못하다.

知人知面不知心(지인지면부지심).
사람을 알되 얼굴은 아나 마음은 모른다.

㊐ 人(ひと)は見(み)かけによらぬもの.
사람은 外觀(외관)에 의하는 것이 아니다.

人(ひと)は上邊(うわべ)によらぬもの.
사람은 겉보기에 의하는 것이 아니다.

㊈ Water is not known by the glass, wine is not known by the hoop[1].
물은 잔으로 알 수 없고, 술은 술통의 테로써 알 수 없다.

Goodness of wine is not known by the fashion, or strength of the hoops that begird it.
술맛은 술통을 둘러싼 테의 만든 솜씨나 테의 튼튼함으로써는 알 수 없다.

You cannot know wine by the barrel(or cask).
술통으로 술을 알 수 없다.

Crying up wine and selling vinegar.
葡萄酒(포도주)라고 외치며 食醋(식초)를 판다.

Wisdom consists not in a beard.
知慧(지혜)는 수염에 포함되어 있지 않다.

More beard than learning. 學德(학덕)보다 많은 수염.

'Tis the not beard that makes the philosopher.
수염이 哲人(철인)을 만드는 것은 아니다.

獨 Der Schein trügt. 外觀(외관)은 속인다.

---

1) hoop : 桶의 테, 環帶. hooper : 桶의 테를 매는 사람. hoop-skirt : 속에 테를 넣어 불룩하게 만든 치마. hulla-hoop : 허리에 끼고 돌리며 운동하는 플라스틱으로 만든 테.

Es sind nicht alles Gold, was glänzt.
반짝이는 것이 모두 금은 아니다.

Es sind nicht alle Huren, die einem Manne zu Willen sind.
남자의 뜻대로 되는 여자가 모두 娼女(창녀)인 것은 아니다.

Krummes Holz gibt auch gerades Feuer.
굽은 장작도 바로 타는 불길을 준다.

Krummes Holz brennt ebenso gut wie gerades.
굽은 장작도 바른 것처럼 잘 탄다.

佛 L'air ne fait pas la chanson.
曲(곡)은 노래를 만들지 아니한다. 겉 다르고 속 다르다.

Il ne faut pas[1] juger du bois(de l'arbre) sur(par) l'écorce.
껍질을 보고 나무를 판단하지 말라.

Il ne faut pas juger les gens sur la mine.
얼굴로 사람을 판단해서는 안 된다.

Ne vous fiez pas aux apparences.
外觀(외관)을 信用(신용)해서는 안 된다.

On ne connait pas le vin au cercle(aux cercles).
葡萄酒(포도주)를 통에 의하여 判斷(판단)할 수 없다.

Sur l'apparence est bien fou qui se fonde.
外觀(외관)을 信賴(신뢰)하는 것은 매우 어리석다.

Les apparences sont souvent trompeuses. 外觀은 가끔 속인다.

Il ne faut pas juger d'un sac sur l'étiquette.
딱지표를 보고 포대를 판단해서는 안 된다.

羅 Fallaces sunt rerum species.
事物(사물)의 外觀(외관)은 허위적이다.

Fallitur visus. 外觀(외관)은 속인다.

1) Il ne faut pas inf~ : ~해서는 안 된다. ~하지 말라.

▌慶州(경주) 돌이면 다 玉石(옥석)인가 ▌

뜻 경주 남산에 옥석이 많이 나지만, 경주 돌이라 하여 모두 玉石은 아니다.

日 見掛(みか)けばかりの空大名[1](からだいみょう).
外觀(외관)뿐인 빈 領主(영주).

英 All is not gold that glitters. 반짝이는 것이 모두 금은 아니다.

All that glitters is not gold. 上同.

獨 Es ist nicht alles Gold, was glänzt. 上同.

佛 Tout ce qui reluit n'est pas or. 上同.

羅 Non omne quod nitet aurum est. 上同.

▌苦生(고생) 끝에 樂(낙)이 있다 ▌

類 泰山(태산)을 지나면 平地(평지)가 온다.

굿 구경하려면 界面(계면)떡[2]이 나오도록 하라.

우물을 파도 한 우물을 파라.

對 歡樂(환락) 끝에 슬픔 온다.(p.400)

漢 苦盡甘來(고진감래). 쓴 것이 다하면 단 것이 온다.

日 苦(く)は楽(らく)の種(たね). 苦生(고생)은 樂(낙)의 種子(종자).

---

1) 大名(だいみょう) : 넓은 領地를 가진 武士. 江戸(えと)시대에는 俸祿 1만 석 이상의 武家.

2) 界面떡 : 굿이 끝나고 무당이 구경꾼들에게 나누어 주는 떡.

艱難(かんなん)汝(なんじ)を玉(たま)にす.
역경은 그대를 구슬로 만든다.

英 No pains, no gains. 苦生(고생) 없이 勝利(승리) 없다.

He that saves his dinner will have the more for his supper.
점심을 節約(절약)한 자는 저녁을 많이 먹을 수 있다.

Learn weeping and you shall gain laughing.
울면서 배우면 웃으면서 이길 것이다.

No honey without gall. 쓴맛 없이 꿀맛 없다.

Sweet is the fruit of labour. 勞動(노동)의 열매는 달콤하다.

No cross, no crown.
十字架(십자가)를 짊어지지 아니하면 冠(관)도 없다.

Adversity makes man wise.
逆境(역경)은 사람을 賢明(현명)하게 한다.

The wind in one's face makes one wise.
얼굴에 스치는 바람은 사람을 현명하게 한다.

It is the bridle and spur that makes a good horse.
駿馬(준마)를 만드는 것은 고삐와 迫車(박차)이다.

He that will have the pleasure must endure the pain.
즐거움을 가지려 하는 자는 苦痛(고통)을 참아야 한다.

Great pains quickly find ease. 큰 고통은 樂(낙)을 빨리 찾는다.

Every rose grows from prickles. 모든 장미는 가시에서 자란다.

Sweet meat will have sour sauce.
맛 좋은 고기에는 쓴 소스가 따라야 한다.

Today we weep, tomorrow we sing.
오늘은 울고 내일은 노래한다.

獨 Durch Leiden zur Freuden. 苦生(고생)을 통하여 기쁨으로.

Was süß schmeckt, muß sauer erworben werden.
　달콤한 맛이 나는 것은 고생으로 얻어져야 한다.

Hast du Lust zum Süßen, laß dich Bittres nicht verdrießen.
　快樂(쾌락)에의 慾望(욕망)이 있으면 고생을 꺼리지 말라.

㊋ Les mains noires font manger le pain blanc.
　검은 손이 흰 빵을 먹게 한다.

Après la pluie, le beau temps. 비 온 뒤에는 맑은 날씨가 된다.

La peine et le plaisir se suivent. 고통과 쾌락은 연속된다.

Toute médaille a son revers. 모든 메달은 그 裏面(이면)이 있다.

Nul bien sans peine. 고생 없는 富(부)는 없다.

Pas de plaisir sans peine. 고생 없는 樂(낙)은 없다.

㉸ Per aspera ad astra. 苦難(고난)을 거쳐 별(榮光)로.

▌고양이가 발톱을 감춘다 ▌

㊇ 쥐 잡는 고양이는 아웅 소리 아니한다.

소리 없는 벌레가 벽을 뚫는다.

김 안 나는 숭늉이 더 뜨겁다.

㊊ 捕鼠之猫匿爪(포서지묘익조). 쥐 잡는 고양이는 발톱을 감춘다.

知者不言(지자불언). 아는 자는 말이 없다.

㊐ 鼠(ねずみ)捕(と)る猫(ねこ)は爪(つめ)をかくす. 上同.

能(のう)ある鷹(たか)は爪(つめ)をかくす.
　能(능)이 있는 독수리는 발톱을 감춘다.

㊈ Cats hide their claws. 고양이는 그들의 발톱을 감춘다.

Tell not all you know, all you have, or all you can do.
네가 알고 있는 모든 것, 가지고 있는 모든 것 또는 할 수 있는 모든 것을 입 밖에 내지 말라.

Wear a horn and blow it not.
뿔피리를 가지고 있으면서 불지 말라.

Who knows most speaks least.
가장 많이 아는 자가 가장 적게 말한다.

㊣獨 Stille Wasser sind tief. 고요한 물은 깊다.

佛 Plus on sait, plus[1] on se tait. 많이 알수록 말이 없다.

고양이 목에 방울 달기

뜻 實踐(실천)하지 못할 것을 의논함.

漢 猫項懸鈴(묘항현령). 上同.

日 言(い)うは易(やす)く行(おこな)うは難(かた)し.
말하기는 쉽고 행하기는 어렵다.

英 Who shall tie the bell about the cat's neck?
누가 고양이 목에 방울을 달 것인가?

Who shall bell the cat?. 누가 고양이에게 방울을 달 것인가?

佛 Attacher le grelot au cou de chat. 고양이 목에 방울 달기.

1) plus~, (et) plus~ : ~하면 할수록 더욱 ~더하다.

▌고양이보고 반찬 가게 지켜 달란다 ▌

(뜻) 믿을 수 없는 사람에게 큰 일을 맡겨 不安(불안)하다.

(類) 강아지에게 메주 멍석을 맡긴 것 같다.

개에게 된장 덩어리 지키게 하는 格(격).

도둑고양이더러 祭物(제물) 지켜 달란다.

過客(과객)에게 주 적삼 부친다 : 지나가는 길손에게 바지와 상의를 전해 달라고 맡긴다.

(日) 猫(ねこ)に鰹節(かつおぶし)[1]. 고양이에게 가다랭이 말린 포.

猫に鰹節の番(ばん). 고양이에게 가다랭이 말린 포 지킴이.

道楽(とうらく)息子(むすこ)に金(がね)の番(ばん).
난봉 자식에게 돈 지킴이.

(英) To set the wolf to keep the sheep.
양을 지키기 위하여 늑대를 풀어놓다.

He sets the fox to keep the geese.
거위들을 지키기 위해 여우를 풀어놓다.

(獨) Man soll den Bock nicht zum Gärtner setzen.
숫 山羊(산양)을 庭園師(정원사)로 삼아서는 안 된다.

▌고운 사람 미운 데 없고, 미운 사람 고운 데 없다 ▌

(類) 고운 사람은 멱[2] 씌워도 곱다.

---

1) 鰹節(かつおぶし) : 가다랭이 포에 소금을 쳐서 쪄서 딱딱하게 말린 것. 이것을 잘게 잘라 조미료로 쓴다.

2) 멱 : 짚으로 만든, 곡식을 담는 데 쓰는 그릇(멱서리).

漢 愛人無可憎 憎人無可愛(애인무가증 증인무가애)[1). 上同.

日 惚(ほ)れた目(め)には痘痕(あばた)も靨(えくぼ).
반한 눈에는 곰보자국도 보조개.

愛(あい)してその醜(しゅう)を忘(わす)る.
사랑하여 그 추를 잊어버리다.

惚(ほ)れた慾目(よくめ)[2). 반하면 자기에게 편리하도록 생각한다.

ちんばも踊(おど)るよう. 절름발이도 춤추는 것 같다.

禿(はげ)が三年(さんねん)目(め)につかぬ.
대머리가 3년 동안 눈에 뜨이지 아니한다.

縁(えん)の目(め)には霧(きり)が降(ふ)る.
연분이 있는 눈에는 안개가 내린다. 안개로 눈이 가려서 잘 안 보인다는 뜻.

惚(ほ)れて通(かよ)えば千里(せんり)も一里(いちり), 逢(あ)わずにもどれば又(また)千里.
반해서 다니면 만 리도 십 리, 못 만나고 돌아오면 또 만 리.

英 If Jack's in love, he's no judge of Jill's beauty.
재크가 사랑에 빠지면 그는 질의 美(미)를 判斷(판단)할 수 없다.

Fancy may bolt[3) bran and think it flour.
사랑은 등겨를 체로 쳐서 그것을 밀가루로 생각한다.

Love covers many infirmities. 사랑은 많은 缺點(결점)을 덮는다.

Love is blind. 사랑은 盲目(맹목)이다.

獨 Es ist kein Weg zu weit, wenn die Liebe treibt.
사랑이 쫓으면 너무 먼 길이란 결코 없다.

Liebe ist blind, aber die Ehe gibt das Gesicht wieder.
사랑은 盲目(맹목)이다. 그러나 結婚(결혼)은 다시 눈을 준다.

---

1) 旬五志.
2) 慾目(よくめ) : 자기에게 편리하도록 사물을 보는 것.
3) bolt : 체로 거르다(sift).

佛 Il n'y a point de[1] laides amours. 醜(추)한 사랑은 없다.

L'objet qu'on aime est toujours beau.
사람이 좋아하는 대상은 언제나 아름답다.

L'amour est aveugle. 사랑은 盲目(맹목)이다.

L'amour est une sottise faite à deux.
사랑은 둘이서 저지르는 愚行(우행)이다.

羅 Amor caecus. 사랑은 맹목.

고장이 다르면 風物(풍물)도 달라진다

漢 入鄕順俗(입향순속).(p.315)

時異事異(시이사이). 때가 다르면 事物(사물)이 다르다.

時移俗易(시이속역). 때가 바뀌면 風俗(풍속)이 바뀐다.

日 所(ところ)変(かわ)れば品(しな)変る.
곳이 달라지면 물건도 달라진다.

難波(なにわ)[2]の葦(あし)は伊勢(いせ)[3]の浜荻(はまおぎ).
나니와의 갈대를 이세에서는 하마오기라 한다. 곳에 따라 말이 다르다는 뜻.

英 Coats change with countries. 衣服(의복)은 나라와 함께 변한다.

So many countries so many laws (or customs).
나라마다 慣習(관습)이 다르다.

Law and country. 法(법)은 地方(지방)마다 다르다.

---

1) Il n'y a point de~ : ~은 결코 없다.
2) 難波 : 지금 大阪 부근의 옛 지명.
3) 伊勢 : 지명.

Time changes and we with them.
때는 變(변)하고 우리도 그들과 함께 변한다.

獨 Jedes Land hat seinen Tand (Sand).
나라마다 쓸데없는 物件(모래)이 있다.

Andere Länder, andere Sitten.
나라가 다르면 風俗(풍속)이 다르다.

Ländlich (Örtlich) sittlich. 上同.

佛 Chaque pays a sa mode.
各國(각국)에는 그 나름의 流行(유행)이 있다.

Autres pays (temps), autres moeurs.
나라(때)가 다르면 風俗(풍속)이 다르다.

Vérité en (au) decà (des Pyrénées) erreur au delà.
피레네山脈(산맥) 이쪽의 眞理(진리)는 저쪽에서는 誤謬(오류)이다.

A Paris on sifflait la moutarde, à Rouen on la criait.
파리에서는 겨자를 휘파람 불면서 팔고, 루앙에서는 고함을 지르면서 판다.

羅 Lex et regio. 地方(지방)에 상응한 法(慣習).

Tempora (or Omnia) mutantur, et nos mutamur in illis.
萬物(만물)은 변하고, 우리들도 그 속에서 변한다.

▎곡식은 잘될수록 고개를 숙인다 ▎

뜻 인격자일수록 謙遜(겸손)하다.

類 조 이삭은 팰수록 고개를 숙인다.

물은 깊을수록 소리가 없다.

(對) 빈 양철 소리 많이 난다.
빈수레가 요란하다.
안 먹는 씨아[1])에 소리 많이 난다.

(日) 實(みの)る程(ほど)頭(こうべ)を垂(た)るる稲穂(いなほ)かな.
익을수록 머리를 숙이는 벼 이삭.

(英) Full ears[2]) of corn hang lowest.
잘 익은 곡식의 이삭은 가장 낮게 매달린다.

The boughs that bear most hang lowest.
제일 많이 結實(결실)한 가지가 제일 낮게 드리운다.

The more noble the more humble.
高貴(고귀)할수록 謙遜(겸손)하다.

Modesty sets off one newly come to honour.
겸손은 榮譽(영예)를 갓 받은 자를 돋보이게 한다. 영예를 받고도 겸손하면 더 돋보인다는 뜻.

(獨) Schwere Ähren und volle Köpfe neigen sich.
무거운 이삭과 가득 찬 머리는 숙인다.

(佛) Le plus noble, le plus humble.
高貴(고귀)할수록 謙遜(겸손)하다.

❙ 곧은 나무 먼저 꺾인다 ❙

(類) 貴(귀)한 그릇 쉬 깨진다.

(對) 굽은 나무 先山(선산) 지킨다.

---

1) 씨아 : 木花(목화)의 씨를 빼는 틀.
2) ear : 이삭. come into ear : 이삭이 패다.

병신 자식 孝道(효도)한다.

漢 直木先伐(직목선벌), 甘井先竭(감정선갈)[1].
곧은 나무 먼저 꺾이고, 물맛 좋은 샘이 먼저 마른다.

日 直木(ちょくぼく)先(ま)ず伐(き)らる. 上同.
甘井(かんせい)先(ま)ず竭(つ)く. 上同.

英 The pine wishes herself a shrub when the axe is at her root.
소나무는 그 뿌리에 도끼가 닿을 때에 그 자신이 灌木(관목)이기를 원한다.

The best goes first, the bad remains to mend.
가장 훌륭한 것은 먼저 가고 나쁜 것이 남아서 고쳐진다. 가장 뛰어난 사람은 먼저 죽고 시원찮은 사람이 살아남아 向上(향상)된다.

獨 Die schönsten Apfel sticht der Wurm am ersten.
벌레는 가장 아름다운 사과를 먼저 파먹는다.

佛 Les enfants trop tôt sages ne vivent pas longtemps.
너무 빨리 才致(재치)가 있는 아이는 오래 못 산다.

過恭非禮 (과공비례)

뜻 지나친 恭遜(공손)은 예가 아님.

類 巧言令色鮮而仁(교언영색선이인).
巧妙(교묘)한 말과 보기 좋은 얼굴에는 仁德(인덕)이 별로 없다.

巧詐不如拙誠(교사불여졸성).
교묘한 속임은 拙劣(졸렬)한 誠心(성심)만 같지 못하다.

日 礼(れい)も過(す)ぎれば無礼(ぶれい). 예의도 지나치면 무례.

1) 莊子, 山木.

慇懃無礼(いんぎんぶれい).
겉으로는 鄭重(정중)하나 속으로는 무례한 것.

英 Much courtesy, much subtlety.
예의가 많을수록 狡猾(교활)하다.

獨 In viel Demut ist Hochmut. 지나친 謙遜(겸손)은 오만이다.

佛 Davantage courtois, plus subtile. 鄭重(정중)할수록 교활하다.

寡婦(과부) 설움은 과부가 안다

뜻 같은 처지에 있는 사람끼리 서로 잘 理解(이해)한다.

類 과부 事情(사정)은 과부가 안다.

같은 깃의 새는 같이 모인다.

對 동냥치가 동냥치 꺼린다.

漢 同病相憐(동병상련), 同憂相救(동우상구)[1].
같은 病(병)을 앓는 자는 서로 불쌍히 여기고, 같은 근심을 가진 자는 서로 도운다.

同氣相求(동기상구). 뜻이 같은 자는 서로 찾는다.

同道者相愛(동도자상애), 同藝者相嫉(동예자상질)[2].
道(도)를 같이 하는 자 서로 사랑하고, 藝能技藝(예능기예)를 같이 하는 자 서로 투기한다.

同美相妒(동미상투), 同業相仇(동업상구)[3].
같은 미인은 서로 투기하고, 동업자는 서로가 원수이다.

---

1) 同病相憐 同憂相救 驚翔之鳥相隨而集 瀨下之水因復流 胡馬望北風而立 越鳥向日而熙 誰不愛其所近 悲其所思者乎(吳越春秋).
2) 亢倉子 用道篇.
3) 素書.

(日) 同病(どうびょう)相憐(あいあわれ)む. 上同.

欲(よく)を同(おな)じうする者(もの)は相憎(あいにく)み, 憂(うれひ)を同(おな)じうする者(もの)は相親(あいしたし)む.
욕망을 같이 하는 자는 서로 미워하고, 근심을 같이 하는 자는 서로 친하다.

同惡(どうあく)相(あい)たすく.
나쁜 짓을 같이 하는 사람끼리 서로 도운다.

同氣(どうき)相求(あいもと)む. 뜻이 같은 자는 서로 찾는다.

(英) Misery loves company. 不幸(불행)은 동료를 좋아한다.

One knave will favour(or seek out) another.
惡黨(악당)은 다른 악당을 좋아한다(구한다).

One knave will take part with[1] another. 악당은 악당을 편든다.

Like to like(and Nan to Nicholas).
類(유)는 類끼리 모이고(그리고 난은 니콜라스에게로).

Like attracts(or draws to) like. 類(유)는 類를 끈다.

Misery may be the mother when one beggar begs of another.
乞人(걸인)이 다른 걸인에게 구걸을 하면 貧困(빈곤)은 母親(모친)이다.

Like to like, a scabbed horse to an old dike.
類(유)끼리 모이고, 옴이 오른 말은 옛 둑으로 간다.

(獨) Gleich und gleich gesellt sich gern.
같은 것끼리는 서로 잘 모인다.

(佛) L'âne frotte l'âne. 나귀가 나귀를 비빈다.

Un âne frotte l'autre. 나귀는 서로 비빈다.

S'entendre comme larrons(frères) en foire.
장터의 도적(형제)처럼 마음이 맞다.

---

1) take part with : 편들다.

Les loups ne se mangent(se devorent) pas entre eux.
　늑대끼리는 서로 잡아먹지 아니한다.

Les corbeaux ne crèvent pas les yeux aux corbeaux.
　까마귀는 까마귀의 눈을 빼지 아니한다.

羅 Simile gaudet simile. 닮은 것은 닮은 것을 좋아한다.

Pares cum paribus facillime congregantur.
　같은 것끼리는 가장 쉽게 모인다.

Asinus asinum fricat. 나귀는 나귀를 비빈다.

過猶不及(과유불급)

뜻 지나침은 오히려 미치지 못함이다.

類 차면 넘친다.(p.354)

中庸之道(중용지도).(p.344)

察察(찰찰)이 不察이다.(p.356)

漢 月盈則虧(월영즉휴), 物盛則衰(물성즉쇠)[1].
　달은 차면 기울고, 만물은 왕성하면 쇠퇴한다.

日 過(す)ぎたるは猶(なお)及(およ)ばざるがごとし. 上同.

念(ねん)の過(す)ぐるは不念(ぶねん).
　念慮(염려)가 지나침은 부주의와 같다.

満(まん)は損(そん)を招(まね)く. 차면 손해를 부른다.

信心(しんじん)過(す)ぎて極楽(ごくらく)通(とう)り越(こ)す.
　信心(신심)이 지나쳐 極樂(극락)을 지나가다.

1) 史記 蔡澤傳.

英 Too-too(Too much) will in two.
지나치게 힘을 주면 둘로 갈라진다.

Overdone is worse than undone.
지나치게 行(행)한 것은 행하지 아니한 것보다 못하다.

Too much water drowns the miller.
물이 너무 많으면 물방아가 떠내려간다.

Too much spoils, too little does not satisfy.
過多(과다)면 일을 버리고, 過少(과소)면 불만이다.

Too much cunning undoes. 솜씨가 지나쳐도 失敗(실패)한다.

The orange that is too hard squeezed yields a bitter juice.
귤을 너무 짜면 쓴 汁(즙)이 나온다.

More than enough is too much.
充分(충분)한 것보다 많은 것은 지나치게 많은 것이다.

The last straw[1)] breaks the camel's back.
마지막 짚 한 오리가 낙타 등을 다치게 한다. 최후의 사소한 것 때문에 일을 망친다.

The last drop makes the full cup runs over.
마지막 한 방울이 가득찬 잔을 넘치게 한다.

Too much taking heed is loss. 察察而不察(찰찰이불찰).

There is reason[2)] in roasting egg.
鷄卵(계란)을 프라이하는 데도 알맞은 정도가 있다.

獨 Wenn alzu dazu kommt, taugt nichts was.
너무 지나치면 소용이 없다.

Allzuklug macht narrisch. 지나치게 賢明(현명)하면 바보스럽다.

Allzuscharf macht schartig.
지나치게 날카로우면 (칼의) 이가 빠진다.

---

1) the last straw : 파멸의 원인인 최후의 작은 일.
2) reason : 이유, 도리, 이성, 분별, 적절, 논거.

Allzuviel ist ungesund. 過多(과다)는 有害(유해)하다.

Zu wenig und zu viel ist aller Narren Ziel.
過少(과소)와 過多(과다)는 모든 바보가 노리는 바이다.

Zu wenig und zu viel verdirbt alles Spiel.
過少와 過多는 놀이를 망친다.

Zuviel zerreißt den Sack. 너무 많으면 자루가 찢어진다.

(佛) Trop et trop peu n'est pas mesure.
過多와 過少는 適切(적절)하지 않다.

Il n'y a point assez, s'il n'y a trop.
지나치지 아니하면 充分(충분)하지 않다. 慾望(욕망)의 무한함을 말한다.

Le surplus rompt le couvercle. 지나치게 많으면 뚜껑을 깬다.

Le trop ne vaut rien. 過多(과다)는 아무 가치가 없다.

Le mieux est l'ennemi du bien. 더 좋은 것은 좋은 것의 적이다.

Bien vient à mieux, et mieux à mal.
좋은 것은 더 좋게 되고, 더 좋은 것은 나쁘게 된다.

Chaque vague a son flux et son reflux.
물결(바다)에는 滿潮(만조)와 干潮(간조)가 있다.

(羅) Est modus in rebus, sunt certi denique fines, quos ultra citraque nequit consistere rectum.
만물에는 정도라는 것이 있다. 즉 일정한 한계가 있다. 그것을 지나쳐도, 미치지 못하여도, 正當性(정당성)은 존재할 수 없다.

과전불납리(瓜田不納履) 이하부정관(李下不整冠)

(뜻) 외밭에서 신을 고쳐 신지 아니하고, 오얏나무 아래서 갓을 고쳐 쓰지 아니한다.

類 君子(군자)는 危險(위험)을 가까이 하지 아니한다.(p.57)

漢 君子防未然(군자방미연), 不處嫌疑間(불처혐의간) 瓜田不納履 李下不整冠[1].
군자는 미연에 방지하여, 혐의를 받는 처신을 하지 아니한다. 以下上同.

水名盜泉(수명도천), 孔子不飮(공자불음)[2].
물 이름이 盜泉이면 공자는 마시지 아니한다.

邑名勝母(읍명승모), 曾子不入(증자불입)[3].
고을 이름이 勝母이면 曾子(증자)는 들어가지 아니한다.

渴不飮盜泉之水(갈불음도천지수), 熱不息惡木之陰(열불식악목지음)[4].
목말라도 도천의 물을 마시지 아니하며, 더워도 나쁜 나무의 그늘에 쉬지 아니한다.

日 李下(りか)に冠(かんむり)を整(ただ)さず, 瓜田(かでん)に履(くつ)を納(い)れず. 上同.

李下(りか)の冠(かんむり), 瓜田(かでん)の履(くつ). 上同.

君子(くんし)危(あやう)きに近寄(ちかよ)らず.
君子(군자)는 危險 (위험)한 곳에 가까이 가지 아니한다.

聖主(せいしゅ)危(あやう)きに乗(じょう)せず.
聖主(성주)는 위기에 便乘(편승)하지 아니한다.

英 He that will do no ill must do nothing that belongs thereto.
나쁜 짓을 하지 아니하려는 자는 거기에 속하는 일을 해서는 안 된다.

獨 Wer die Leiter hält, ist so schuldig wie der Dieb.
사다리를 잡고 있는 자는 盜賊(도적)과 같은 책임이 있다.

---

1) 古詩源 · 卷三 · 君子行.
2) 說苑 · 說叢.
3) 鄒陽 · 獄中上梁王書.
4) 文選 · 陸機 · 猛虎行.

佛 N'approchez pas des haiers. 산울타리에 가까이 가지 말라.

교언영색선의인(巧言令色鮮矣仁)[1]

뜻 巧妙(교묘)한 말과 보기 좋은 얼굴에는 仁德(인덕)이 별로 없다.

對 剛毅木訥近仁(강의목눌근인)[2].
　굳고 떳떳하고 質朴(질박)하고 어눌한 사람은 仁(인)에 가깝다.

漢 巧言亂德(교언란덕), 小不忍則亂大謀(소불인즉난대모)[3].
　꾸며대는 말은 덕을 어지럽히고, 작은 것을 참지 못하면 어지러움이 크다.

過恭非禮(과공비례). 지나친 공손은 예가 아니다.(p.47)

衒士不信(현사불신), 衒女不貞(현녀부정).
　잘난 체하는 선비는 믿을 수 없고, 잘난 체하는 여자는 곧지 못하다.

日 巧言(こうげん)令色(れいしょく)鮮(すくな)し仁(じん). 上同.

巧言(こうげん)は德(とく)を乱(みだ)る. 巧言은 德을 어지럽힌다.

慇懃無礼(いんきんぶれい).
　지나치게 鄭重(정중)하여 오히려 무례함. 정중하나 誠意(성의)가 없는 것.

英 Full of courtesy full of craft.
　禮儀(예의)가 가득하면, 巧猾(교활)도 가득하다.

God in the tongue and the devil in the heart.
　혀에는 하나님, 마음에는 惡魔(악마).

Where there is least heart, there is most tongue.
　마음이 가장 없는 곳에 말이 가장 많다.

---

1) 論語 子路篇.
2) 論語 子路篇.
3) 論語 衛靈公編.

Where there is o'er mickle[1] courtesy, there is little kindness.
예의가 많은 곳에 親切(친절)이 적다.

Much courtesy much subtlety. 예의가 많으면 陰凶(음흉)하다.

Fair words fill not the belly.
美辭麗句(미사여구)는 배를 채우지 아니한다.

Fair words butter no parsnips(or cabbage).
美辭麗句가 방풍나물에 버터를 칠하지 아니한다. 좋은 말이 아무 소용없다는 뜻.

(獨) Schöne Worte machen den Kohl nicht fett[2].
아름다운 말은 아무 소용없다.

Worte füllen den Bauch nicht. 말은 배를 채우지 못한다.

Viele Worte füllen keinen Sack. 많은 말이 포대를 채우지 못한다.

(佛) Davantage courtois, plus subtile.
鄭重(정중)할수록 狡猾(교활)하다.

▌구슬도 갈아야 빛이 난다 ▌

(類) 구슬이 서 말이라도 꿰어야 보배다.

(漢) 玉不磨無光(옥불마무광). 玉도 갈지 아니하면 빛이 없다.

玉不琢不成器(옥불탁불성기)[3]. 구슬도 다듬지 않으면 소용없다.

切磋琢磨(절차탁마).
옥돌을 자르고, 갈고, 쪼고, 닦음. 學問(학문)과 德行(덕행)을 닦음.

(日) 玉(たま)磨(みが)かざれば光(ひかり)なし.
玉도 갈지 않으면 빛이 없다.

---

1) mickle : much.
2) Das macht den Kohl nich fett : 아무 소용없다. Kohl은 캬베츠, 무의미를 뜻함.
3) 玉不琢不成器 人不學不知道 是故古之王者 建國君民 教學爲先(禮記 學記篇).

琉璃(るり)の光(ひかり)も磨(みが)きから. 유리의 빛도 가는 데에서.

于越(うえつ)の鋌(てい)も厲(みが)かざれば匹夫(ひっぷ)之(これ)を賎(いや)しむ.
越(월)나라의 살촉이라 할지라도 갈지 않으면 匹夫(필부)가 이를 업신여긴다.

英 A garden must be looked unto and dressed as the body.
庭園(정원)은 인체와 같이 보살피고 정돈해야 한다.

Learn not and know not. 배우지 않으면 모른다.

Nurture is above nature. 教育(교육)은 天性(천성)보다 낫다.

Weeds come forth on the fattest soil if it is untilled.
가꾸지 아니하면 비옥한 땅이라도 雜草(잡초)가 먼저 난다.

No man proves famous but by labour.
누구도 努力(노력) 없이는 有名(유명)해지지 아니한다.

獨 Es ist noch kein Meister vom Himmel gefallen.
하늘에서 떨어진 名人(명인)은 아직 없다.

Es ist noch kein Gelehrter vom Himmel gefallen.
하늘에서 떨어진 學者(학자)는 아직 없다.

구하라, 그러면 얻을 것이다[1]

日 求(もと)めよ, さらば与(あた)えられん. 上同.

英 Ask and it shall be given you. 上同.

獨 Bittet, so wird euch gegeben. 上同.

佛 Qui cherche trouve. 求(구)하는 자는 發見(발견)한다.

Cherchez et vous trouverez. 구하라, 그러면 너는 발견할 것이다.

1) 신약성서, 마태복음.

▌君子(군자)는 危險(위험)을 가까이 하지 아니한다 ▌

뜻 敎養(교양)을 갖춘 훌륭한 사람은 자중자애(自重自愛)하여 함부로 輕率(경솔)한 짓을 하지 아니한다.

漢 聖主不乘危徼幸(성주불승위요행)[1].

어진 임금은 위기에 便乘(편승)하여 僥倖(요행)을 구하지 아니한다.

小人行險以徼幸(소인행험이요행)[2].

소인을 危險(위험)을 행하여 요행을 바란다.

奔車之上無仲尼(분차지상무중니) 覆舟之下無伯夷(복주지하무백이)[3].

暴走(폭주)하는 위험한 수레 위에는 孔子(공자) 같은 성인은 타지 아니하고, 뒤집어진 배 밑에는 伯夷(백이) 같은 賢人(현인)은 없다.

日 君子(くんし)危(あやう)きに近寄(ちかよ)らず.

군자는 위험에 가까이 가지 아니한다. 이 말은 중국고전의 지혜를 빌려 일본인이 만든 교훈으로서, 그들 사이에 널리 膾炙(회자)되는 格言(격언)이다.

英 If we would avoid a mischief, we must not be very kind and familiar with an evil man.

災難(재난)을 피하려면, 惡人(악인)에게 친절하거나 그와 친해서는 안 된다.

The best remedy against an ill man is much ground between both.

악인에 대한 최선책은 양자 사이에 큰 거리를 두는 것이다.

He incurs no danger that comes not where it is.

危險(위험)이 있는 곳에 가지 아니하는 자는 위험에 빠지지 아니한다.

He that fears drowning comes near no wells.

溺死(익사)를 두려워하는 자는 우물 가까이 가지 아니한다.

---

1) 史記, 袁盎傳.
2) 中庸.
3) 韓非子, 安危.

He that will sail without danger must never come upon the main sea.
위험 없이 航海(항해)하려는 자는 大海(대해)에 가서는 안 된다.

It is best to be on the safe side!
安全(안전)한 쪽에 있는 것이 最善(최선)이다.

Nothing like being on the safe side.
아무것도 안전한 쪽에 있는 것만 같지 못하다.

㊍ Das Wasser hat keine Balken.
물에는 다리(들보)가 없다. 헤엄을 못 치면 물에 들어가지 말라는 뜻.

Wer sich mutwillig in Gefahr begibt, kommt darin um.
輕率(경솔)하게 위험에 뛰어드는 자는 거기서 죽는다.

(佛) Qui s'y frotte, s'y pique.
그것에 接觸(접촉)하는 자는 그것에 찔린다.

N'aille au bois qui a peur des feuilles.
나뭇잎이 두려운 자는 숲에 가지 말라.

▌굽은 나무 先山(선산)[1] 지킨다 ▌

(뜻) 못생긴 사람이나 물건이 경우에 따라서는 더 쓸모가 있다.

(類) 굽은 나무는 길맛[2]가지가 된다.

병신 자식 孝道(효도)한다.

이 빠진 그릇 오래 간다.

1) 先山 또는 先塋(선영) : 조상의 무덤이 있는 곳.
2) 길마 : 소의 등에 얹어 짐을 싣는 안장. 길맛 가지 : 안장을 만드는 데 쓰이는 구부러진 나뭇가지.

곤 대추 三年(삼 년) 간다.

나갔던 며느리 효도한다.

버리댁이 효자 노릇한다.
못나서 버리려고 했던 자식이 뒤에 효도한다.

對 곧은 나무 먼저 꺾인다.(p.46)

귀한 그릇 쉬 깨진다.(p.65)

日 柳(やなぎ)に雪(ゆき)折(お)れなし.
버들은 눈에 부러지지 아니한다. 柔軟(유연)한 것이 오히려 지속성이 있다.

英 Creaking door hangs long on it's hinges.
삐걱거리는 문이 돌쩌귀에 오래 매달려 있다.

Creaking gates last the longest. 삐걱거리는 문이 오래간다.

獨 Die knarrigen Wagen gehen am längsten.
삐걱거리는 수레가 오래간다.

Gesprungene (Geflickte) Töpfe halten am längsten.
갈라진 항아리가 오래간다. 병약한 사람이 오래 산다.

佛 Un pot fêlé dure longtemps. 갈라진 항아리가 오래간다.

Les pots fêlés sont ceux qui durent le plus. 上同.

▌굽히는 것이 꺾이는 것보다 낫다 ▌

類 病身(병신)되는 것이 죽는 것보다 낫다.

지는 것이 이기는 것이다.(p.347)

日 曲(まが)るは折(お)れるに勝(まさ)る.
굽히는 것이 부러지는 것보다 낫다.

大(たい)なる物(もの)には呑(の)まれ，長(なが)き物には巻(まか)れろ.
큰 것에는 삼키고, 긴 것에는 감겨라.

強(つよ)い物には負(ま)けろ, 長き物には巻れろ.
强(강)한 것에는 지고, 긴 것에는 감겨라.

曲(まが)らねば世(よ)が渡(わた)られぬ.
굽히지 아니하면 세상을 건널 수 없다.

商人(しょうにん)と併風(びょうぶ)は曲(まが)らねば立(た)たれぬ.
장사치와 屛風(병풍)은 굽히지 아니하면 서지 않는다.

英 Better bow than break. 굽히는 것이 꺾이는 것보다 낫다.

The greater embraces the less. 보다 큰 것이 적은 것을 껴안는다.

They that are bound must obey. 묶인 자는 服從(복종)해야 한다.

He loses many a good bit that strives with his betters!
자기보다 優越(우월)한 자와 다투는 사람은 많은 것을 잃는다.

He never thrives who with his master strives.
주인과 다투는 자는 繁昌(번창)하지 아니한다.

It is no meddling with our betters.
손위 사람과 다투어서는 안 된다.

It is no meddling with short daggers[1].
支配層(지배층)과 다투어서는 안 된다.

If the master say the crow is white the servant must not say it is black.
主人(주인)이 까마귀를 희다고 하면, 하인은 검다고 해서는 안 된다.

An ass must be tied where his master will have him.
당나귀는 주인이 두고 싶은 곳에 묶여져야 한다.

Call the bear uncle till you are safe across the bridge.
그대가 다리를 건너 安全(안전)할 때까지 곰을 아저씨라 불러라.

---

1) short daggers : 短劍(단검)을 찬 지배층.

Gentle puddocks have long toes.
점잖은 개구리의 발가락은 길다. 권력자는 넓은 支配力(지배력)을 가지고 있으므로 주의하라는 뜻.

(獨) Lieber(Besser) biegen als brechen.
부러지는 것보다 굽히는 것이 낫다.

Den Großen weichen ist keine Schande.
强者(강자)에게 屈服(굴복)하는 것은 수치가 아니다.

Wo das Brett am dünnsten ist, da bohrt man es an.
판자의 가장 엷은 곳에 구멍을 뚫는다.

Wider(Gegen) den Strom ist übel schwimmen.
흐름을 거슬러 헤엄치는 것은 어렵다.

Wo der Zaun am niedrigsten ist, da steigt man hinüber.
울타리의 가장 낮은 곳을 타고 넘어간다.

(佛) Il faut souffrir ce qu'on ne peut empêcher.
막을 수 없는 것은 참아야 한다.

La raison du plus fort est toujours la meilleure.
가장 强(강)한 자의 理由(이유)가 언제나 제일 좋다.

Il faut laisser couler l'eau. 물은 흐르는 대로 맡겨 두어야 한다.

Il faut laisser courir le vent par-dessus les tuiles.
바람은 기와 위에 부는 대로 내버려 두어야 한다.

▍궁지에 든 쥐가 고양이를 문다 ▍

(類) 막다른 골목이 되면 돌아선다.

목구멍이 捕盜廳(포도청).(p.155)

㊥ 窮鼠齧猫(궁서설묘)[1]. 上同.

窮寇死戰(궁구사전). 궁지에 몰린 적은 죽기로 싸운다.

窮寇莫追(궁구막추)[2]. 窮한 敵(적)을 쫓지 말라.

困獸猶鬪(곤수유투). 궁지에 몰린 짐승은 오히려 싸움을 건다.

窮則逃亡(궁즉도망). 궁하면 도망친다.

君子固窮 小人窮斯濫矣[3]. p.155 참고

獸窮則齧 鳥窮則啄 人窮則詐 自古及今 窮其下能不危者 未之有也[4]. (p.155 참고)

窮鳥不擇枝(궁조불택지). 궁한 새는 가지를 가리지 아니한다.

窮鳥入懷 仁人所憫[5](궁조입회 인인소민).
궁한 새가 품 안에 들어오니 어진 사람이 불쌍히 여기는 바다.

窮猿奔林(궁원분림), 豈暇擇木(개하택목).
궁지에 몰린 원숭이가 숲에 분주한데, 어느 여가에 나무를 택하리오.

㊐ 窮鼠(きゅうそ)猫(ねこ)を噛(か)む. 궁한 쥐 고양이를 문다.

小人(しょうじん)窮(きゅう)すれば濫(らん)す.
小人(소인)이 궁하면 善惡(선악)을 가리지 아니한다.

㊧ A baited[6] cat may grow as fierce as a lion.
개한테 쫓긴 고양이는 사자만큼 사나워진다.

Make a bridge of gold[7] for a flying enemy.
쫓기는 적에게 황금다리를 만들어 주어라. 달아나는 적의 退路(퇴로)를 막으면 限死(한사)코 저항하므로, 오히려 퇴로를 만들어 주라는 뜻.

---

1) 死不再生, 窮鼠齧猫(鹽鐵論 詔聖編).
2) 歸師勿遇, 圍師必闕, 窮寇勿迫, 用兵之法也(孫子軍爭編).
3) 論語 衛靈公編.
4) 顔淵.
5) 顔氏家訓.
6) bait : 미끼, 유혹(lure). 미끼로 꾀다. 개를 시켜 동물을 괴롭히다.
7) bridge of gold, silver bridge : 敗軍의 용이한 退却路.

Despair makes cowards courageous.
絶望(절망)은 卑怯(비겁)한 자를 勇敢(용감)하게 한다.

獨 Not kennt kein Gebot. 急(급)하면 禁止(금지)가 없다.

佛 Il faut faire un pont d'or à l'ennemi qui fuit.
敗走(패주)하는 적에게 황금다리를 만들어 주어라.

窮(궁)하면 通(통)한다

漢 窮則通(궁즉통), 窮則變(궁즉변), 困窮而通(곤궁이통)[1].
궁하면 통하고, 궁하면 변하고, 곤궁하면 통한다.

窮而後工(궁이후공)[2].
詩人(시인)은 窮할수록 詩가 巧妙(교묘)하다.

日 窮(きゅう)すれば通(つう)ず. 上同.

人(ひと)窮(きゅう)して巧(たく)みをなす.
사람이 궁하면 巧妙(교묘)해진다.

逃(に)ぐる者(もの)道(みち)を択(えら)ばず.
도망치는 자는 길을 가리지 아니한다.

英 Man's extremity is God's opportunity.
인간의 窮極(궁극)은 神(신)의 기회이다.

The things which are impossible with men are possible with God.
사람에게 不可能(불가능)한 것은 神(신)에게는 가능하다.

Necessity is a hard weapon.
必要(필요)는 튼튼한 武器(무기)이다.

1) 易經繫辭下編.
2) 歐陽脩梅聖兪詩集序.

Necessity is the mother of invention.
필요는 發明(발명)의 어머니이다.

Need makes the old wife trot.
위급함이 老妻(노처)를 달음질치게 한다.

Things at the worst will mend.
最惡(최악)의 상태에 있으면 好轉(호전)된다.

A hungry man smells meat afar off.
배고픈 사람은 멀리서도 고기 냄새를 맡는다.

獨 Not bricht Eisen. 急(급)하면 쇠를 뚫는다.

Not macht aus Steinen Brot. 급하면 돌로써 빵을 만든다.

Not lerht Künste. 필요는 技術(기술)을 가르친다.

Not lerht ein alt Weib traben.
급하면 老婆(노파)를 달음질치게 한다.

Wenn die Not am größten ist, ist Gottes Hilfe am nächsten.
急迫(급박)함이 최대에 이르렀을 때에 神(신)의 도움은 가장 가까이 있다.

Je größer die Not, je näher Gott.
困窮(곤궁)이 클수록 神은 가깝다.

佛 Nécessié est mère d'industrie(ou d'invention).
必要(필요)는 근면(또는 발명)의 어머니이다.

De tout s'avise[1)] à qui pain faut.
빵이 없는 자는 모든 것을 생각한다.

羅 Necessitas est durum telum. 필요는 강한 武器(무기)이다.

1) s'aviser de+inf : ~할 것에 생각이 미치다. 당연히 하다.

▍귀한 그릇 쉬 깨진다 ▍

(類) 곧은 나무 먼저 꺾인다.(p.46)

(對) 쭈그렁밤송이 삼 년 간다.

굽은 나무 先山(선산) 지킨다.(p.58)

쭈그리고 앉은 손님 사흘만에 간다.

(漢) 佳人薄命(가인박명). 미인은 명이 짧다.

自古佳人多薄命(자고가인다박명) 閉門春盡楊花落(폐문춘진양화락)[1].

예부터 미인은 명이 짧은 수가 많다. 문을 닫고 있으니 봄은 다 가고 양화꽃이 떨어진다.

才子短命(재자단명). 재주 있는 선비는 명이 짧다.

才士多病(재사다병). 재주 있는 선비는 병이 많다.

直木先伐(직목선벌). 곧은 나무 먼저 꺾인다.

好事多魔(호사다마). 좋은 일에 방해가 많다.

(日) 佳人薄命(かじんはくめい). 上同.

好事(こうじ)魔(ま)多(おお)し. 좋은 일에 걸리는 것이 많다.

花(はな)開(ひら)いて風雨(ふうう)多(おお)し.
꽃 피고 風雨(풍우) 많다.

月(つき)に叢雲(むらくも), 花(はな)に風(かぜ).
달에 떼구름, 꽃에는 바람.

(英) The fairest flowers(or freshest colours) soonest fade.
가장 예쁜 꽃이(또는 가장 신선한 빛깔이) 가장 먼저 시든다.

The fairest silk is soonest soiled[2](or stained).
가장 좋은 비단이 가장 먼저 더러워진다.

---

1) 蘇軾 薄命佳人詩.
2) soil : 흙, 오물, 얼룩, 더럽히다, 얼룩지다.

The finest lawn(or cloth) will be the soonest stained.
가장 좋은 잔디(또는 천)가 가장 먼저 더러워진다.

The prettiness dies first(or quickly). 예쁜 것이 먼저 죽는다.

Soon todd soon with God.
이가 빨리 돋으면 빨리 하나님 곁에 간다.

Those that God loves do not live long.
神(신)이 사랑하는 자는 오래 살지 아니한다.

Too wise to live long. 오래 살기에는 너무 賢明(현명)하다.

The good die young. 善良(선량)한 자는 夭折(요절)한다.

獨 Wen die Götter lieben, der stirbt früh.
神(신)들이 사랑하는 자는 夭折(요절)한다.

Die schönsten Apfel sticht der Wurm am ersten.
가장 아름다운 사과가 먼저 벌레에 먹힌다.

Altklug lebt nicht lang. 早熟(조숙)한 자는 요절한다.

Frühweise(Gescheite) Kinder leben nicht lange.
早熟(조숙)한(영리한) 아이는 夭折(요절)한다.

Altklug nie Frucht trug. 조숙한 자는 열매를 맺지 아니한다.

佛 Fruit précoce n'est pas de garde.
早熟(조숙)한 과일은 보존할 수 없다.

Cet enfant ne vivra pas, il a trop d'esprit.
이 아이는 살지 못할 것이다. 그는 너무 才致(재치)가 있다.

Il n'est point de bonheur sans nuages.
구름 없는 幸福(행복)은 없다.

羅 Quem di diligunt adolescens moritur.
신이 사랑하는 자는 夭折(요절)한다.

▌貴(귀)한 자식 매로 키워라 ▌

(類) 매를 아끼면 아이를 버린다.

귀한 자식 매 한 대 더 때리고, 미운 자식 떡 한 개 더 준다.

(日) 可愛(かわい)い子(こ)には旅(たび)をさせよ.
귀여운 아이에게 旅行(여행)을 시켜라. 交通機關(교통기관)이 없었던 옛날 여행이란 매우 고생스러웠으므로 그것을 통하여 인생의 갖가지 辛酸苦楚(신산고초)를 맛보게 하라는 뜻.

可愛い子は打(う)って育(そた)てよ. 귀여운 아이는 때려서 길러라.

(英) Spare the rod, spoil(or spill) the child.
매를 아끼면 아이 버릇이 없어진다.

He that spares the rod hates the child.
매를 아끼는 자는 아이를 미워한다.

The rod breaks no bones. 매는 뼈를 부러뜨리지 아니한다.

Love well, whip well. 잘 사랑하면, 잘 때려라.

(獨) **Je lieber das Kind, je schärfer die Rute.**
아이를 사랑할수록 매를 날카롭게 하라.

Wer sein Kind lieb hat, der züchtigt es.
아이를 사랑하는 자는 아이를 가르친다(훈육한다).

Wer die Rute spart, verzieht[1) das Kind.
채찍을 아끼는 자는 아이를 잘못 키운다.

Wer nicht geschunden[2) wird, wird nicht erzogen.
虐待(학대)받지 아니한 자는 자라지 아니한다.

(佛) Qui aime bien, châtie bien. 잘 사랑하는 자는 罰(벌)을 잘 준다.

---

1) verziehen : 찡그리다. 잘못 기르다(schlecht erzichen). 이사하다. 머무르다(bleiben). 머무적거리다. ~sich : 가버리다. 사라지다. 찌그러지다.

2) schinder, schund, geschunden : 가죽을 벗기다. 학대하다. 착취하다. 공짜로 즐기다. sich~ : 생채기를 내다. 뼈 빠지게 일하다.

그림의 떡

뜻 보아도 먹을 수 없고, 오히려 안 본 것만 못하다.

類 보고도 못 먹는 것은 그림의 떡.
보고도 못 먹는 것은 장떡.

漢 畵中之餠(화중지병). 上同.
畵餠不充飢(화병불충기)[1]. 그림의 떡은 허기를 채울 수 없다.

日 絵(え)に画(が)いた牧丹餅(ぼたもち). 그림에 그린 찰떡.
画餅(がべい)飢(うえ)を満(み)たさず.
그림의 떡은 허기를 채울 수 없다.

英 The tune the old cow died of. 늙은 소를 죽게 한 曲(곡).[2]

佛 Tout bonheur que le main n'atteint pas n'est qu'une rêve.
손에 닿지 아니하는 幸福(행복)은 꿈에 불과하다.

그 아비에 그 아들

類 그 어머니에 그 딸
왕대밭에 왕대 난다.
가시나무에 가시 난다.
콩 심은 데 콩 나고, 팥 심은 데 팥 난다.

漢 父傳子傳(부전자전). 아버지가 아들에게 전하는 것.

---

1) 傳燈錄.
2) 老人이 소에게 줄 사료가 없어서 바이올린을 켜면서 다음과 같은 노래를 소에게 불러 주었으나 소는 모두 굶어 죽었다는 이야기에서, 아무런 도움이 되지 아니하는 말뿐인 助言이나 또는 싫증나는 音樂을 뜻한다. Consider, good cow, consider, This isn't the time for the grass to grow, Consider, good cow, consider.

虎父無犬子(호부무견자). 호랑이 아비에 개 자식은 없다.

欲知其父(욕지기부), 先視其子(선시기자).
그 아버지를 알고 싶으면, 그 아들을 먼저 보라.

日 親(おや)も親なら子(こ)も子. 어버이가 어버이면 자식도 자식.

氏素姓(うじすじょう)は争(あらそ)われぬ. 집안 성씨는 다툴 수 없다.

英 Such a father, such a son. 그러한 아버지에 그러한 아들.

Like father, like son. 아버지를 닮은 아들.

獨 Wie die Eltern, so die Kinder. 兩親(양친)과 같은 그러한 아이.

Wie die Alten sungen, so zwitschern auch die Jungen.
老人(노인)이 노래한 것처럼 젊은이도 지저귄다.

Wie der Baum, so die Birne, wie die Mutter, so die Dirne[1].
나무와 같은 배, 어머니와 같은 딸.

Wie der Vogel, so das Ei. 그러한 새에 그러한 알.

Wie der Acker, so die Ruben, wie der Vater, so die Buben[2].
밭과 같은 그러한 순무, 아버지 같은 그러한 아들.

佛 Tel père, tel fils. 그러한 아버지에 그러한 아들.

Telle mère, telle fille. 그 어머니에 그 딸.

D'un sac à charbon il ne peut sortir de blanche farine.
石炭(석탄) 포대에서는 흰 가루가 나올 수 없다.

Bon sang ne peut mentir. 좋은 血統(혈통)은 거짓말을 못 한다.

羅 Qualis pater, talis filius. 그러한 아버지에 그러한 아들.

Nunquam ex malo patre bonus filius.
나쁜 아버지에서 좋은 아들은 결코 생기지 아니한다.

---

1) Dirne : 딸, 소녀, 창부.
2) Bub 또는 Bube : 남아, 소년, 아들, 제자, 악당.

Mali corvi malum ovum. 나쁜 새에서 나쁜 알.

긁어 부스럼

뜻 공연한 짓으로 禍(화)를 自招(자초)하는 것.

類 긁을수록 부스럼은 커진다.

자는 범 코침 주기.

漢 剜肉作瘡(완육작창). 上同.

平地風波(평지풍파). 平地에 공연히 風波를 일으키다.

宿虎衝鼻(숙호충비). 자는 범 코를 건드리다.

日 藪(やぶ)をつついて蛇(へび)を出(だ)す.
덤불을 쑤셔서 뱀을 나오게 한다. 쓸데없는 짓으로 소동을 일으키는 것.

藪蛇(やぶへび). 上同.

英 Take heed you find not that you do not seek.
찾지 않는 것을 發見(발견)하지 않도록 주의하라.

Let well alone. 잘된 것은 그대로 두라.

Leave well alone. 上同.

It is ill to waken sleeping dogs.
자는 개를 깨우는 것은 좋지 않다.

Wake not a sleeping lion. 자는 獅子(사자)를 깨우지 말라.

獨 Schlafende Hund soll man nicht wecken. 자는 개를 깨우지 말라.

Man soll den schlafenden Löwen nicht wecken.
자는 사자를 깨우지 말라.

(佛) Il ne faut pas réveiller le chat qui dort.
자는 고양이를 깨우지 말라.

金剛山(금강산)도 食後景(식후경)

(뜻) 아무리 좋은 경치도 배부른 다음.

(類) 꽃 구경도 食後事(식후사).

수염이 석 자라도 먹어야 샌님[1].

새남터[2]를 가도 먹어야 한다.

金剛山(금강산) 구경도 배가 불러야 하고, 都中君子(도중군자) 노릇도 배가 불러야 한다.

岳陽樓(악양루)[3]도 食後景(식후경).

衣食(의식)이 족해야 禮節(예절)을 안다.

(漢) 三尺髥食令監(삼척염식영감). 수염이 석 자라도 먹어야 샌님.

(日) 花(はな)より団子(だんご).
꽃보다 瓊団(경단). 멋보다 實利(실리), 外觀(외관)보다 內實(내실)이 중요하다는 뜻.

一中節(いっちゅうぶし)[4]より鰹節(かつおぶし)[5].
노랫가락보다 가다랭이 말린 포.

花(はな)の下(した)より鼻(はな)の下. 꽃 밑보다는 코 밑.

---

1) 샌님 : 生員(생원)님의 준말. 얌전한 사람.
2) 새남터 : 옛날의 사형 집행장.
3) 岳陽樓(악양루) : 中國의 岳州城의 城樓로서 洞庭湖의 絶景을 조망할 수 있어, 많은 詩人이 詩를 읊은 곳으로 유명하다.
4) 一中節(いっちゅうぶし) : 三味線(しゃみせん) 반주로 하는 說話・音曲의 총칭인 淨瑠璃(じょうるり)의 一流派로서 江戶(えと)時代初 都太夫 一中이라는 사람이 시작했다.
5) 鰹節(かつをぶし) : 가다랭이 포를 소금에 저려 쪄서 말린 것. 돌처럼 단단한 것을 깎아 조미료로 쓴다.

酒(さけ)なくて何(なん)の己(おのれ)が桜(さくら)かな.
　술 없이는 내가 무슨 벚꽃일까 보냐.

挨拶(あいさつ)よりも円札(えんさつ). 인사보다는 圓貨(원화).

(英) Better have meat than fine clothes.
　좋은 衣服(의복)보다 고기를 가지는 편이 낫다.

Loaves and fishes.
　빵과 고기. 정신적인 것보다 物質(물질)적 祝福(축복)이 낫다.

Pudding(still) before praise.
　칭찬보다 푸딩. 공연한 칭찬보다 푸딩이 낫다는 뜻.

(獨) Ein Stück Brot in der Tasche ist besser als eine Feder auf dem Hut.
　주머니 속의 한 조각 빵이 모자 위의 깃털 장식보다 더 좋다.

Vom goldenen Käfig wird der Vogel nicht satt.
　새는 황금의 鳥籠(조롱)으로 배부르지 아니한다.

Der Bauch ist leichter gefüllt als die Augen.
　배는 눈보다 더 쉽게 채워진다.

Der Magen ist leichter zu füllen als die Augen.
　胃腸(위장)은 눈보다 채우기 쉽다.

Erst der Magen, dann der Kragen.
　첫째는 胃腸이고 그 다음이 옷깃이다.

(佛) La belle cage ne nourrit pas l'oiseau.
　예쁜 새장이 새를 키우지 아니한다.

Après la panse, la danse. 배 다음에 춤. 배부른 다음에는 춤춘다.

De la panse vient la danse. 배에서 춤이 나온다.

急(급)하면 부처 다리를 안는다

類 急하면 觀世音菩薩(관세음보살).

뒷간에 갈 적 마음 다르고 올 적 마음 다르다.

급할 때에는 거짓말이 四寸(사촌)보다 낫다.

漢 臨急誦觀世音(임급송관세음)[1]. 급함에 다다라 觀世音을 외운다.

如厠二心(여측이심). 뒷간에 갈 적 마음과 올 적 마음이 다르다.

得月忘指(득월망지).
달을 얻고 그 달을 가리킨 손가락을 잊어버린다.

日 恐(おそ)ろしい時(とき)の念仏(ねんぶつ). 무서울 때의 念佛(염불).

苦(くる)しい時(とき)の神(かみ)頼(だの)み.
괴로울 때에 神(신)에 의지하기.

危難(きなん)去(さ)って仏(ほとけ)罵(ののし)らる.
危難(위난)이 사라지면 부처님이 罵倒(매도)당한다.

喉元(のどもと)すぎれば熱(あつ)さを忘(わす)る.
목구멍 지나가면 뜨거움을 잊어버린다.

病(やまい)治(なお)りて薬師(やくし)忘(わす)る.
병이 나으면 藥師(약사)를 잊어버린다.

暑(あつ)さ忘(わす)れりや陰(かげ)忘る.
더위를 잊으면 그늘을 잊는다.

雨(あめ)晴(は)れて笠(かさ)を忘(わす)る.
비 개면 삿갓을 잊어버린다.

英 The danger past and God forgotten.
危險(위험)이 사라지면 神(신)을 잊어버린다.

Any port in a storm.
暴風(폭풍) 속에는 어느 港口(항구)라도 좋다.

---

1) 松南雜識.

Vows made in the storms are forgotten in the calms.
폭풍 속에 지은 盟誓(맹서)는 고요 속에 잊혀진다.

Danger makes man devout. 危難(위난)은 사람을 독실하게 한다.

In prosperity no altars smoke.
繁榮(번영)할 때에는 聖壇(성단)에 香(향)의 연기가 피지 아니한다.

Once on shore, we pray no more.
일단 上陸(상륙)하면 더 이상 祈禱(기도)하지 아니한다.

The chamber of sickness is chapel of devotion.
病室(병실)은 독실한 敎會(교회)이다.

Benefits are soon forgotten. 恩惠(은혜)는 곧 잊어버린다.

Benefits please, like flower, while they are fresh.
은혜는 꽃처럼 新鮮(신선)할 때에 사람을 즐겁게 한다.

獨 Ist die Gefahr vorbei, lacht man den Heiligen aus.
危險(위험)이 지나면 聖者(성자)를 비웃는다.

Not lehrt beten. 危急(위급)은 祈禱(기도)를 가르친다.

佛 Danger passé, saint moqué.
위험이 지나면 聖者(성자)를 비웃는다.

Péril passé, promesses oubliées.
위험이 지나면 約束(약속)을 잊는다.

La fête passée, adieu le saint.
祝祭(축제)가 지나면 聖人(성인)과도 헤어진다.

▎急(급)한 길은 둘러 가라 ▎

類 무른 감도 쉬어 가며 먹어라.

급하면 쥐도 제 구멍을 못 찾는다.

급히 걷는 걸음이 넘어진다.

급히 먹는 밥에 목 메인다.

漢 忙食噎喉(망식일후)[1]. 급히 먹으면 목이 메인다.

日 急(いそ)がば回(まわ)れ. 급하면 돌아가라.

近道(ちかみち)は遠道(とうみち). 지름길은 먼 길.

急(せ)いては事(こと)を損(そん)じる. 서둘면 일을 망친다.

前急(まえいそ)ぎは後急(あといそ)ぎ.
미리 서두르는 것은 뒤에 서두르는 것.

慌(あわ)てる蟹(かに)は穴(あな)に這入(はい)れぬ.
서두르는 게는 구멍에 못 들어간다.

慌(あわ)てる乞食(こじき)は貰(もら)いが少(すく)ない.
서두는 거지는 얻는 것이 적다.

早(はや)い者(もの)に上手(じょず)なし.
빠른 자 중에 솜씨 좋은 사람은 없다.

英 The more haste, the less speed. 서둘수록 늦어진다.

Haste comes not alone. 性急(성급)함은 홀로 오지 아니한다.

Not too fast for falling. 자빠질 만큼 너무 빨리 서둘지 말라.

Do nothing hastily but catching of fleas.
벼룩 잡는 일 외에는 서둘지 말라.

The farthest way about is the nearest way home.
가장 멀리 도는 길이 집으로 가는 가장 가까운 길이다.

Make haste slowly. 천천히 서둘러라.

Haste makes waste. 성급하면 失敗(실패)한다.

Fool's haste is no speed. 바보의 서두름은 빠른 것이 아니다.

---

1) 旬五志.

(獨) Eile mit Weile!. 여유를 가지고 서둘러라.

Eile tut nicht gut. 성급함은 좋지 않다.

(佛) Hâtez-vous lentement. 천천히 서둘러라.

Qui se hâte trop, se fourvoie. 너무 서두르는 자는 길을 잃는다.

Qui va doucement va longtemps. 천천히 가는 자 오래 간다.

Qui trop se hâte reste en chemin.
너무 서두르는 자는 途中(도중)에 쉰다.

Plus on se hâte, moins[1] on avance.
서둘면 서둘수록 덜 나아간다.

Rien ne sert de courir, il faut partir à point.
뛰어도 소용없고, 適時(적시)에 出發(출발)해야 한다.

La foire n'est pas sur le point.
市場(시장)은 다리 위에 서지 아니한다. 서둘 필요가 없다는 뜻.

(羅) Festina lente. 천천히 서둘러라.

끝이 좋으면 다 좋다

(漢) 愼終如始是(신종여시시) 則無敗事(즉무패사)[2].
끝을 시작처럼 愼重(신중)히 하면 실패는 없다.

(日) 終(おわ)りが大事(だいじ). 끝이 重要(중요)하다.

(英) The end crowns all. 끝이 모든 것에 冠(관)을 씌운다.

The end justifies the means. 목적이 수단(手段)을 정당화한다.

1) plus~, moins~ : ~하면 할수록 덜 ~하다.
2) 老子, 제64장.

獨 Ende gut, alles gut. 끝이 좋으면 다 좋다. 끝이 중요하다.

Das Ende krönt das Werk. 마무리가 작품에 冠(관)을 씌운다.

佛 Tout est bien, qui finit bien. 끝이 좋으면 다 좋다.

La fin couronne l'œuvre. 마무리가 作品(작품)에 관을 씌운다.

La fin justifie les moyens. 목적이 手段(수단)을 정당화한다.

羅 Finis coronat opus. 마무리가 작품에 冠(관)을 씌운다.

▌기다리면 때가 온다 ▌

類 한 時(시)를 참으면 백 날이 편하다.

日 待(ま)てば海路(かいろ)の日和(ひより)あり.
기다리면 뱃길에 좋은 날씨가 있다.

待(ま)てば甘露(かんろ)の雨(あめ)を得(え)る.
기다리면 감로의 비를 얻는다.

英 After black cloud comes clear weather.
먹구름 뒤에 맑은 날씨가 온다.

After a storm comes a calm.
暴風(폭풍) 뒤에 고요한 날씨가 온다.

Everything comes to him who waits.
기다리는 자에게 모든 것이 온다.

He that can have patience can have what he will.
忍耐力(인내력)이 있는 자는 願(원)하는 것을 가질 수 있다.

He that well bides well betides.
잘 기다리는 자에게는 좋은 일이 생긴다.

It is a long lane that has no turning.
굽은 모퉁이가 없는 긴 길이다. 길은 모퉁이가 있기 마련인데, 언젠가는 곧은 길이 나오며, 災難(재난)도 참으면 오래 가지 않는다는 뜻.

It is a long lane that never turns. 上同.

The longest night will have an end. 아무리 긴 밤도 끝이 있다.

One day will pay for all.
어느 하루가 모든 것을 다 갚을 것이다. 그 때를 두고 보자는 뜻.

獨 Wenn die Birne rief ist, fällt sie von selbst ab.
배가 익으면 절로 떨어진다.

Mit Harren und Hoffen hat's mancher getroffen.
苦待(고대)와 希望(희망)으로 많은 사람이 득을 본다.

Auf Regen folgt Sonnenschein. 비 온 후에 햇빛 난다.

Mit der Zeit pflückt man Rosen. 때가 되면 장미를 꺾는다.

Kommt Zeit, kommt Rat. 때가 오면 對策(대책)도 나온다.

佛 Tout vient à point à qui sait attendre.
기다릴 줄 아는 사람에게 모든 것이 제때에 온다.

Vous ne perdrez rien pour attendre.
기다린다고 하여 아무것도 잃어버리지 아니할 것이다.

기르던 개에게 다리를 물렸다

類 恩惠(은혜)를 怨讐(원수)로 갚다.

아는 도끼에 발등 찍힌다.

漢 畜犬噬踵(축견서종). 기르던 개에게 뒤꿈치를 물리다.

養虎遺患(양호유환). 호랑이를 길러 憂患(우환)을 남기다.

日 飼犬(かいいぬ)に手(て)をかまれる. 기르던 개에게 손을 물리다.

恩(おん)を仇(あた)でかえす. 恩惠(은혜)를 원수로 갚다.

後足(あとあし)で沙(すな)をかける.
뒷발로 모래를 끼얹다. 신세 진 사람에게 떠날 때에 背信(배신)하는 행위를 뜻함.

英 Breed up a crow and she will peck out your eyes.
까마귀를 기르면 눈을 빼인다.

Cherish a viper in one's bosom. 가슴에 毒蛇(독사)를 품다.

He has brought up a bird to pick out his own eyes.
그는 자신의 눈을 빼이려고 새를 길렀다. 새를 길러서 자신의 눈을 빼었다.

The mad dog bites his master. 미친 개는 主人(주인)을 문다.

A man may cause his own dog to bite him.
사람은 그 자신의 개에게 물리는 짓을 할 수 있다.

The axe goes to the wood where it is borrowed it's helve.
도끼는 그 자루를 빌려준 숲으로 간다.

A beggar pays a benifit with a louse.
乞人(걸인)은 恩惠(은혜)를 이로써 갚는다.

獨 Wenn du einen andern vom Galgen löst, der brächte dich selber gern d'ran.
絞首台(교수대)에서 사람을 구하면 그 사람은 그대를 絞首台에 보낼 것이다.

Die eigenen Hunde bellen ihn an.
自己(자기)의 개가 자기에게 짖는다.

佛 Obliger un ingrat, c'est acheter sa haine.
恩惠(은혜)를 모르는 자에게 은혜를 베풀면, 그의 미움을 산다.

En obligeant un vilain, on ne recueille que chagrin.
惡人(악인)에게 은혜를 베풀면, 슬픔 외에는 거두는 것이 없다.

Dépends le pendard, il te pendra.
악한을 絞首臺(교수대)에서 풀어주면, 그가 그대를 매달 것이다.

Réchauffer un serpent dans son sein.
뱀을 품속에서 따뜻이 하다.

기와 한 장 아끼다가 대들보 썩힌다

(類) 한 푼 아끼다 백 냥 잃는다.

좁쌀만큼 아끼다가 담돌만큼 손해 본다.

호미로 막을 것을 가래로 막는다.

닭 잡아 겪을 나그네 소 잡아 겪는다.

새 잡아 잔치할 것을 소 잡아 잔치한다.

(漢) 由惜一瓦梁摧大厦(유석일와량최대하)[1].
기와 한 장 아껴서 큰 집이 망가진다.

小貪大失(소탐대실). 작은 것을 탐하다 큰 손실을 보는 것.

(日) 一瓦梁(いちがりょう)を惜(おし)むに由(よ)りて大厦(たいか)を摧(くじ)く.
上同.

一文(いちもん)惜(おし)みの百(ひゃく)失(うしな)い.
한 푼 아끼다가 백을 잃는다.

一文(いちもん)拾(ひろ)いの百(ひゃく)落(おと)し.
한 푼 줍고 백을 떨어뜨리다.

小利(しょうり)を貪(むさぼ)って大利(たいり)を失(うしな)う.
小利(소리)를 탐하여 大利를 잃다.

(英) Penny wise and pound foolish.
페니에는 怜悧(영리)하고 파운드에는 어리석다.

---

1) 耳談續纂.

Lose not a sheep for a half penny worth of tar[1].
半 페니 값어치의 타르를 아끼려다 양 한 마리를 잃지 말라.

Skin[2] a stone for a penny, and break a knife of twelve pence.
한 페니를 위하여 돌 껍질을 벗기다가 12펜스짜리 칼을 버린다.

Spare at the spigot and let it out at the bung-hole.
통의 공기 구멍에서는 아끼고, 쏟는 구멍에서는 흘려 보낸다.

(獨) Einen Pfennig suchen und ein Licht dabei verbrennen.
한 페니를 찾기 위하여 등불을 태우다.

Pfennige[3] sparen und Taler[4] wegwerfen.
페니를 아끼고 타렐을 버리다.

❙ 길이 아니면 가지 말고, 말이 아니면 탓하지 마라 ❙

(漢) 有理走遍天下, 無理寸步難行(유리주편천하, 무리촌보난행).
이치에 맞으면 널리 천하를 돌아다닐 수 있고, 이치에 맞지 아니하면 한 걸음도 가기 어렵다.

(日) 無理(むり)が通(と)れば道理(どうり)が引込(ひっこ)む.
무리가 통하면 도리가 기어 들어간다.

(英) Where force prevails, right perishes.
힘이 得勢(득세)하는 곳에 정의는 망한다.

Might is right. 힘이 正義(정의)다.(p.243)

(獨) Gewalt(od.Macht) geht vor Recht. 힘이 정의에 앞선다.

---

1) tar : 양의 外傷에 발라서 파리를 붙지 못하게 하여 양의 죽음을 방지하는 데 쓰인다.
2) skin : 피부, 가죽, 껍질, 껍질을 벗기다, skin a flint 아주 인색하다. skinner 모피상인, 가죽 벗기는 사람, 사기꾼.
3) Pfennig : 백분의 1마르크.
4) Taler : 프러시아의 銀貨. 약 3마르크에 해당되며 1907年까지 통용.

Wo Gewalt recht hat, da hat Recht keine Gewalt.
暴力(폭력)이 통하는 곳에 正義(정의)는 힘이 없다.

Gegen Kanonen gilt das Recht nicht.
大砲(대포)에 대하여 법은 適用(적용)되지 아니한다.

(佛) La raison du plus fort est toujours la meilleure.
가장 强(강)한 자의 理由(이유)가 언제나 가장 좋다.

깊은 물은 고요하다

(類) 아는 사람은 말이 없다.

老將(노장)은 兵談(병담)을 아니한다.(p.102)

(對) 빈 수레가 요란하다.(p.196)

(漢) 仁者靜(인자정)[1]. 어진 사람은 고요하다.

知者不言(지자불언). 아는 사람은 말이 없다.

君子寡言(군자과언). 군자는 말이 적다.

(日) 音無(おとな)し川(かわ)は水深(みずふか)し.
소리 없는 강은 물이 깊다.

(英) Still water runs deep. 고요한 물은 깊다.

(獨) Stille Wasser sind tief. 고요한 물은 깊다.

Stille Wasser sind betrüglich. 고요한 물은 사람을 속인다.

Stille Wasser und schweigenden Leuten ist nicht zu trauen.
고요한 물과 過默(과묵)한 사람은 믿을 수 없다.

---

1) 知者樂水, 仁者樂山, 知者動, 仁者靜, 知者樂, 仁者壽(論語 雍也篇).

Stille Wasser reiβen tiefe Gräben.
조용한 물이 깊은 방축을 깨뜨린다.

(佛) Il n'est pire eau que l'eau qui dort.
잠자는 물보다 나쁜 물은 없다. 조용한 사람을 경계하라.

Plus on sait, plus on se tait. 賢明(현명)할수록 沈默(침묵)한다.

Qui plus sait, plus se tait. 上同.

(羅) Altissima quaeque flumina minimo sono labuntur.
매우 깊은 모든 강은 매우 작은 소리로 흐른다.

ㄴ

❙ 나무에 잘 오르는 놈 떨어지고, 헤엄 잘 치는 놈 빠져 죽는다 ❙

㊥ 善攀者落(선반자락) 善泗者溺(선사자익)[1]. 上同.

善泳者溺(선영자익) 善騎者隨(선기자타)[2].
헤엄 잘 치는 자 물에 빠지고, 말 잘 타는 자 떨어진다.

㊐ 川(かわ)だち川で果(は)てる[3]. 강에서 자란 자 강에서 죽는다.

山上手(やまじょうず)は山で果て, 川上手(かわじょうず)は川で果てる.
산에 숙달한 자는 산에서 죽고, 강에 숙달한 자는 강에서 죽는다.

(英) Good swimmers at length are drowned.
水泳(수영) 잘 하는 자는 끝에는 溺死(익사)한다.

The dog that kills the wolf is at length killed by the wolf.
늑대를 죽이는 개는 결국 늑대에게 죽는다.

The bee is often hurt with its own honey.
벌은 종종 자신의 꿀 때문에 害(해)를 입는다.

(佛) Qui se sert de l'épée périra par l'épée.
칼을 쓰는 자는 칼에 죽을 것이다.

---

1) 耳談續纂.
2) 淮南子.
3) 果てる : 끝내다, 죽다.

▌나중 난 뿔이 우뚝하다 ▌

(類) 먼저 난 머리보다 나중 난 뿔이 무섭다.

(漢) 後生角兀(후생각올)[1]. 나중 난 뿔이 우뚝하다.

後生可畏(후생가외)[2].

젊은이가 두렵다. 후배는 연부역강, 일취월장, 전도양양하여 두려워할 만하다는 뜻.

出藍(출남). 스승보다 제자가 뛰어나다.

靑出於藍而靑於藍(청출어람이청어람), 氷水爲之而寒於水(빙수위지이한어수)[3].

청은 쪽(남색)에서 나왔으나 쪽보다 푸르고, 물이 얼음이 되었으나 얼음은 물보다 차다.

(日) 後生(こうせい)畏(おそ)るべし. 上同.

靑(あお)は藍(あい)より出(い)でて藍より靑し.

靑(청)은 藍(남)에서 나와 藍보다 푸르다.

出藍(しゅつらん)の誉(ほまれ). 스승보다 뛰어난 제자의 榮譽(영예).

(英) The scholar[4] may be better than master.

門下生(문하생)이 스승보다 나을 수도 있다.

(佛) L'elêve peut-être meilleur que le maître.

어쩌면 學生(학생)이 선생보다 더 나을 수 있다.

▌落水(낙숫)물 댓돌 뚫는다 ▌

(뜻) 작은 힘으로 끈기 있게 노력하면 成功(성공)한다.

---

1) 後生可畏 後生之角 突然而高 與前生之角 同其高也.
2) 論語, 子罕篇. 後生可畏 焉知來者之 不如今也.
3) 荀子勸學篇.
4) scholar : 학자, 학식이 있는 사람, 장학생, 문하생, 제자.

類 돌도 十年을 보고 있으면 구멍이 뚫린다.(p.121)
열 번 찍어 아니 넘어갈 나무 없다.

漢 小水穿石(소수천석). 적은 물이 돌을 뚫는다.
泰山之霤穿石(태산지류천석). 泰山의 낙숫물이 돌을 뚫는다.

日 雨垂(あまだ)れ石(いし)を穿(うが)つ. 落水(낙숫)물이 돌을 뚫는다.
点滴(てんてき)石(いし)を穿(うが)つ. 물방울이 돌을 뚫는다.

英 Constant dropping will wear the stone.
변함없이 떨어지는 물은 돌을 닳게 한다.
Many strokes fell great oaks. 많이 찍으면 큰 참나무도 넘어진다.

獨 Steter Tropfen höhlt den Stein. 변함없는 물방울은 돌을 뚫는다.
Viele Streiche fällen die Eiche. 많은 타격은 참나무를 쓰러트린다.

佛 Petite étincelle engendre grand feu.
작은 불꽃이 큰 불을 일으킨다.
La goutte d'eau finit par[1] creuser le roc.
물방울이 드디어 바위에 구멍을 뚫는다.

▌날 때부터 貴(귀)한 자는 없다 ▌

뜻 出生 後(출생 후) 修養(수양)을 통하여 貴人(귀인)이 된다는 뜻.

類 날 때 은순가락 물고 나온 사람 없다.

漢 生而貴者無(생이귀자무). 上同.

---

1) finir par+inf : 드디어 ~하다.

㊐ 沙弥(しゃみ)から長老(ちょうろう)にはなれぬ.
沙彌僧(사미승)[1]부터 高僧(고승)이 되지는 아니한다.

始(はじ)めよりの和尚(おしょう)なし. 처음부터 스님인 사람은 없다.

生(う)まれながらの長老(ちょうろう)なし. 날 때부터 장로는 없다.

英 Everything has it's beginning. 모든 것은 그 시작이 있다.

No man is born wise. 누구도 賢者(현자)로 태어난 자는 없다.

獨 Es ist noch kein Meister von Himmel gefallen.
아직 하늘에서 떨어진 大家(대가)는 없다.

羅 Nemo nascitur sapiens. 누구도 賢者(현자)로 태어나지는 아니한다.

▌남의 말도 석 달 ▌

類 남의 소문 석 달을 못 간다.

뜻 큰 소문도 시일이 지나면 없어진다.

㊐ 人(ひと)の噂(うわさ)も七十五日(しちじゅうごにち).
남의 소문도 칠십오 일. 시끄러운 評判(평판)도 세월이 가면 잊혀진다는 뜻.

良(よ)きも悪(あ)しきも七十五日. 좋은 것도 나쁜 것도 칠십오 일.

世(よ)の取沙汰(とりざた)も七十五日.
巷間(항간)의 評判(평판)도 칠십오 일.

英 A wonder lasts but nine days in a town.
거리에서 놀라운 것은 九日(구일)간만 계속된다.

A nine days wonder. 上同.

---

1) 沙彌僧 : 20세 미만의 불도를 닦는 어린 중.

㊈ Alles in der Welt hat ein Ende.
世上(세상)의 모든 일에는 끝이 있다.

Jedes Ding hat ein Ende. 上同.

(Die) Zeit heilt alle Wunden.
時間(시간)은 모든 傷處(상처)를 낫게 한다.

㊋ On ne parle d'une nouvelle que[1] pendant neuf jours.
사람들은 아흐레 이상 所聞(소문)을 말하지 아니한다.

▌남의 말 하기는 식은 죽 먹기 ▌

㊇ 남의 말 내가 하면, 남도 내 말 한다.

말 많은 집은 장맛도 쓰다.

혀 아래 도끼 들었다.

雄辯(웅변)은 은이요, 沈默(침묵)은 금이다.(p.298)

㊅ 談人事如喫冷粥(담인사여끽냉죽)[2]. 上同.

㊐ 物(もの)言(い)えば唇(くちびる)寒(さむ)し秋(あき)の風(かぜ)[3].
말을 하면 입술이 시린 가을 바람. 남의 흉을 보면 禍(화)를 자초하거나, 또는 흉을 본 뒤에는 自己嫌惡(자기혐오)에 빠진다는 뜻.

口(くち)は災(わざわ)いの門(もん). 입은 禍(화)의 門(문).

耳(みみ)は大(だい)なるべく口(くち)は小(しょう)なるべし.
귀는 커야 하고 입은 작아야 한다.

だんだん話(ばなし)に尾(お)ひれがつく[4].
자꾸자꾸 하는 이야기에 꼬리지느러미가 붙는다. 입에서 입으로

---

1) ne~que : 다만 뿐이다. ~만이다.
2) 東言解.
3) 芭蕉(ばしょう)의 排句(はいく).
4) 尾鰭(おひれ)を 付(つ)ける : 사실보다 크게 말하다.

건너는 동안 사실이 아닌 것이 添加(첨가)되어 부풀어지는 것.

英 Your lips hang in your light.
그대 입술은 그대 밝음에 걸려 있다. 그대의 입이 스스로 이익을 감하고 있다는 뜻.

From hearing comes wisdom, from speaking repentance.
듣는 데서 知慧(지혜)가 오고, 말하는 데서 後悔(후회)가 온다.

Keep your mouth shut and eyes open.
그대의 입을 닫아 두고 눈을 열어 두어라.

It is better to play with the ears than the tongue.
혀보다 귀를 놀리는 것이 낫다.

獨 Reden ist Silber, Schweigen ist Gold.
말은 銀(은)이요, 沈默(침묵)은 金(금)이다.

Rede wenig, aber wahr, vieles Reden bringt Gefahr.
眞實(진실)일지라도 적게 말하라. 많은 말은 危險(위험)을 초래한다.

Rede wenig, rede wahr, zehre wenig, zahle bar!
적게 말하고 진실을 말하라. 적게 소비하고 現金(현금)으로 支拂(지불)하라.

佛 Trop gratter cuit, trop parler nuit.
지나치게 긁으면 아프고, 지나치게 말하면 禍(화)를 부른다.

Qui parle sème, qui écoute récolte.
말하는 자는 씨를 뿌리고, 듣는 자는 收穫(수확)을 한다.

▌남의 바지 입고 춤추기 ▌

類 남의 불에 게 잡기.

남의 횃불에 가재 잡는다.

남의 등불로 길 간다.

남의 팔매[1)]에 밤 줍는다.

남의 바지 입고 새[2)] 벤다.

남의 떡에 설 쇤다.

漢 借花獻佛(차화헌불). 남의 꽃을 빌려 부처님께 바치다.

他人之餠 聊樂歲始(타인지병 요락세시)[3)]. 남의 떡에 설 쇤다.

日 人(ひと)の褌(ふんどし)で相撲(すもう)とる. 남의 샅바로 씨름한다.

舅(しゅうと)の酒(さけ)で相婿(あいむこ)もてなす.
장인의 술로 동서 대접한다.

他人(たにん)の賽銭(さいせん)で鰐口(わにくち)[4)]叩(たた)く.
남의 佛錢(불전)으로 방울 두드린다.

他人(たにん)の念仏(ねんぶっ)で極楽(ごくらく)詣(まい)り.
남의 念佛 (염불)로 極樂(극락) 빌기.

人の牛蒡(ごぼう)で法事(ほうじ)する.
남의 우엉으로 齊(제)를 지내다.

英 Plough with another's heifer[5)](or calf). 남의 송아지로 밭 갈기.

He fares[6)] well of other man's cost. 남의 비용으로 잘 먹는다.

An ape take the chestnuts out of the fire with the cat's paw[7)].
원숭이가 고양이 발로 불 속에서 밤을 끄집어낸다.

獨 Besser den Esel treiben, als selber Säcke tragen.
포대를 스스로 운반하는 것보다 나귀를 부리는 것이 낫다.

---

1) 팔매 : 돌을 멀리 던지는 일.
2) 새 : 띠 · 억새 같은 거친 풀.
3) 耳談續纂.
4) 鰐口(わにくち) : 佛殿 정면의 추녀에 매달아 놓은 금속제의 방울을 말함. 그 방울에서 늘어뜨린 줄을 흔들어 소리가 울리게 하고 절을 올림.
5) heifer : 새끼를 낳지 않은 어린 암소, 젊은 여자.
6) fare : 음식을 먹다. 살아가다. 지내다.
7) 원숭이가 화상을 두려워하여 고양이나 개를 이용했다는 이솝우화에서 유래한다.

Es ist gut, Feste feiern in eines andern Haus.
　남의 집에서 잔치를 치르는 것이 낫다.

Aus anderer Leute Beutel ist gut zehren.
　남의 지갑으로 먹어 치우는 것은 좋다.

Auf anderer Leute Kirchweih ist gut Gäste laden.
　남의 祝祭(축제)에는 손님을 많이 招待(초대)해도 좋다.

Mit eigener Peitsche und fremden Rossen ist gut fahren.
　자기 채찍으로 남의 말을 타면 잘 달릴 수 있다.

Aus anderer Leute Haut ist gut Riemen schneiden.
　남의 가죽으로 훌륭한 革帶(혁대)를 裁斷(재단)한다.

(佛) Faire trop grand feu[1] du bois de quelqu'un.
　남의 장작으로 큰 불을 피운다.

Faire du cuir d'autrui large courroie.
　남의 가죽으로 넓은 革帶(혁대)를 만든다.

▌남의 밥에 든 콩이 굵어 보인다 ▌

(類) 남의 떡이 커 보인다.

남의 밥이 더 희다.

남의 짐은 가벼워 보인다.

남의 닭이 봉으로 보인다.

(日) 他人(ひと)の飯(めし)は白(しろ)い. 남의 밥은 희다.

隣(となり)の花(はな)は赤(あか)い. 이웃의 꽃은 붉다.

1) faire du feu : 불을 붙이다. 불을 때다. faire feu : 발포하다.

隣(となり)の牡丹餅(ぼたもち)[1]は大(おお)きく見(み)える.
이웃의 떡은 커 보인다.

英 Our neighbour's ground yields better corn than our own.
이웃의 땅은 우리 땅보다 더 좋은 穀物(곡물)을 생산한다.

My neighbour's goat gives more milk than mine.
이웃의 양은 내 것보다 더 많은 젖을 준다.

He esteems each man's birds and jewels better than his own.
남의 새와 보석을 자기 것보다 더 좋다고 생각한다.

獨 Fremd Brot schmeckt wohl. 남의 빵은 맛이 좋다.

Anderer Leute Kühe haben immer größere Euter.
남의 암소는 언제나 더 큰 乳房(유방)을 가지고 있다.

佛 La femme estime toujours son voisin être de violette.
婦人(부인)은 언제나 이웃 남자는 멋쟁이라고 여긴다.

羅 Fertilior seges est alienis semper in agris.
남의 밭의 곡물은 더 豊富(풍부)하다.

남의 염병이 내 고뿔만 못하다

뜻 남의 큰 憂患(우환)을 대단치 않게 여긴다.

日 人(ひと)の十難(じゅうなん)より我(わ)が一難(いちなん).
남의 十難 (십난)보다 나의一難.

人(ひと)の子(こ)の死(し)んだより我(わ)が子の転(こ)けた.
남의 子息(자식) 죽은 것보다 내 자식 자빠진 것.

人(ひと)の痛(いた)いのは三年(さんねん)でも辛抱(しんぼう)する.
남이 아픈 것은 삼 년이라도 참는다.

1) ぼたもち : 찹쌀과 멥쌀을 섞어 고물을 묻혀 만든 떡. おはぎ라고도 함.

(英) No one knows the weight of another's burden.
누구도 남의 짐의 무게를 모른다.

The comforter's(counselor's) head never aches.
慰勞(위로)하는 사람의 머리는 결코 아프지 않다.

(獨) Fremder Schmerz geht nicht ans Herz.
남의 고통은 마음에 와 닿지 아니한다.

(佛) Mal d'autrui n'est que songe.
타인의 不幸(불행)은 꿈에 불과하다. 남을 切實(절실)히 동정하지 아니한다는 뜻.

(羅) Consulenti nunquam caput doluit.
상담자의 머리는 결코 아프지 않다.

남 잡이가 제 잡이

(類) 혹 떼러 갔다가 혹 붙여 온다.

남을 물에 넣으려면 제가 먼저 들어간다.

하늘 보고 침 뱉기.(p.384)

(漢) 捉他捉我(착타착아). 남 잡이가 제 잡이.

有機知之功(유기지지공), 必有機知之敗(필유기지지패).
機知[1]의 공을 누리는 자는 반드시 기지의 손해도 본다.

(日) ミイラ取(と)りがミイラになる. 미라 잡이가 미라가 된다.

牛追(うしお)ひ牛(うし)に追(お)わる.
소를 쫓는 사람이 소한테 쫓긴다.

取(と)ろう取ろうで取られる. 잡으려 잡으려 하다 잡힌다.

---

1) 원래 機知(기지)란 기계를 이용하는 지혜를 말한다. 상기 句(구)는 기계를 이용하여 재미를 보다가 그로 인하여 망하는 것을 뜻한다.

誑(たら)しが誑(たら)しに誑される.
　속이려는 자가 속이는 자에게 속임을 당하다.

騙(だま)す騙(だま)すで騙される. 속이려 속이려다 속임을 당한다.

化(ばか)す化(ばか)すで化される. 上同.

狩人(かりうど)罠(わな)にかかる. 사냥꾼이 덫에 걸리다.

人(ひと)を呪(のろ)えば穴(あな)二(ふた)つ.
　사람을 咀呪(저주)하면 墓穴(묘혈)이 두 개. 저주한 사람과 저주 받은 사람 둘 다 죽는다는 뜻.

策士(さくし)策(さく)に倒(たお)る. 책사가 術策(술책)에 넘어가다.

英 Many go out for wool and come home shorn.
　양털 깎으러 나가서, 털을 깎이고 돌아오는 사람이 많다.

He falls into the pit he digs for another.
　남을 위하여 판 구덩이에 빠진다.

Fox is taken when he comes to take.
　여우는 잡으러 올 때에 잡힌다.

The deceitful man falls oft into the snares of deceit.
　속이는 자는 가끔 속임의 덫에 빠진다.

He went out with shift and came home with shame.
　策略(책략)을 품고 나가서 羞恥(수치)를 안고 돌아온다.

Craft brings nothing home.
　狡猾(교활)은 집에 아무것도 가져오지 아니한다.

Curses, like chickens, come home to roost[1].
　저주는 닭처럼 원래의 자리로 돌아온다.

Harm watch, harm catch.
　災難(재난)을 보고 있으면 재난이 온다.

---

1) roost : 홰, 보금자리, 휴식처. come home to ~ : 원래의 자리로 되돌아오다. rule the ~ : 지배하다.

He that mischief hatches mischief catches.
재난을 꾀하는 자는 재난을 잡는다.

Malice hurts itself most.
惡意(악의)는 그 자신에게 가장 큰 損害(손해)를 준다.

(獨) Wer andern eine Grube gräbt, fällt selbst hinein.
남을 위하여 陷穽(함정)을 판 자가 스스로 빠진다.

Mancher geht nach Wolle aus und kommt geschoren.
양털 깎으러 나갔다 털을 깎이고 돌아오는 사람이 많다.

(佛) Tel va vendre sa laine qui revient tondu.
자기의 羊毛(양모)를 팔러 간 사람이 털을 깎이고 돌아온다.

Tel est pris qui croyait prendre. 잡으려 한 사람이 잡힌다.

Qui mal veut, mal lui tourne.
惡(악)을 행하고자 하는 자에게 악은 돌아온다.

▌낮말은 새가 듣고 밤말은 쥐가 듣는다 ▌

(類) 낮말은 새가 듣고 밤말은 짭새[1])가 듣는다.

(漢) 晝語雀聽(주어작청), 夜語鼠聽(야어서청)[2]). 上同.

晝言雀聽夜言鼠聆[3]). 上同.

耳屬于垣(이속우원). 담에도 귀가 있다.

(日) 壁(かべ)に耳(みみ)あり障子(しょうじ)に目(め)あり.
벽에 귀 있고 장지문에 눈 있다.

1) 짭새 : 운동권 학생의 동태를 살피거나 체포하기 위한, 대학 캠퍼스 내의 위장한 경찰관.
2) 旬五志.
3) 耳談續纂.

(英) Some hear and see him whom he hears and sees not.
듣지도 보지도 않는 자가 누군가를 듣고 본다. 듣지도 보지도 못한 어떤 사람이 우리를 듣고 보고 있다는 뜻.

There is witness everywhere. 어디에나 目擊者(목격자)가 있다.

Walls(or Hedges) have ears. 벽(또는 담)에 귀 있다.

Pitchers have ears. 물 주전자에 귀(손잡이)가 있다.

Little pitchers have long ears.
작은 물 주전자에는 긴 귀가 달렸다. 애들 귀는 빠르다.

(獨) Das Feld hat Augen, der Wald hat Ohren.
들에 눈 있고, 숲에 귀 있다.

Die Wände haben Ohren. 벽에 귀 있다.

(佛) Les murs ont des oreilles. 벽은 귀를 가졌다.

Les champs ont des yeux et les murs des oreilles.
밭은 눈을 가졌고, 벽은 귀를 가졌다.

내가 원하는 바를 남에게 행하라[1]

(뜻) 남들이 자기에게 행하여 주기를 바라는 것을 남에게 그대로 행하라. 남이 싫어하는 바를 행하지 말라.

(漢) 己所不欲(기소불욕), 勿施於人(물시어인)[2].
자기가 원하지 아니하는 바를 남에게 베풀지 말라.

(日) 己(おのれ)の欲(ほつ)せざる所(ところ)は人(ひと)に施(ほどこ)す勿(なか)れ.
자기가 바라지 아니하는 바를 남에게 베풀지 말라.

1) 聖書.
2) 論語 衛靈公.

(英) Do as you would be done by[1].
그대가 남으로부터 해 주기를 바라는 대로 행하라.

Do to others as you would have others do to you.
그대가 남으로 하여금 그대에게 행하게 하는 대로 남에게 행하라.

(獨) Alles, was ihr wollet, daß euch die Leute tun sollen, das tut ihnen auch.
사람들이 그대에게 해 주기를 바라는 모든 것을 그대로 사람들에게 행하라.

Was du nicht willst, daß man dir tu', das tue einem andern auch nicht!
그대에게 행하여 주기를 바라지 않는 바를 남에게도 행하지 말라!

(佛) Ne fais pas à autrui ce que tu ne voudrais pas qu'on te fît à toi-même.
사람들이 그대 자신에게 행할 것을 바라지 않는 바를 남에게 행하지 말라.

Faites aux autres ce que vous voudriez qu'on vous fît.
사람들이 그대에게 행할 것을 그대가 바라는 바를 타인에게 행하라.

❙ 내 돈 서 푼이 남의 돈 백 냥보다 낫다 ❙

(類) 남의 돈 천 냥이 내 돈 한 푼만 못하다.

남의 집 금송아지가 우리 집 송아지만 못하다.

아버지 종도 내 종만 못하다.

남의 집 이밥보다 제 집 보리밥(죽)이 낫다.

(日) 隣(となり)の白飯(しろめし)より家(うち)の栗飯(あわめし).
이웃의 쌀밥보다 우리 집의 조밥.

借着(かりぎ)より洗着(あらいぎ). 빌린 옷보다 씻은 옷.

---

1) 마태복음 7장 12절.

(英) Dry bread[1] at home is better than roasted meat abroad.
집에서 먹는, 버터 바르지 않은 빵이 밖에서 먹는 로스구이보다 낫다.

(獨) Besser eigenes Brot als fremder Braten.
남의 집 구운 고기보다 우리 집 빵이 더 좋다.

Hausbacken Brot am besten nährt.
집에서 구운 빵이 제일 營養(영양)이 많다.

Fremdes Brot, herbes Brot. 남의 빵은 쓴 빵이다.

(佛) Pain sec à la maison est meilleur que beaucoup de viande ailleurs.
집에서 먹는 마른 빵이 남의 집의 많은 고기보다 낫다.

내일의 天子(천자)보다 오늘의 宰相(재상)

(뜻) 不確實(불확실)한 장래의 큰 이익보다 당장의 작은 이익이 낫다.

(類) 금년 새다리가 명년 쇠다리보다 낫다.

훗장에 쇠다리 먹으려고 이 장에 개다리 안 먹을까?

내일의 쇠다리보다 오늘의 개다리가 낫다.

내일의 政丞(정승)[2]보다 당장 원이 낫다.

내일의 꿩보다 당장 참새가 낫다.

내일의 닭을 모르고 오늘의 달걀만 안다.

내일의 백 냥보다 오늘의 쉰 냥이 낫다.

생일날 잘 먹으려고 이레를 굶을까?

나중 꿀 한 식기 더 먹으려고 당장 엿 한 가락 안 먹을까?

당장 먹기는 곶감이 달다.

---

1) dry bread : 버터 바르지 아니한 빵.
2) 政丞 : 大臣(대신).

漢 不知明日之雞(부지명일지계) 但知今日之卵(단지금일지란).
내일의 닭을 모르고, 오늘의 달걀만 안다.

日 明日(あす)の百(ひゃく)より今日(きょう)の五十(ごじゅう).
내일의 백보다 오늘의 오십.

末(すえ)の百両(ひゃくりょう)より今(いま)の五十両(ごじゅうりょう).
끝의 백 냥보다 지금의 오십 냥.

先(さき)の雁(がん)より手前(てまえ)の雀(すずめ).
먼저 가는 기러기보다 손 앞의 참새.

英 A bird in the hand is worth two in the bush.
손 안의 한 마리 새가 덤불 속의 두 마리보다 낫다.

An egg today is better than a hen tomorrow.
오늘의 鷄卵(계란) 한 개가 내일의 암탉 한 마리보다 낫다.

I will not change a cottage in possession for a kingdom in reversion[1].
나는 所有(소유)하고 있는 오두막집을 將次(장차) 가질 왕국과 바꾸지 아니하겠다.

One hour today is worth two tomorrow.
오늘의 한 時間(시간)은 내일의 두 시간 가치가 있다.

All is not paid that is promised.
約束(약속)된 것이라고 모두 支拂(지불)되지는 아니한다.

獨 Besser heut' ein Ei, als morgen eine Henne.
내일의 암탉보다 오늘의 계란이 낫다.

Ein kleiner Fisch auf dem Tisch ist besser als ein großer in Bach.
강 속의 큰 고기보다 상 위의 작은 고기가 낫다.

Ein Gründling besser auf dem Tisch als in der See ein großer Fisch.
바다 속의 큰 고기보다 식탁 위의 망둥이가 낫다.

---

1) reversion : 역전, 환원유전(atavism), 복귀권, 계승권, 장차 가질 권리. 연금, 보험금 등.

Ein Haben ist besser als zwei Kriegen[1].
가지고 있는 하나가 入手(입수)할 두 개보다 낫다.

Ein Habich[2] ist besser als zehn Hättich[3].
가지고 있는 하나가 가졌으면 하는 가상의 열 개보다 낫다.

Ein Mitnehmer ist besser als zwei Nachbringer.
지금 가지고 있는 하나가 뒤에 가지고 올 두 개보다 낫다.

Wer schnell gibt, gibt doppelt. 빨리 주는 자는 두 배를 준다.

Besser ein Sperling in der Hand, als eine Taube auf dem Dach.
손 안의 참새가 지붕 위의 비둘기보다 낫다.

Besser ein Vogel in der Hand, als zehn am Strand.
手中(수중)의 새 한 마리가 바닷가의 열 마리보다 낫다.

㊋ Un tien vaut mieux que deux tu l'auras.
너의 것 하나는 너가 갖게 될 둘보다 낫다.

Mieux vaut tenir que courir.
가지는 것이 뛰는 것보다 낫다. 慾心(욕심)을 부려서 뛰어 다니기보다 가진 것으로 만족하라는 뜻.

Un sou,[4] quand il est assuré, vaut mieux que cinq en espérance[5].
확실한 1수는 期待(기대)되는 5수보다 낫다.

너구리 굴 보고 皮物(피물) 돈 내어 쓴다

(뜻) 不確實(불확실)한 장래의 일을 믿고 미리 어떤 행동을 하는 것을 빈정대는 데 쓴다.

(類) 땅벌집 보고 꿀 돈 내어 쓴다.

1) kriegen : 전쟁하다, 얻다, 입수하다.
2) Habich : Hab ich(나는 가지고 있다)를 名詞化한 것.
3) Hättich : Hätte ich(나는 가졌다면)이라는 가정법을 名詞化한 것.
4) sou : 화폐단위, 동전.
5) en espélance : 기대되는.

남의 산돈 보고 멧돈 값 내어 쓴다.

노루 잡기 전에 골뭇감 마련한다.

떡방아 소리 듣고 김칫국 마신다.

㊐ 捕(と)らぬ狸(たぬき)の皮算用(かわさんよう).
잡지 않은 너구리의 털 값 셈한다.

飛(と)ぶ鳥(とり)の献立(こんだて). 나는 새의 차림표.

生(うま)れぬ前(まえ)のむつき定(さた)め.
태어나기 전의 기저귀 정하기.

穴(あな)の貉(むじな)を値段(ねだん)する.
굴 속의 오소리를 흥정한다.

(英) Don't count your chickens before they are hatched.
병아리를 까기 전에 병아리를 헤아리지 말라.

Sell not the bear's skin before you have caught him.
곰을 잡기 전에 곰털을 팔지 말라.

Catch the bear before you sell his skin.
가죽을 팔기 전에 곰부터 잡아라.

Shear sheep that has. 羊(양)을 가진 자가 양털을 깎아라.

Stay till you have sheep, before you shear them.
양털을 깎기 전에 양을 가질 때까지 기다려라.

(獨) Man muß die Bärenhaut nicht verkaufen, bevor man den Bären hat. 곰을 잡기 전에 곰털을 팔지 말라.

Mancher sorgt für die Wiege, ehe das Kind geboren ist.
아이가 태어나기 전에 搖籃(요람) 걱정을 한다.

(佛) Il ne faut pas vendre la peau de l'ours avant de l'avoir tué.
곰을 죽이기 전에 곰의 가죽을 팔지 말라.

老將(노장)은 兵談(병담)을 아니한다

뜻 훌륭하고 참된 사람은 知識(지식)·經驗(경험)을 자랑하지 아니한다.

類 물은 깊을수록 소리가 없다.

곡식은 잘될수록 고개를 숙인다.(p.45)

고양이가 발톱을 감춘다.

對 빈 수레가 요란하다.(p.196)

漢 良賈深藏(양고심장)[1).]
훌륭한 장사꾼은 좋은 상품을 깊이 간직한다.

被褐懷玉(피갈회옥)[2).]
거친 갈포 옷을 입고 玉(옥)을 품었다. 德(덕)을 갖춘 이가 세상에 알려지려고 하지 않는다는 뜻.

大賢若愚(대현약우). 크게 어진 사람은 어리석은 것 같다.

知者不言(지자불언). 아는 자는 말이 없다.

日 大巧(たいこう)は拙(せつ)なるが如(ごと)し.
大巧(대교)는 拙劣(졸렬)한 것과 같다.

良鳥(りょうちょう)は深山(しんざん)に棲(す)み幽谷(ゆうこく)に隠(かく)れ, 美魚(びぎょう)は深海(しんかい)に潜(ひそ)む.
良鳥(양조)는 깊은 산에 살고 깊은 골에 숨으며, 美魚(미어)는 깊은 바다에 가라앉는다.

良賈(りょうこ)は深(ふか)く蔵(ぞう)して虚(むな)しきがごとし.
훌륭한 장사꾼은 깊이 간직하여 없는 것과 같다.

褐(かつ)を被(ぎ)て玉(たま)を懷(いだ)く.
거친 옷을 입고 옥을 품었다.

---

1) 良賈深藏若虛, 君子盛德容貌若愚(史記 老子傳).
2) 知我者希 則我者貴 以是聖人 被褐懷玉(老子).

(英) The best fish swim near the bottom.
제일 좋은 고기는 바닥 근처에서 헤엄친다.

The greatest fish swim deep. 제일 큰 고기는 깊이 헤엄친다.

It is not the gay coat that makes the gentleman.
紳士(신사)를 만드는 것은 멋진 저고리가 아니다.

Under a ragged coat lies wisdom.
누더기 옷 밑에 知慧(지혜)가 놓여 있다.

Under greasy clothes are oft found rare virture.
때 묻은 옷 밑에 가끔 稀貴(희귀)한 德望(덕망)이 발견된다.

(佛) Il n'est pas de plus[1)] belles armes que les armes de vilain.
平民(평민)의 紋章(문장)보다 더 아름다운 紋章은 없다.

▌놓친 고기가 더 크다 ▌

(뜻) 잃은 것을 哀惜(애석)하게 여겨서 실제보다 더 높이 평가한다.

(類) 나간 머슴이 일은 잘 했다.

죽은 자식 귀 모양 좋다 하지 마라.

죽은 자식이 더 똑똑했다.

나간 며느리가 孝婦(효부)였다.

(日) 逃(に)がした魚(うを)は大(おお)きい. 놓친 고기는 크다.

逃(に)げたうなぎに小(ちい)さいはない.
달아난 장어에 작은 것은 없다.

釣(つ)り落(おと)した魚(うを)は大きい.
낚아 올리다 떨어뜨린 고기는 크다.

---

1) Il n'est pas de plus～ : 이상 더 ～한 것은 없다.

死(し)んだ子(こ)に阿呆(あほう)はない. 죽은 아이에 바보는 없다.

(英) Every fish that escapes, appears greater than it is.
달아난 모든 고기는 실제보다 커 보인다.

Far folks fare well, and fair children die.
멀리 있는 사람들은 잘 살고, 좋은 아이는 죽는다. 멀리 사는 친척이나 친구는 잘 산다고 자랑하고, 죽은 자식은 영리했다고 자랑하는 것이 人之常情(인지상정)이라는 뜻.

(佛) Chose perdue, cent sous[1] vaut.
잃어버린 物件(물건)은 百(백) 수의 값어치가 있다.

▌늙은 말이 콩 마다 아니한다 ▌

(類) 늙은 말 콩 더 달란다.

늙은 소 콩밭으로 간다.

세 살 적 버릇(마음)이 여든까지 간다.(p.222)

(漢) 老馬在廐 猶不辭豆(노마재구 유불사두).
늙은 말이 마구에 있어도 오히려 콩을 불사한다.

老馬厭太乎(노마염태호). 늙은 말이 콩 마다할까.

貪得之心 老猶不滅(탐득지심 노유불멸).
탐내는 마음은 늙어도 오히려 消滅(소멸)되지 아니한다.

(日) 雀(すずめ)百(ひゃく)まで踊(おど)り忘(わす)れず.
참새는 죽을 때까지 춤추는 것을 잊지 아니한다.

頭(あたま)禿(は)げても浮気(うわき)は止(や)まぬ.
머리가 벗겨져도 바람기는 그치지 아니한다.

---

1) sou : 1수짜리 동전(5 centimes에 해당).

天性(てんせい)矯(た)め難(がた)し. 천성은 고치기 어렵다.

(英) The old coachman loves the crack of the whip.
늙은 마부는 회초리 소리를 좋아한다.

(獨) Die Krähe läßt das Hüpfen nicht.
까마귀는 뛰는 것을 그치지 아니한다.

Alter macht weis, aber nicht immer weise.
나이는 白髮(백발)을 만들지만, 꼭 賢明(현명)하게 하지 아니한다.

Alter schützt vor Torheit nicht.
나이는 愚行(우행)을 막지 아니한다.

Eine alte Geiß leckt auch gern Salz.
늙은 숫山羊(산양)도 소금을 즐겨 핥는다.

Auch alte Hühner legen in die Nesseln und verbrennen sich den Hintern.
늙은 암탉도 쐐기풀에 알을 낳고 뒷구멍이 얼얼해한다.

Die Katzen läßt das Mausen nicht.
고양이는 쥐 잡기를 그치지 아니한다.

(佛) Qui naquit chat court après la souris.
고양이로 태어난 것은 쥐 뒤를 쫓는다.

Qui naît poule aime à gratter.
닭으로 태어난 것은 땅을 파헤치는 것을 좋아한다.

Il souvient toujours à Robin de ses flûtes[1)].
로방의 마음 속에는 언제나 술잔이 생각난다.

La brebis bêle toujours de même.
암양은 언제나 같은 울음으로 운다.

---

1) 병든 로방이라는 사나이는 술을 먹지는 못해도 언제나 술잔 생각으로 마음이 가득했다. flûtes : 피리, 피리 부는 사람, 가늘고 긴 빵. 긴 발 달린 잔, 수송함.

ㄷ

단 솥에 물 붓기

뜻 감당할 수 없는 것.

漢 紅爐點雪(홍로점설). 붉은 화로에 눈송이

日 焼石(やけいし)に水(みず). 단 돌에 물.

英 What is a pound of butter among a kennel of hounds?
한 무리의 사냥개에 1파운드의 버터는 무엇이 될 것인가?

獨 Das ist so viel wie ein Tropfen(Wassers) auf einen heißen Stein.
뜨거운 돌에 한 방울의 물처럼 충분하다.

佛 Porter de l'eau à la rivière. 江(강)에 물 가져간다.

닭벼슬이 될망정 쇠꼬리는 되지 말라

漢 寧爲雞口(녕위계구) 勿爲牛後 (물위우후). 上同.
鷄口牛後(계구우후). 위를 줄인 말.

日 雞口(けいこう)となるも牛後(ぎゅうご)となる勿(なか)れ. 上同.

大鳥(おおとり)の尾(お)より小鳥(ことり)の頭(かしら).
　큰 새 꼬리보다 작은 새의 머리가 낫다.

鯛(たい)の尾(お)より鰯(いわし)の頭(かしら).
　돔 꼬리보다 멸치 대가리.

英 Better be the head of an ass than the tail of a horse.
　말 꼬리보다 당나귀 머리가 되는 것이 낫다.

It is better to be first in a village than second at Rome.
　로마에서 둘째보다 시골에서 첫째가 낫다.

Better be the head of a pike(or pickerel) than the tail of a sturgeon.
　철갑상어의 꼬리보다 창꼬치의 머리가 되는 것이 낫다.

獨 Lieber ein kleiner Herr als ein großer Knecht.
　큰 從(종)보다는 작은 主人(주인)이 낫다.

Lieber in einem Dorfe der erst als in Rome der zweite.
　로마에서 둘째보다 마을에서 첫째가 낫다.

佛 Mieux vaut être marteau[1]) qu'enclume[2]).
　모루채가 되는 것이 모루가 되는 것보다 낫다. 맞느니보다 때리는 편이 낫다.

Il vaut mieux être le premier de sa race que le dernier.
　자기 種族(종족)의 첫째가 되는 것이 그 꼴찌가 되는 것보다 낫다.

▌대기만성(大器晩成) ▌

뜻 큰 인물은 늦게 이루어진다.

큰 솥이나 종을 鑄造(주조)하는 데는 시간이 오래 걸린다.

對 갑작 사랑 영 이별.(p.25)

---

1) marteau : 모루채. 달군 쇠를 모루 위에 놓고 두드리는 쇠망치.
2) enclume : 모루. 대장간에서 쓰는 받침 쇳덩이(鐵床).

쉬 더운 방이 쉬 식는다.

漢 大方無隅(대방무우) 大器晩成(대기만성) 大音稀聲(대음희성) 大象無形(대상무형)[1].
큰 모에는 구석이 없고, 큰 그릇은 늦게 이루어진다. 큰 음은 소리가 성글고, 큰 상에는 형체가 없다.

大才晩成(대재만성). 큰 재주는 늦게 이루어진다.

日 大器(たいき)晩成(ばんせい). 上同.

英 Better late ripe and bear than early blossom and blast.
일찍 피어나서 지는 것보다 늦게 익어서 結實(결실)하는 편이 좋다.

Who goes solwly goes far. 천천히 가는 자가 멀리 간다.

Soon ripe, soon rotten. 빨리 익는 것은 빨리 썩는다.

Early wed, early dead. 早婚早死(조혼조사).

Soon hot, soon cold. 쉬 더운 것은 쉬 식는다.

獨 Gut Ding will Weile haben. 좋은 일에는 시간이 걸린다.

Was lange währt, wird endlich gut.
오래 걸리는 것이 最後(최후)에는 좋은 것이 된다.

Sacht mit Bedacht hat's weit gebracht.
조심성 있게 천천히 하면 成功(성공)한다.

Wer sachte geht, kommt auch zum Ziel.
천천히 가는 자도 目的地(목적지)에 到着(도착)한다.

Wer mit Ochsen fährt, kommt auch zu Markte.
소를 타고 가는 사람도 시장에 도착한다.

Langsam kommt auch ans Ziel. 천천히 해도 목적에 도달한다.

佛 Aussi chaud, aussi froid. 쉬 더워지면 쉬 차가워진다.

羅 Cito maturum, cito putridum. 빨리 익는 것은 빨리 썩는다.

1) 老子.

▎大(대)는 小(소)를 겸한다[1] ▎

(뜻) 큰 것은 작은 것이 하는 일을 할 수 있다.

(漢) 大德滅小怨道也(대덕멸소원도야)[2].
큰 恩德(은덕)은 작은 怨望(원망)을 없애는 것이 道이다.

河海不擇細流(하해불택세류), 泰山不讓土壤(태산불양토양).
하해는 작은 흐름을 가리지 아니하고, 태산은 흙을 사양하지 아니한다.

(日) 大(だい)は小(しょう)を兼(か)ねる. 大는 小를 겸한다.

大德(だいとく)は小怨(しょうえん)を滅(ほろ)ぼす.
큰 恩德(은덕)은 작은 怨望(원망)을 없앤다.

(英) The greater embraces(or includes or hides) the less.
大는 小를 包容(포용)한다.

Wide will wear but narrow(or tight) will tear.
넓은 것은 입을 수 있으나 좁은 것은 찢어진다.

Store(or Plenty) is no sore.
備蓄(비축) 또는 豐富(풍부)는 나쁘지 않다.

He that has a good harvest may be content with some thistles.
풍부한 收穫(수확)을 한 자는 약간의 엉겅퀴가 있어도 만족한다.

(獨) Lieber zu viel als zu wenig.
너무 적은 것보다 너무 많은 것이 낫다.

Ein Zuviel ist besser als Zuwenig. 上同.

(佛) Qui peut le plus peut le moins.
最大(최대)를 할 수 있는 자는 最少(최소)도 할 수 있다.

---

1) 日本俗談.
2) 左傳 定公五年.

羅 Omne majus continet in se minus.
모든 큰 것은 작은 것을 包含(포함)한다.

Majus continet minus. 큰 것은 작은 것을 포함한다.

덕불고필유린(德不孤必有隣)[1]

뜻 德(덕)은 외롭지 않고 반드시 이웃이 있다.

對 水至清則無魚(수지청즉무어), 人至察則無徒(인지찰즉무도).
물이 지극히 맑으면 고기가 없고, 사람이 지극히 살피면 무리가 없다.

類 桃李不言 下自成蹊.
도리는 말하지 않아도 그 밑에 절로 오솔길이 생긴다. 人格者(인격자)의 주위에는 절로 사람이 모인다는 뜻.

桃李滿門(도리만문).
門下(문하)에 훌륭한 弟子(제자)가 가득한 것. 중국에서는 복숭아나 오얏이 젊은 秀才(수재)나 有望(유망)한 제자를 의미했다.

日 徳(とく)孤(こ)ならず必(かなら)ず隣(りん)あり. 上同.

英 The fortune of the house stands by its virtue.
한 집의 행운은 그 집의 덕망 옆에 서 있다.

Virtue has all things in itself.
德(덕)은 모든 것을 그 속에 가지고 있다.

Blessed are the merciful, for they shall obtain mercy.
慈惠(자혜)로운 자는 福(복)을 받는다. 그들은 자혜를 얻기 때문이다.

1) 論語 里仁篇.

▌돈 떨어지면 情(정)떨어진다 ▌

類 친구도 돈 있을 때에.

돈 떨어지자 님 떨어진다.

日 金(かね)の切(き)れ目(め)が縁(えん)の切(き)れ目.

돈 끊어진 자국이 인연 끊어진 자국.

愛想(あいそ)づかしも金(かね)から起(お)こる.

정나미가 떨어지는 것도 돈에서 일어난다.

夫婦(ふうふ)喧嘩(けんか)もないから起(お)こる.

부부 싸움도 없는 데서 일어난다.

英 When poverty comes in at doors, love leaps out at windows.

貧困(빈곤)이 문으로 들어오면 愛情(애정)은 창문으로 뛰어나간다.

No longer pipe no longer dance.

피리가 그치면 춤도 그친다. 이익 있을 때에는 好意(호의)를 가지나 그것이 없으면 모른 체하는 사람을 비난하는 말.

Love lasts as long as money endures.

돈이 견디는 동안 사랑은 繼續(계속)된다.

Whores and dogs fawn upon[1)] a man no longer than they are fed.

娼女(창녀)와 개는 그들이 먹여지는 이상으로 阿諂(아첨)하지 아니한다.

獨 Kommt Armut durch die Tür ins Haus, fliegt Liebe gleich zum Fenster aus.

가난이 문을 통하여 집으로 들어오면, 愛情(애정)은 곧 창문으로 날아간다.

Heiraten bei kalter Küche geht bald in die Brüche.

차가운 부엌에서의 結婚生活(결혼생활)은 곧 破滅(파멸)한다.

---

1) fawn[fɔn] : 새끼 사슴, 사슴이 새끼를 낳다, 엷은 黃葛色의. fawn upon : 아양을 부리다. 아첨하다. 개가 꼬리를 치다.

Klopft die Not an[1]), so macht die Liebe die Tür auf[2]).
가난이 문을 두드리면, 사랑은 곧 문을 열어 준다.

Ohne Wein und Brot leidet Liebe Not.
葡萄酒(포도주)와 빵이 없으면 애정은 가난에 시달린다.

Not ist der Liebe Tod. 가난은 사랑의 죽음이다.

(佛) Tant vaut amour comme argent dure.
돈이 繼續(계속)되는 한, 사랑은 가치가 있다.

Quand on est riche, on a beaucoup d'amis.
富者(부자)일 때에는 많은 친구를 가진다.

Le riche a plus de parents qu'il n'en connaît.
부자는 그가 알고 있는 것보다 더 많은 親戚(친척)을 가진다.

Les malheureux n'ont point de parents.
不幸(불행)한 사람은 親戚(친척)이 없다.

Quand la misère vient par la porte, l'amour s'en va par la fenêtre.
가난이 玄關(현관)으로 들어오면, 愛情(애정)은 창으로 달아난다.

L'amour et la pauvreté font ensemble mauvais ménage[3]).
사랑과 가난은 함께 나쁜 살림살이를 이룬다.

L'amour s'en va, la misère reste. 사랑은 나가고 가난이 남는다.

Quand le foin manque au râtelier, les chevaux se pattent.
꼴시렁에 꼴[4])이 없어지면 말들은 서로 싸운다.

---

1) klopfen an die Tür : 문을 두드리다.

2) die Tür aufmachen : 문을 열다. Mach die Ohren auf! 잘 들어라.

3) faire bon(mauvais) ménage avec qn : ~와 사이가 좋다(나쁘다). ~와 뜻이 잘 (안) 맞다.

4) 꼴 : 마소에게 먹이는 풀, 乾草(건초), 꼴시렁, 꼴망태.

돈만 있으면 개도 멍 僉知(첨지)[1]라

(類) 돈만 있으면 종도 上典(상전)이 된다.

(日) 金(かね)あれば馬鹿(ばか)も旦那(だんな).
돈 있으면 바보도 나으리.

(英) Money makes master. 돈이 나으리를 만든다.

Money is a monarch. 돈은 君主(군주)이다.

Money makes man. 돈이 사람을 만든다.

No one spits on money. 돈에 침 뱉는 사람 없다.

(獨) Wer Geld hat, darf so dumm sein, wie er will.
돈 가진 자는 아무리 바보라도 그가 원하는 대로 한다.

Wer Geld hat, ist klug, auch wenn er ein Esel ist.
돈 가진 자는 그가 당나귀일지라도 怜悧(영리)하다.

(佛) Un idiot riche est un riche, un idiot pauvre est un idiot.
돈 있는 바보는 富者(부자), 돈 없는 바보는 바보.

(羅) Divitiae virum faciunt. 富(부)는 사람을 만든다.

돈만 있으면 鬼神(귀신)도 부릴 수 있다

(類) 돈이 많으면 痘疫神(두역신)[2]을 부린다.

돈이 諸葛亮(제갈량)이라.

가진 돈이 없으면 망건 꼴이 나쁘다.

---

1) 僉知 : 나이 많은 사람을 수월하게 부르는 말. 僉知中樞府使 : 조선시대 중추부 소속의 正三品 堂上官의 武官 벼슬.

2) 痘疫神(두역신) : 집집이 찾아다니며 天然痘(천연두)를 앓게 한다는 女神. 戶口別星이라고도 함.

漢 有錢使鬼神(유전사귀신). 돈 있으면 귀신을 부린다.

有錢無罪(유전무죄), 無錢有罪(무전유죄).
돈 있으면 무죄요, 돈 없으면 유죄.

日 銭(ぜに)ある時(とき)は鬼(おに)をも使(つか)う.
돈 있을 때에는 도깨비도 부린다.

成(な)るも成らぬも金次弟(かねじだい).
되는 것도 안 되는 것도 돈 나름.

出神(いずも)の神(かみ)[1]より恵比須(えびす)[2]の紙(かみ).
出神의 神보다 恵比須의 종이. 중매보다 紙幣(지폐)라는 뜻.

英 Money will do anything. 돈은 무엇이든 할 수 있다.

Money makes all right that is wrong.
돈은 나쁜 것을 모두 옳게 한다.

Money is the best lawyer. 돈은 제일 좋은 辯護士(변호사)이다.

獨 Das Geld, das stumm ist, macht grade, was krumm ist.
말하지 아니하는 돈이 굽은 것을 바로 한다.

Wer mit goldnen Angel fischt, fängt was er will.
黃金(황금) 낚시로 낚는 자는 그가 원하는 것을 잡을 수 있다.

Geld macht aus Sauer Süß und dem Lahmen Füß'.
돈은 쓴 것을 달게 하고, 절름발이에게 발을 단다.

Redet Geld, so schweigt die Welt.
돈이 말을 하면 세상은 조용해진다.

Wer mit goldenen Kugeln schießt, der trifft gewiß.
黃金(황금) 彈丸(탄환)으로 쏘는 자는 틀림없이 맞춘다.

---

1) 出神の神 : 大國主命(おおくにぬしのみこと)를 의미하며, 男女結緣(남여결연)의 신이라 한다.
2) 恵比須 : 七福神 중의 하나로 상업과 어업의 수호신이며, 웃는 얼굴을 하고 있다.

(佛) Argent comptant porte remède à l'estomac et au coeur.
現金(현금)은 胃腸(위장)과 心臟(심장)에 약을 가져온다.

La paix engendre l'argent et l'argent la guerre.
平和(평화)가 돈을 낳고, 돈은 戰爭(전쟁)을 낳는다.

Qui a de l'argent a des cabrioles[1)](des pirouettes)[2)].
돈을 가진 자는 뛰놀기를 한다. 부자는 온갖 재미를 보고 재주를 부린다는 뜻.

Celui qui a de l'argnt a de tout.
돈을 가지는 자는 모든 것을 가진다.

L'argent est un bon passe-partout.
돈은 훌륭한 萬能(만능) 열쇠이다.

L'argent est la clef qui ouvre toutes les portes.
돈은 모든 문을 여는 열쇠이다.

Une clef d'or ouvre toutes les portes.
黃金(황금) 열쇠는 모든 문을 연다.

▌돈 없으면 寂寞江山(적막강산)이요, 돈 있으면 錦繡江山(금수강산)이다 ▌

(日) 地獄(じごく)の沙汰(さた)も金(かね)次弟(しだい).
地獄(지옥)의 형편도 돈 사정에 따른다.

冥途(めいど)の道(みち)も金次弟(かねしだい). 저승길도 돈 나름.

金(かね)が物言(ものい)う世中(よなか). 돈이 말하는 세상.

(英) Money talks. 돈이 말한다.

Penniless souls must pine in purgatory.
한 푼 없는 靈魂(영혼)은 煉獄(연옥)에서 恨歎(한탄)해야 한다.

---

1) cabriole : 뛰기, 재주 넘기, 무용에서 뛰어오르며 양 발 맞추기.
2) pirouette : 팽이, 무용에서 한 쪽 발 끝으로 도는 것.

No penny, no placebo[1]). 돈 없으면, 기도도 못 드린다.

Money makes a man free everywhere.
돈은 어디서나 사람을 自由(자유)롭게 한다.

Gifts enter without knocking. 선물은 노크 없이 들어갈 수 있다.

If money go before, all ways do lie open[2]).
돈이 먼저 가면 모든 길이 열린다.

Money goes in at any gate except heaven's.
돈은 하늘을 除外(제외)하고는 어떤 문에도 들어갈 수 있다.

㊚獨 Geld schließt auch die Hölle auf. 돈은 地獄(지옥)의 문도 연다.

Wo Geld vorangeht, sind alle Wege offen.
돈이 먼저 가면 모든 길이 열린다.

Geld regiert die Welt. 돈은 세상을 支配(지배)한다.

佛 Monnaie fait tout. 돈은 萬能(만능)이다.

‖ 돈은 돌고 도는 것 ‖

日 金(かね)は天下(てんか)の廻(まわ)り持(も)ち[3]).
돈은 天下(천하)가 돌려가면서 가지는 것.

宝(たから)は国(くに)の渡(わた)り物(もの).
寶物(보물)은 나라의 떠돌이.

英 Money is a great traveller in the world.
돈은 세계의 大旅行者(대여행자).

1) placebo : ① [plətʃéibo] 가톨릭교에서 死者(사자)를 위하여 드리는 기도. ② [pləsí:bou] 僞藥(위약). 안심시키기 위하여 주는 약. ③ 위안의 말. 아첨.
2) Shakesphear의 Merry Wives of Windsor에서.
3) 廻(まわ)り持(も)ち : 돌려 가며 가지는 것, 차례로 맡는 것.

Money is round and so quickly rolls away.
돈은 둥글어서 매우 빨리 굴러간다.

獨 Geld muß rollen.
돈은 굴러야 한다. 돈은 돌지 않고는 배기지 못한다.

Geld ist rund und rollt.
돈은 둥글어서 돈다. 돈은 얻기 어렵고 잃기 쉽다.

佛 L'argent est rond pour rouler. 돈은 돌기 위하여 둥글다.

L'argent est rond, il faut qu'il roule.
돈은 둥글어서 돌아야만 한다.

L'argent n'a point de maître. 돈은 主人(주인)을 가지지 않는다.

▌돈은 좋은 下人(하인)이나 나쁜 主人(주인)이다 ▌

漢 君子役物(군자역물) 小人役於物(소인역어물)[1].
君子는 물건을 사용하고 小人(소인)은 물건에 의하여 使役(사역)된다.

英 Money is a good servant, but a bad master.
돈은 좋은 下人(하인)이나 나쁜 主人(주인)이다.

Money does either serve as a slave or command as a master.
돈은 노예로서 奉仕(봉사)를 하거나 아니면 주인으로서 命令(명령)을 한다.

If money be not thy servant, it will be thy master.
만약 돈이 그대의 하인이 아니면 그것은 그대의 주인이 될 것이다.

Money is servant to him who can make use of it, otherweise it is a master.
돈은 그것을 利用(이용)할 줄 아는 자에게는 하인이지만, 그렇지 아니하면 주인이다.

---

1) 荀子修身.

獨 Gelt ist ein guter Diener, aber ein schlecter Herr.
돈은 좋은 하인이나 고약한 주인이다.

Man muß dem Geld gebieten, nicht gehorchen.
돈에 命令(명령)을 해야 하며 服從(복종)해서는 안 된다.

佛 L'argent est un bon serviteur et un mauvais maître.
돈은 좋은 하인이며 나쁜 주인이다.

羅 Pecunia est ancilla, si scis uti; si nescis, domina est.
돈은 그대가 그것을 使用(사용)할 줄 알면 그대의 下女(하녀)이나, 만약 그것을 모르면 그대의 안주인이다.

돈이 돈을 번다

類 외손뼉이 울랴.(p.290)

소도 언덕이 있어야 비빈다.

漢 長袖善舞 多錢善賈(장수선무 다전선고)[1].
소매가 길면 춤을 잘 추고 돈이 많으면 장사를 잘 한다.

日 金(かね)が金(かね)を儲(もう)ける. 上同.

金(かね)が金(かね)を呼(よ)ぶ. 돈이 돈을 부른다.

金(かね)が共寄(ともよ)りする. 돈은 서로 모인다.

英 Money draws money. 돈이 돈을 끈다.

Money begets(or breeds or gets or makes) money.
돈이 돈을 낳는다.

Money would be gotten if there were money to get it with.
만일 돈을 얻을 돈이 있다면 돈은 벌어진다.

1) 韓非子・五蠹篇.

Put two pennies in a purse and they will draw together.
2페니를 지갑 안에 넣으면 그들은 서로 당긴다.

獨 Das Gold geht den Reichen nach. 돈은 富者(부자) 뒤를 쫓는다.

Wo Geld ist, kommt Geld hin. 돈이 있는 곳에 돈이 간다.

Wo Tauben sind, da fliegen Tauben hin.
비둘기 있는 곳에 비둘기가 온다.

Es regnet gewöhnlich, wo es schon naß ist.
비는 이미 젖어 있는 곳에 오는 것이 보통이다.

Der Teufel macht(scheißt) immer auf den großen Haufen.
惡魔(악마)는 언제나 큰 堆肥(퇴비)에 똥을 눈다.

佛 Un sou amène l'autre sou.
1수가 다른 1수를 데리고 온다. 조금씩 돈을 번다는 뜻.

L'argent est plat pour s'entasser.
돈은 쌓아 올리기 위하여 납작하다.

Un bien en acquiert un autre. 富(부)는 다른 富를 낳는다.

Le bien cherche le bien. 財産(재산)이 재산을 찾는다.

Qui chapon mange chapon lui vient.
닭을 먹는 자에게 닭이 온다.

L'eau va toujours à la rivière. 물은 언제나 강으로 간다.

▎돈이 怨讐(원수)다 ▎

뜻 돈 때문에 싸우고, 고생하고, 망하기도 하므로 돈은 원수와 같다.

類 千石(천석)꾼은 천 가지 걱정, 萬石(만석)꾼은 만 가지 걱정.

日 貧乏(びんぼう)こわいものなし. 가난뱅이 두려운 것이 없다.

金(かね)が敵(かたき). 돈이 원수다.

金持(かねも)ち苦労(くろう)多(おお)し. 부자는 苦生(고생)이 많다.

金(かね)は三欠(さんか)くにたまる.
돈은 세 가지가 없어야 모인다. 三欠이란 義理(의리)・人情(인정)・交際(교제)가 없음을 말한다.

貧乏(びんぼう)する程(ほど)楽(らく)をする. 가난할수록 즐겁다.

英 Money is the root of all evils. 돈은 모든 惡(악)의 근원이다.

Money makes friends enemies. 돈은 친구를 원수로 만든다.

A rich man's money hangs him oftentimes.
富者(부자)의 돈은 그를 목매는 수가 가끔 있다.

Money borrowed is soon sorrowed. 빌린 돈은 곧 슬픔을 준다.

A rich man, and a miserable. 부자는 不幸(불행)한 사람이다.

獨 Geiz ist die Wurzel alles Übels.
貪慾(탐욕)은 모든 惡(악)의 근원이다.

Geld kennt keine Freundschaft. 돈은 友情(우정)을 모른다.

In Geldsachen hört die Gemütlichkeit auf.
金錢問題(금전문제)에 있어서는 親切(친절)은 정지된다.

Güter brauchen Hüter. 재산은 지키는 자를 필요로 한다.

Borgen schadet der Freundschaft.
빌리는 것은 友情(우정)을 해친다.

Geld allein macht nicht glücklich.
돈만으로 幸福(행복)하게 되지 아니한다.

Kühe machen Mühe.
암소들은 고생을 만든다. 재산이 있으면 고생한다.

Wer da hat die Kühe, muß auch haben die Mühe.
암소를 가진 자는 苦生(고생)도 또한 가져야 한다.

㊋ Argent fait perdre et pendre gens.
돈은 사람을 破滅(파멸)시켜서 絞首(교수)한다.

Grand fortune grand servitude(service).
큰 財産(재산)은 큰 노역(봉사)이다.

Plus on a d'argent, plus[1] on a de soucis.
사람은 돈을 많이 가질수록 걱정을 많이 가진다.

Moins on a d'argent, moins[2] on a de soucis.
사람은 돈을 적게 가질수록 근심을 적게 가진다.

㊌ Divesque, misersque. 富裕(부유)하면 불행하다.

▌돌도 십 년을 보고 있으면 구멍이 뚫린다 ▌

㊍ 꾸준히 노력하면 안 되는 일이 없다.

㊎ 낙숫물이 댓돌을 뚫는다.(p.85)
돌부처도 십 년을 빌면 눈을 뜬다.
무쇠도 갈면 바늘 된다.
열 번 찍어 아니 넘어가는 나무 없다.

㊏ 小水穿石(소수천석). 적은 물이 돌을 뚫는다.

泰山之霤穿石(태산지류천석)[3]. 태산의 낙숫물이 돌을 뚫는다.

念力通巖(염력통암). 精神力(정신력)은 바위를 뚫는다.

陽氣發處(양기발처), 金石可透(금석가투), 精神一到(정신일도), 何事不成(하사불성).
양기가 발하면 금석을 뚫을 수 있고, 정신이 하나에 이르면 어떠한 일이라도 못 이루겠나.

---

1) plus~, plus~ : ~할수록 ~한다.
2) moins~, moins~ : ~아니할수록 ~아니한다.
3) 泰山霤穿石, 殫極之統斷幹, 水非石之鑽, 紫非木之鋸, 漸靡使之然也.

精神一到(정신일도) 鐵石可透(철석가투).
정신이 하나에 집중하면, 철석을 뚫는다.

十斫木無不顚(십작목무불전)[1].
열 번 찍어 아니 넘어가는 나무 없다.

斷而行鬼神避之(단이행귀신피지)[2].
결단코 행하면 귀신도 피한다.

㊐ 念力(ねんりき)岩(いわ)をも通(とお)す.
精神力(정신력)은 바위도 뚫는다.

精神(せいしん)一到(いっとう)何事(なにごと)か成(な)らざらん.
정신이 한 곳에 이르면 무슨 일이 안 되겠는가?

点滴(てんてき)石(いし)を穿(うが)つ. 물방울이 돌을 뚫는다.

雨垂(あまだ)れ石(いし)を穿(うが)つ. 낙숫물이 돌을 뚫는다.

㊯ Where there's a will, there's a way. 뜻 있는 곳에 길 있다.

Nothing is impossible to a willing heart.
의욕적 精神(정신)에는 不可能(불가능)은 없다.

It is dogged[3] that does it. 완고하면 成就(성취)한다.

Many strokes fell great oaks. 많이 찍으면 큰 참나무도 넘어진다.

Constant dropping will wear the stone.
변함없이 떨어지는 물은 돌을 닳게 한다.

㊫ Wo ein Wille ist, da ist auch ein Weg. 뜻이 있으면 길도 있다.

Steter Tropfen höhlt den Stein. 끊임없는 물방울은 돌을 뚫는다.

Lust und Liebe zum Dinge macht alle Mühe und Arbeit geringe.
사물에 대한 意慾(의욕)과 愛情(애정)은 모든 고생과 일을 가볍게 한다.

---

1) 旬五志.
2) 小顧大忘後必害, 狐疑猶予後必悔, 斷而行鬼神避之. 史記 李斯列傳.
3) dogged : 완고한, 끈질긴.

Der Glaube versetzt Berge. 信念(신념)은 산을 옮긴다.

Fleiß bricht Eis. 근면은 얼음을 깨뜨린다.

Viele Streiche fällen die Eiche. 많이 찍으면 참나무도 넘어간다.

佛 Vouloir, c'est pouvoir. 원하는 것은 可能(가능)한 것이다.

A bonne volonté ne faut la faculté.
굳은 意志(의지)는 능력을 결하지 아니한다. 굳은 의지가 있으면 능력이 솟아난다는 뜻.

A bonne volonté, la faculté de l'homme ne faut pas.
굳은 의지에는 사람의 能力(능력)이 실패하지 아니한다.

Petite étincelle engendre grand feu.
작은 불꽃이 큰 불을 일으킨다.

La goutte d'eau finit[1)] par creuser le roc.
물방울이 드디어 바위에 구멍을 뚫는다.

되로 주고 말로 받는다

類 한 되 주고 한 섬 받는다.

새우 미끼로 잉어 낚는다.

對 가는 방망이 오는 홍두깨.

漢 始用升授 迺以斗受(시용승수 내이두수). 上同.

投瓜得瓊(투과득경). 외를 주고 구슬을 얻는다.

投我以木瓜 報之以瓊琚(투아이목과 보지이경거)[2)].
외를 던져주고 구슬을 받는다.

日 瓜(うり)を送(おく)りて瓊(たま)を得(う). 외를 보내고 구슬을 얻다.

---

1) finir par + inf : 드디어 하다.
2) 詩經, 衛風, 木瓜篇.

英 Give a pea for a bean. 강낭콩을 얻으려고 완두콩을 준다.

A small gift brings often a great reward.
작은 膳物(선물)이 때로는 큰 報酬(보수)를 가져온다.

If a poor man presents thee, he expects a return.
가난뱅이가 그대에게 선물을 하면 그는 報酬(보수)를 바란다.

佛 Donner un œuf pour un bœuf. 황소를 얻기 위하여 계란을 준다.

될성부른 나무는 떡잎부터 알아본다

類 열매 될 꽃은 첫 三月(삼월)부터 안다.

잘 자랄 나무는 떡잎부터 알아본다.

龍(용) 될 고기는 모이 철부터 안다.

푸성귀는 떡잎부터 알고, 사람은 어릴 때부터 안다.

설 때에 궂긴[1] 아이 날 때에도 궂긴다.

漢 蔬之將善(소지장선) 兩葉可辨(양엽가변).
앞으로 잘 될 푸성귀는 떡잎으로 알 수 있다.

人之俊者(인지준자) 自幼小而有異也(자유소이유이야).
준수한 사람은 어릴 적부터 다른 데가 있다.

栴檀從二葉芳(전단종이엽방).
栴檀香木(전단향목)은 두 잎 때부터 향기롭다. 위대한 인물은 少時(소시)부터 다르다.

孕時患(잉시환) 難於産(난어산)[2].
설 때에 궂긴 아이 날 때에도 궂긴다.

1) 궂기다 : 죽다, 일이 잘 되지 아니하다.
2) 洌上方言.

(日) 栴檀(せんだん)は双葉(ふたば)より芳(かんば)し.
  栴檀香木(전단향목)은 떡잎부터 香(향)이 난다.

実(み)のなる木(き)は花(はな)から知(し)れる.
  結實(결실)할 나무는 꽃부터 안다.

なる木(き)は花(はな)から違(ちが)う. 될 나무는 꽃부터 다르다.

鳳凰(ほうおう)は卵(かいこ)の中(うち)にして超群(ちょうぐん)の勢(いきおい)あり竜(たつ)の子(こ)は小(ちい)さしと雖(いえど)も能(よ)く雨(あめ)を降(ふ)らす.
  鳳凰(봉황)은 알 속에서도 拔群(발군)의 勢(세)가 있고, 龍(용)의 새끼는 작아도 능히 비를 내린다.

(英) It early pricks that will be a(good) thorn.
  가시가 될 것은 일찍부터 찌른다.

Soon crooks the tree that good cammock[1)](or gambrel) will be.
  훌륭한 카목크 (또는 二段으로 굽은 서까래)가 될 나무는 일찍 구부러진다.

(獨) Was eine Nessel[2)] werden will, brennt beizeiten(zeitig).
  쐐기풀이 되려는 것은 일찍부터 쑤신다.

Was eine Dorn werden will, spitzt sich beizeiten.
  가시가 되려는 것은 일찍부터 뾰족하다.

Was ein Haken(Häkchen) werden will, (das) krummt sich beizeiten. 걸 고리가 되려는 것은 일찍부터 굽어 있다.

(佛) La valeur n'attend pas le nombre des annees.
  (사람의) 價値(가치)는 年數(연수)를 기다리지 아니한다.

L'épine en naissant va la pointe devant.
  가시나무는 날 때부터 침을 먼저 하고 나온다.

---

1) cammock : hockey stick.
2) Nessel : 쐐기풀, 蕁麻疹(두드러기).

Il n'y a si petit chat qui n'égratine.
아무리 작아도 긁지 아니하는 고양이는 없다.

(羅) Protinus apparet quae arbores frugiferae futarae.
어느 나무가 과일나무가 될 것인가는 곧 알 수 있다.

두 번 있는 일은 세 번 있다[1]

(類) 엎친 데 덮친다.(p.275)

(漢) 禍不單行(화불단행). 화는 홀로 오지 아니한다.

禍必重來(화필중래). 화는 반드시 거듭 온다.

禍去禍又至(화거화우지). 화가 가니 화가 또 온다.

(日) 二度(にど)あることは三度(さんど)ある. 上同.

(英) No chance but comes again. 다시 오지 않는 기회는 없다.

What has been, may(shall) be. 이미 생긴 일은 다시 일어난다.

It never rains but it pours.
비가 오기만 하면 억수같이 쏟아진다. 한 사건이 나면 잇달아 일어난다는 뜻으로 나쁜 일에 한하지 않는다.

One thing brings up another.
한 事件(사건)은 다른 사건을 부른다.

One loss brings another. 한 損失(손실)은 다른 손실을 부른다.

(獨) Einmal ist keinmal. 1回는 回數(횟수)에 넣지 아니한다.

(佛) Jamais deux sans trois. 세 번 없는 두 번은 없다.

Un malheur en appelle un autre. 不幸(불행)은 불행을 부른다.

1) 日本 俗談.

Un malheur ne vient pas seul. 불행은 홀로 오지 아니한다.

Un malheur amène son frère. 불행은 兄弟(형제)를 데리고 온다.

Une fois n'est pas coutume.
한 번은 習慣(습관)이 아니다. 이것은 이번만의 일이다.

▎두들겨 맞은 밤은 발 뻗고 잔다 ▎

㊐ 叩(たた)かれた夜(よ)は寝(ね)やすい. 두들겨 맞은 밤은 자기 쉽다.

人(ひと)を叩(たた)いた夜(よる)は寝(ね)られぬ.
사람을 때린 밤에는 잠이 잘 안 온다.

㊥英 Better suffer ill than do ill.
惡(악)을 행하기보다 악으로 苦痛(고통) 받는 것이 낫다.

As you have done so shall you feel.
그대가 행한 대로 그대는 느낄 것이다.

A good conscience is a soft pillow.
良心(양심)은 부드러운 베개이다.

獨 Besser Unrecht leiden, als Unrecht tun.
不正(부정)을 당하는 것이 부정을 행하는 것보다 낫다.

Der Leidende überwindet den Streitenden.
당하고 참는 자가 다투는 자를 이긴다.

Besser gelitten, als gestritten. 다투기보다 참기.

▎두들겨서 먼지 안 나는 사람 없다 ▎

㊐ 叩(たた)けば埃(ほこり)が出(て)る. 두들기면 먼지 난다.

英 Every man has his weak side. 각자는 弱點(약점)을 가지고 있다.

Many without punishment, none without fault.
處罰(처벌)을 받지 않는 사람은 많으나 罪(죄) 없는 사람은 없다.

Cavil will enter in at any hole and if it find none it will make one.
트집(흠잡기)은 어떤 구멍에도 들어간다. 만약 트집을 잡지 못하면 하나를 만든다.

獨 Je mehr man den Dreck umkehrt, desto mehr stinkt er.
汚物(오물)은 저을수록 惡臭(악취)가 난다.

듣기 좋은 노래도 늘 들으면 싫다

類 듣기 좋은 꽃노래도 한두 번.

듣기 좋은 육자배기도 한두 번.

漢 艷歌每唱厭(염가매창염)[1]. 上同.

歌曲雖豔(가곡수염) 恒聽是厭(항청시염)[2].
가곡은 비록 듣기 좋을지라도 늘 들으면 싫다.

日 仏(ほとけ)の顔(かお)も日(ひ)に三度(さんど).
부처님 얼굴도 하루에 세 번. 부처님처럼 온화한 사람도 자꾸 귀찮게 하면 화를 낸다는 뜻.

英 The crushed worm will turn. 짓밟힌 지렁이는 방향을 돌린다.

Even a worm will turn.
지렁이일지라도 덤벼든다. 보잘것없는 사람도 건드리면 화를 낸다.

---

1) 東言解.
2) 耳談續纂.

佛 Tant va la cruche à l'eau, qu'à la fin elle se brise.
너무 자주 물을 길어가면 드디어는 병을 깨뜨린다.

Il ne faut pas abuser de la patience d'autrui.
타인의 忍耐(인내)를 濫用(남용)하여서는 안 된다.

등겨 먹던 개는 들키고 쌀 먹던 개는 안 들킨다

類 똥 싼 놈은 달아나고, 방귀 뀐 놈이 잡혔다.

똥 먹던 강아지는 들키고, 겨 먹던 강아지는 안 들킨다.

日 米(こめ)食(く)った犬(いぬ)がたたかれずに糠(ぬか)食った犬がたたかれる. 쌀 먹은 개는 맞지 않는데, 겨 먹은 개가 얻어 맞는다.

英 One man may steal a horse, while another may not look over the hedge.
어떤 사람은 울타리 너머로 쳐다볼 수도 없는데, 다른 사람은 말을 훔치기도 한다. 말을 훔친 사람은 무사한 데 반하여 훔치려고 넘겨다 본 사람이 벌을 받는다는 뜻.

佛 Les grands voleurs pendent les petits.
큰 盜賊(도적)이 작은 도적을 絞首(교수)한다.

燈盞(등잔) 밑이 어둡다

類 등잔 뒤가 밝다.

都會(도회) 소식 들으려면 시골로 가라.

法(법) 밑에 法 모른다.

두메 앉은 吏房(이방)[1]이 朝廷(조정) 일 알 듯.

---

1) 吏房 : 吏典에 관한 사무를 관장하는 承政院의 六房 중의 하나. 吏房衙典(지방 관아

㊦漢 燈下不明(등하불명). 등잔 밑이 어둡다.

㊐ 灯台(とうだい)元(もと)くらし. 灯台(등대) 밑은 어둡다.

提灯持(ちょうちんも)ち足下(あしもと)くらし.
등불 가진 자 발 밑이 어둡다.

負(お)うた子(こ)を三年(さんねん)探(さが)す.
업은 아이를 三年(삼년) 찾는다.

仏(ほとけ)の前(まえ)に鬼(おに)が棲(す)む.
부처님 앞에 鬼神(귀신)이 산다.

英 The beacon does not shine on it's own base.
횃불은 그 자신의 발 밑을 비추지 아니한다.

An Argus[1] abroad and a mole at home.
밖에서는 百眼巨人(백안거인), 집에서는 두더지.

The goodman[2] is the last who knows what's amiss at home.
집주인은 집안의 궂은 일을 제일 늦게 안다.

You must go into the country to hear what news at London.
런던의 소식을 들으려 시골로 간다.

獨 Er sitzt auf dem Pferde und sucht es. 말 타고 말 찾는다.

Mancher hat den Leuchter in der Hand und sucht ihn.
손에 燭台(촛대)를 쥐고 그것을 찾는 사람도 많다.

Je näher der Kirche, je weiter von Gott.
教會(교회)에 가까울수록 하나님은 멀다.

Je näher bei Rome, desto schlechter der Christ.
로마에 가까울수록 基督教徒(기독교도)의 질이 나쁘다.

의 吏房에 속하는 衙前)의 준말.

1) Argus : 그리스 神話에 나오는 100개의 눈을 가진 巨人(엄중한 감시인).

2) goodman : 집주인, goodwife : 안주인.

佛 Près de l'église et loin de Dieu.
교회로부터 가깝고 하나님으로부터 멀다.

Chercher son âne et être dessus. 나귀 등에 타고 나귀를 찾는다.

▌딸을 보려거든 어머니를 보아라 ▌

日 嫁(よめ)を見(み)るより親(おや)を見よ.
며느리를 보기보다 어버이를 보아라. 며느리감보다 그 어버이를 먼저 보라는 뜻.

嫁(よめ)を貰(もら)わば親(おや)を貰え.
며느리를 얻으려거든 어버이를 얻어라.

英 Take a vine of good soil, and daughter of good mother.
좋은 땅에서 난 포도를 취하고, 훌륭한 어머니의 딸을 취하라.

Plant your vine in a good soil and take wife of a good race.
포도는 좋은 땅에 심고, 처는 좋은 家系(가계)에서 취하라.

獨 Wer die Tochter will, muß die Mutter freien[1)].
딸을 얻으려는 자는 어머니에게 求婚(구혼)해야 한다. 남의 딸이 며느리감으로 탐이 나면 그 어머니에게 먼저 구혼을 하라는 뜻.

Willst du gern die Tochter han[2)], sieh vorher die Mutter.
딸을 얻으려면 그 전에 어머니를 보아라.

佛 Au train de la mère, la fille. 어머니의 살림살이로 딸을 안다.

Telle mère, telle fille. 그러한 어머니에 그러한 딸.

Fille telle comme elle est élevée, et étoupe comme elle est filée.
딸은 길러진 그대로이며, 삼(麻) 부스러기는 실 짜기대로이다. 딸을 잘 기르면 좋은 딸이 되고, 삼 부스러기도 길쌈을 잘하면 좋은 천이 된다는 뜻.

---

1) freien : 求婚하다. um ein Mädchen freien : 어떤 아가씨에게 청혼하다.
2) han : haben 가지다.

‖ 떡국이 농간한다 ‖

뜻 나이 들면 經驗(경험)으로 能熟(능숙)해진다. 正初(정초)에는 의례 떡국을 먹었으므로, 떡국이 나이를 의미하기도 한다.

類 미꾸라지 천 년에 용 된다.

늙은 이 말 그른 데 없다.

솔개도 오래 되면 꿩 잡는다.

對 햇비둘기 재 넘을까.

하룻강아지 범 무서운 줄 모른다.

漢 年彌高(연미고) 而德彌卲(이덕미소).
나이가 점점 높아짐에 따라 덕이 점점 높아진다.

老蚌生珠(노방생주). 늙은 조개에서 진주 난다.

老馬知道(노마지도). 늙은 말이 길을 안다.

一日之狗(일일지구) 不知畏虎(부지외호)[1].
하룻강아지 범 무서운 줄 모른다.

日 年(とし)が薬(くすり). 나이가 藥(약)이다.

年年(ねんねん)老(お)いて年年(ねんねん)賢(かしこ)し.
해마다 늙어서 해마다 현명하다.

年徳(ねんとく)倶(とも)に尊(とおと)し.
나이와 德望(덕망)이 아울러 尊貴(존귀)하다.

老(お)いたる馬(うま)は道(みち)を忘(わす)れず.
늙은 말은 길을 잃지 아니한다.

亀(かめ)の甲(こう)より年(とし)の劫(こう).
거북이 등껍질보다 나이의 오래됨. 年長者(연장자)의 経験(경험)을 존경한다는 뜻.

英 Old head and young hands. 나이 든 머리에 젊은 손.

---

1) 耳談續纂.

An old wise man's shadow is better than young buzzard's sword.
늙은 賢者(현자)의 그림자가 젊은 愚者(우자)의 칼보다 낫다.

If you wish good advice, consult an old man.
좋은 忠告(충고)를 원하거든 老人(노인)과 의논하라.

Years know more than books. 歲月(세월)은 책보다 많이 안다.

The longer that one lives the more he knows.
사람은 오래 살수록 더 많이 안다.

Age and experience teach wisdom.
年齡(연령)과 經驗(경험)은 智慧(지혜)를 가르친다.

Older and wiser. 늙을수록 賢明(현명)하다.

The older the wiser. 上同.

In time one gets experience. 때가 되면 사람은 경험을 얻는다.

It is good to follow the old fox. 늙은 여우를 따르는 것이 좋다.

An old dog barks not in vain. 늙은 개는 공연히 짖지 아니한다.

獨 Junge Bettschwester, alte Betschwester.
젊어서는 賣春婦(매춘부), 늙어서는 篤信女(독신녀).

Jahre lehren mehr als Bücher. 나이는 책보다 더 많이 가르친다.

Junger Wüstling, alter Betbruder.
젊어서는 난봉꾼, 늙어서는 篤信者(독신자).

Wenn der Teufel alt wird, will er Mönch werden.
惡魔(악마)가 늙으면 중이 되려 한다.

Der Verstand wächst mit den Jahren.
理性(이성)은 나이와 함께 자란다.

Mit der Zeit wird man klug. 때와 더불어 영리해진다.

佛 La raison vient avec l'âge. 理性(이성)은 나이와 함께 온다.

On apprend en vieillissant. 늙으면서 배운다.

Expérience passe science. 經驗(경험)은 학문을 능가한다.

Apprenti n'est pas maître.
弟子(제자)는 大家(대가)가 아니다. 제자는 수련을 쌓아야 잘 할 수 있다는 뜻.

Un homme averti en vaut deux.
老練(노련)한 한 사람은 두 사람의 價値(가치)가 있다.

떡은 떡집에, 칼은 대장간에[1]

뜻 보잘것없는 일에도 知慧(지혜)와 要領(요령)이 있다.

類 송충이는 솔잎을 먹어야 한다.

송충이가 갈잎을 먹으면 죽는다.

여뀌[2]벌레는 쓴 것을 모른다.

漢 耕當問奴(경당문노) 織當問婢(직당문비)[3].
밭 갈기는 마땅히 머슴에게, 길쌈은 마땅히 여자 종에게 물어야 한다.

各人自掃門前雪(각인자소문전설), 勿管他家瓦上霜(물관타가와상상)[4].
각자는 문 앞의 눈을 스스로 쓸고, 남의 집 기와 위의 서리에 관여하지 말라.

日 餅(もち)は餅屋(もちや),刀(かたな)は刀屋(かたなや).
떡은 떡집에, 칼은 칼 만드는 집에.

---

1) 日本 속담.
2) 여뀌(蓼) : 줄기 높이 60cm 정도의 一年草. 맵고 독한 맛이 있어 짓이겨 물에 풀어 고기도 잡고, 조미료로도 쓰임.
3) 魏書. 邢巒傳.
4) 事林廣記.

仏(ほとけ)の沙汰(さた)は僧(そう)が知(し)り失弓(やゆみ)の道(みち)は武士(ぶし)が知(し)る.
부처님 소식은 중이 알고, 弓道(궁도)는 무사가 안다.

英 There is a mystery in the meanest trade.
아무리 보잘것없는 事業(사업)에도 秘訣(비결)이 있다.

He that makes the shoe cannot tan the leather.
신을 만드는 자는 가죽을 무두질할 줄 모른다.

Every man a little beyond himself is a fool.
누구나 自己領域(자기영역)을 조금이라도 넘으면 바보다.

Every man as his business lies.
各者(각자)는 自己 사업의 形便(형편) 나름으로. 自己 事業(자기 사업)에 전념하라.

You may know how the market goes by the market folks.
市場 形便(시장 형편)은 市場 商人(시장 상인)에 의해 알 수 있다.

Every man to his trade.
各者(각자)는 자기 事業(사업)에 충실하라.

Every man is most skillful in his own business.
各者(각자)는 自己 事業(자기 사업)에 가장 技術(기술)이 뛰어나다.

獨 Schuster, bleib' deinem Leisten!
製靴工(제화공)이여, 그대의 신틀 옆에 머물러 있어라.

佛 Cordonnier, tiens-t'en à la chaussure!
製靴工이여, 구두만을 생각하라.

Marchand d'oignons se connaît en ciboules.
양파 장수는 파를 잘 안다.

Faites des perruques, maître André, des perruques, des perruques, etc.
앙드레 匠人(장인)이여, 假髮(가발)을 만드시오, 가발을, 가발을…. 假髮을 만드는 앙드레가 리스본의 地震(지진)이라는 五幕韻文(오막운문)의 悲劇(비극)을 쓰고, 그 作品(작품)을 Voltaire에게 부쳤다. 그리고 그는 Voltaire를 同僚(동료)라 불렀다. 그래서 Voltaire는 以上과 같은 말을 답장으로 부쳤다 한다. 이것이 속담으로 轉用(전용)되었다.

Chacun (à) son métier, (et) les vaches seront bien gardées.
각자가 자기의 手工業(수공업)에 충실하면, 암소는 잘 지켜질 것이다. 自己 일에 充實(충실)하면 萬事(만사)가 잘된다.

Il n'appartient pas à tout bon vinaigrier de faire de bonne moutarde.
아무리 훌륭한 食醋製造人(식초제조인)이라도 맛 좋은 겨자를 만든다고는 할 수 없다.

ㅁ

▌마른 날에 벼락 맞는다 ▌

(類) 마른 하늘에 날벼락.

(漢) 靑天霹靂(청천벽력). 푸른 하늘에 벼락.

(日) 青天(せいてん)の霹靂(へきれき). 上同.

(英) A bolt from the blue. 푸른 하늘에 벼락.

(獨) Der Blitz aus heiterm Himmel. 上同.

(佛) Un coup de foudre. 벼락의 일격.
Un événement imprévu. 뜻 밖의 大事件(대사건).

▌마음에 없으면 보이지도 않는다 ▌

(類) 마음에나 있어야 꿈을 꾸지.
멀면 정도 멀어진다.(p.146)

(漢) 心不在焉(심부재언) 視而不見(시이불견) 聽而不聞(청이불문) 食而不吟(식이불음) 此謂修身在正其心(차위수신재정기심)[1].

1) 大學.

마음이 없으면 보아도 보이지 아니하고, 들어도 들리지 아니하고 먹어도 맛을 모른다. 이것은 修身(수신)은 그 마음을 바로 하는 데 있음을 말한다.

(日) 心(こころ)焉(ここ)に在(あ)らざれば視(み)れども見(み)えず.
마음이 여기에 없으면 보아도 안 보인다.

御都合(ごつごう)つんぼ. 형편에 따라 가장하는 귀머거리.

(英) The eye is blind if the mind is absent.
마음이 없으면 눈은 보이지 아니한다.

None are so blind (or deaf) as those who won't see (hear).
보지(또는 듣지) 않으려는 자보다 더한 장님(또는 귀머거리)은 없다.

Who is so deaf as he that will not hear.
듣지 않으려는 자보다 더한 귀머거리는 없다.

(獨) Wenn das Auge nicht sehen will, helfen weder Licht noch Brill.
눈이 보려고 하지 아니하면 빛도 眼鏡(안경)도 도움이 되지 아니한다.

Keiner ist so blind, als wer nicht sehen will.
보지 않으려는 사람보다 눈먼 사람은 없다.

(佛) Il n'est pire sourd que celui qui ne veut point entendre.
듣지 않으려는 자보다 고약한 귀머거리는 없다.

Il n'est pire aveugle que celui qui ne veut pas voir.
보지 않으려는 자보다 고약한 장님은 없다.

만나면 離別(이별)이라

(類) 만나자 離別.

情(정) 들자 離別.

漢 會者定離(회자정리)[1]. 만나는 자는 헤어지기로 되어 있다.

日 会(あ)うは別(わか)れの始(はじ)め. 만남은 離別의 시작.

会者(えじゃ)定離(じょうり)は世(よ)の習(なら)い.
會者定離(회자정리)는 이 세상의 관례.

英 We never meet without a parting. 이별 없는 만남은 없다.

The best friend must part. 아무리 좋은 친구라도 헤어져야 한다.

The first breath is the beginning of death.
첫 呼吸(호흡)은 죽음의 시작이다.

佛 Il n'y a si bonne compagnie qui ne se sépare(quitte).
아무리 좋은 친구라도 이별 없는 것은 없다.

▌만만한 데 말뚝 박는다 ▌

뜻 弱(약)한 자를 업신여기고 구박한다.

類 만만한 년은 제 서방 좆도 못 본다.

만만한 년은 제 서방도 못 데리고 잔다.

만만한 놈만 볼기[2] 맞는다.

만만한 놈 잡아다 볼기 친다.

만만한 놈은 제 닭도 못 잡아먹는다.

엎친 데 덮친다.(p.275)

자리 보아가며 똥 싼다.

심심하면 座首(좌수)[3] 볼기 친다.

---

1) 世皆無常 會必有離(遺敎經). 生者必滅 會者定離.
2) 볼기 : 엉덩이.
3) 座首(좌수) : 조선시대 지방의 鄕廳(향청)에 두었던 우두머리.

㊐ われ面白(おもしろ)の人(ひと)泣(な)かせ. 내 재미로 남 울리기.

弱(よわ)い者(もの)いじめ. 약자를 골린다.

弱(よわ)き者(もの)を夫(ぶ)にとる. 약자를 夫役(부역)으로 취한다.

鬼(おに)は弱(よわ)みに乗(の)る. 귀신은 약한 데 붙는다.

弱(よわ)り目(め)に祟(たた)り目. 만만하면 災難(재난)을 입는다.

㊖ Fiddle while Rome is burning.
로마가 불타는 동안 바이올린을 켠다.

He that makes himself a sheep shall be eaten by the wolf.
羊(양)으로 自處(자처)하는 자는 늑대에게 먹힐 것이다.

He that worst must hold the candle.
第一(제일) 약한 자가 촛불을 들어야 한다.

Men go over the dike at the lowest.
사람들은 둑의 제일 낮은 곳으로 넘는다.

Men leap over where the hedge is lowest. 上同.

The poor suffers all the wrong.
가난한 자가 모든 惡(악)을 甘受(감수)한다.

The weaker has the worse. 弱(약)할수록 더 불리한 처지에 선다.

(獨) Die Fliegen setzen sich am meisten auf die mageren Pferde.
파리는 야윈 말에 제일 많이 앉는다.

Je magerer der Hund, je größer die Flöhe.
개가 여윌수록 벼룩은 크다.

Der Katzen Spiel ist der Mäuse Tod.
고양이의 장난은 쥐의 죽음이다.

(佛) Les battus paient l'amende.
진 자가 罰金(벌금)을 갚는다. 옛날 裁判(재판)의 방법으로, 결투를 시켜 敗北(패배)한 자를 有罪(유죄)로 보고, 處罰(처벌)하였다. 이것은 神(신)은 올바른 자를 돕는다는 믿음에 근거했다.

▌말은 쉽고 행하기는 어렵다 ▌

漢 言之易而行之難(언지이이행지난). 上同.

日 言(い)うは易(やす)く行(おこな)うは難(かた)し. 上同.

英 Easy to say, hard to do. 上同.

It is sooner(or easier or better) said than done. 上同

Easier said than done. 上同.

Saying and doing are two things.
말과 行動(행동)은 별개의 것이다.

Saying is one thing and doing another. 上同.

From words to deeds is a great space.
말과 행동 사이에는 큰 空間(공간)이 있다.

There is a great difference between word and deed. 上同.

Who shall tie(or hang) the bell about the cat's neck?
누가 고양이 목에 방울을 달 것인가?

獨 Reden und Halten(Tun) ist zweierlei.
말과 행동은 별개의 것이다.

Sagen und Tun ist zweierlei. 上同.

Von Wort zur Tat kommt's oft recht spät.
말에서 行動(행동)까지는 가끔 時間(시간)이 걸린다.

Von Worten zu Werken(Taten) ist ein weiter Weg.
말에서 행동까지는 먼 길이 있다.

Versprechen und Halten ist zweierlei.
約束(약속)과 履行(이행)은 별개의 것이다.

佛 La critique est aisée, et l'art est difficile.
批判(비판)은 쉽고 藝術(예술)은 어렵다.

Fais ce que je dis et non ce que je fais[1].
내가 말하는 바를 행하고, 내가 행하는 바를 행하지 말라.

말이 많으면 쓸 말이 적다

類 말이 많으면 失言(실언)을 한다.

漢 多言數窮(다언수궁). 말이 많으면 窮地(궁지)에 자주 빠진다.

善者不辯(선자불변), 辯者不善(변자불선)[2].
선한 자는 말이 없고, 말이 많은 자는 선하지 아니하다.

君子之言寡而實(군자지언과이실), 小人之言多而虛(소인지언다이허).
군자의 말씀은 적으나 內實(내실)이 있고, 소인의 말은 많으나 비어 있다.

知子不博(지자불박)[3].
아는 자는 넓지 아니하다. 깊이 깨달은 자는 잡다한 지식을 갖지 아니하고, 신실과 겸허함을 갖추고 있다.

日 下手(へた)の長談義(ながだんぎ).
서툰 자의 긴 이야기. 재미없는 이야기를 늘어놓아 사람을 지겹게 하는 것.

長口上(ながこうじょう)は欠伸(あくび)の種(たね).
질질 끄는 이야기는 하품의 원인.

物言(ものい)えば唇(くちびる)寒(さむ)し秋(あき)の風(かぜ).
말을 하면 입술이 차가운 가을 바람. 남의 험담을 하면 무엇인가 뒷맛이 개운하지 아니한 감정에 빠진다는 뜻.

---

1) 마태복음 23장 3절.
2) 老子. 八十一.
3) 老子. 八十一.

(英) A babbler wearies all the company.
말 많은 사람은 일행을 모두 짜증스럽게 한다.

Length begets loathing. 길게 끌면 싫증을 낳는다.

Many speak much who cannot speak well.
많은 사람들이 말을 잘 할 줄 모르면서 많이 이야기한다.

Brevity is the soul of wit. 簡潔(간결)함은 才致(재치)의 생명이다.

Short rede, good rede. 짧은 忠告(충고)가 좋은 충고이다.

Better short and sweet than long and lax.
길게 늘어진 것보다 짧고 달콤한 것이 더 좋다.

(佛) Le trop parler n'est pas marque d'esprit.
너무 많은 말은 賢明(현명)한 징표는 아니다.

Jamais beau parler n'écorche la langue.
좋은 말은 혀를 傷(상)하게 하지 아니한다. 예의 있는 말을 하면 손해 보는 일은 없다.

▎말 타면 종 두고 싶다 ▎

(뜻) 慾心(욕심)은 끝이 없다.

(類) 말 타면 경마 잡히고[1] 싶다.

바다는 메워도 사람 욕심은 못 채운다.

行廊(행랑)[2] 빌면 안방까지 든다.(p.391)

(漢) 騎馬欲率奴(기마욕솔노)[3]. 上同.

---

1) 경마 잡다 : 남이 탄 말의 고삐를 잡고 몰고 가다.
2) 행랑 : 대문의 양쪽에 있는 방. 행랑살이 : 남의 집 행랑을 빌어 들고, 그 대신 主人(주인)집의 일을 도와주며 사는 생활. 행랑것 : 행랑살이를 하는 下人(하인).
3) 旬五志, 松南雜識.

志不可滿(지불가만), 樂不可極(낙불가극).
뜻은 채울 수 없고, 낙은 극에 달해서는 안 된다.

得隴望蜀(득롱망촉)[1]. 隴을 얻고 蜀을 바라본다.

㊐ 欲(よく)に頂(いただき)なし. 욕심에는 頂上(정상)이 없다.

須弥(しゅみ)の頂(いだたき)は見(み)ゆるも欲(よく)の頂は見えず.
須彌山(수미산)[2]의 꼭대기는 보여도 욕심의 꼭대기는 안 보인다.

欲(よく)の袋(ふくろ)に底(そこ)なし. 욕심의 자루에는 바닥이 없다.

隴(ろう)を得(え)て蜀(しょく)を望(のぞ)む. 得隴望蜀(등록망촉).

㊖ The more one has, the more he desires.
사람은 가질수록 더 가지기를 원한다.

The more goods, the more greed.
財産(재산)이 많을수록 貪慾(탐욕)이 많아진다.

(獨) Der Appetit kommt beim Essen. 먹으면서 食慾(식욕)이 생긴다.

Je mehr man hat, je mehr will man haben.
많이 가질수록 더 많이 가지고자 한다.

(佛) L'appétit vient en mangeant. 먹으면서 식욕이 생긴다.

Plus on a, plus on veut avoir. 많이 가질수록 더 가지고자 한다.

Plus on boit, plus on veut boire. 마실수록 더 마시고자 한다.

Autant croîte le désir que le trésor.
寶物(보물)과 함께 욕심도 커진다.

A convoitise rien ne suffit. 渴望(갈망)에는 만족이 없다.

La convoitise rompt le sac. 갈망은 포대를 찢는다.

---

1) 漢武帝가 농을 정복한 다음 촉을 치려 했다는 고사에서 나옴.
2) 須彌山 : 세계의 중심에 있다는 높은 산으로 帝釋天(제석천)과 四天王(사천왕)이 살고, 日月이 그 주위를 돈다고 함.

▍맑은 물에 고기 안 논다 ▍

(뜻) 너무 淸廉(청렴)하면 賂物(뇌물)이 없다. 너무 깔끔하면 財物(재물)이 따르지 않는다.

(對) 숲이 깊어야 도깨비가 나온다.

산이 깊어야 범이 있다.

물이 깊어야 고기가 모인다.

덤불이 커야 도깨비가 난다.

숲이 짙으면 범이 든다.

(漢) 水至淸則無魚(수지청즉무어) 人至察則無徒(인지찰즉무도)[1]. 물이 지나치게 맑으면 고기가 없고, 사람이 지나치게 살피면 무리가 없다.

鑑明者塵垢弗埋(감명자진후불매)[2]. 맑은 거울은 먼지와 때를 감추지 못한다.

川淵深而魚鼈歸之(천연심이어별귀지) 못이 깊어야 고기와 자라가 돌아오고, 山林茂而禽獸歸之(산림무이금수귀지) 숲이 무성해야 짐승이 돌아오고, 刑政平而百姓歸之(형정평이백성귀지) 형정이 골라야 백성이 돌아오고, 禮儀備而尹子歸之(예의비이윤자귀지)[3] 예의가 갖추어지면 성실한 사람이 돌아온다.

(日) 水(みず)淸(きよ)ければ魚(うを)住(す)まず. 물이 맑으면 고기가 살지 아니한다.

石上(せきじょう)五穀(ごこく)を生(せい)せず. 돌 위에 오곡이 자라지 아니한다.

(英) A clear stream is avoided by fish. 맑은 흐름은 물고기가 피한다.

---

1) 孔子家語 入官篇.
2) 論語.
3) 荀子 致士.

❙ 멀면 情(정)도 멀어진다 ❙

漢 不近不親(불근불친). 가깝지 않으면 친하지 않다.

去者日以疎 生者日以親[1](거자일이소 생자일이친).
죽어 없어진 자는 나날이 잊혀지고, 살아있는 자는 나날이 친해진다.

日 去(さ)る者(もの)は日日(ひび)に疎(うと)し.
떠나는 자는 날로 날로 소원해진다.

遠(とお)くなれば薄(うす)くなる. 멀어지면 엷어진다.

英 Far from eyes, far from heart.
눈에서 멀어지면 마음에서 멀어진다.

Out of sight, out of mind. 눈에서 사라지면 마음에서 사라진다.

Long absent, soon forgotten.
오랫동안 자리를 비우면, 곧 잊어버린다.

Seldom seen, soon forgotten. 자주 보지 않으면 곧 잊혀진다.

獨 Aus dem Augen, aus dem Sinn.
눈에서 사라지면 마음에서 사라진다.

佛 Loin des yeux, loin du cœur. 눈에서 멀면 마음에서 멀어진다.

Rien ne sèche plus vite qu'une larme.
눈물보다 빨리 마르는 것은 없다.

❙ 메뚜기도 오뉴월[2]이 한철이라 ❙

뜻 全盛期(전성기)는 매우 짧다.

類 쥐구멍에도 볕들 날이 있다.

---

1) 文選 · 古詩 19首 · 14.
2) 오뉴월 : 오월과 유월.

漢 諸行無常(제행무상).
森羅萬象(삼라만상)은 항상 변하여 같은 모양으로 머물러 있지 아니한다.

日 物(もの)には時節(じせつ). 사물에는 시절이 있다.

物(もの)に時(とき)あり. 사물에는 때가 있다.

鬼(おに)も十八(じゅうはち)番茶(ばんちゃ)も出花(でばな).
도깨비도 십팔세, 番茶도 갓 달임. 도깨비처럼 추한 여자도 십팔세가 되면 보기 좋고, 番茶와 같은 하급차도 갓 달이면 향기가 좋다는 뜻.

南瓜女(かぼちゃおんな)も一盛(ひとさか)り.
호박 같은 여자도 한창때가 있다.

あざみの花(はな)も一盛(ひとさか)り. 엉겅퀴 꽃도 한창때가 있다.

英 Everything has its time. 萬物(만물)은 그 때가 있다.

There is a time for all things(or everything). 上同.

Everything is good in its season. 만물은 제철에 좋다.

The devil was handsome when he was young.
도깨비도 젊었을 때에는 美男(미남)이었다.

Every cloud has a silver lining. 모든 구름은 은빛의 이면이 있다.

Every dog has his day. 어떤 개라도 한창때는 있다.

獨 Alles(Jedes) Ding hat seine Zeit. 萬物(만물)은 제철이 있다.

Jeder hat einmal einen glücklichen Tag.
누구에게나 한 번은 吉日(길일)이 있다.

Ein Jegliehes[1)] hat seine Zeit[2)]. 모든 것에는 때가 있다.

Alles hat seine Zeit, nur die alten Weiber nicht.
만물에 제철이 있으나, 老婆(노파)에게는 월경이 없다. 戱言(희언)으로 쓰임.

1) jeglich : jedes의 古語·詩語.
2) 전도서 3장 1절.

佛 Chaque chose en son temps. 만물에 그 時期(시기)가 있다.

Il y a temps pour tout. 上同.

Il faut attendre à cueillir la poire qu'elle soit mûre.
배는 익을 때까지 기다려서 따야 한다.

Tout passe, tout casse, tout lasse.
모든 것은 지나가고 부서지고 衰頹(쇠퇴)한다. 諸行無常(제행무상).

Tout s'use à la longue. 때가 되면 모든 것은 닳아 없어진다.

Temps dévore tout. 시간은 모든 것을 집어 삼킨다.

La figure de ce monde passe[1].
이 세상의 森羅萬象(삼라만상)은 지나가 버린다.

羅 Omnia tempus habent. 만물은 때를 가지고 있다.

名筆(명필)은 붓을 가리지 아니한다

對 서투른 巫堂(무당)이 長鼓(장고)만 나무란다.(p.215)

漢 善書不擇紙筆(선서불택지필), 妙在心手(묘재심수)[2]
글씨 잘 쓰는 사람은 붓과 종이를 가리지 아니하고, 묘한 글씨는 마음의 손에 있다.

日 弘法(こうぼう)[3]筆(ふて)を択(えら)ばず.
弘法大師는 붓을 가리지 아니한다.

善書(ぜんしよ) 紙筆(しひつ)を択(えら)ばず.
명필은 지필을 가리지 아니한다.

1) 고린도전서 7장 31절.
2) 後山談叢.
3) 弘法大師 : 唐에 유학하여 진언밀교의 教義를 대성(774-835). 「いろは歌」를 지었다고 전함.

英 The cunning mason works with any stone.
기술 좋은 石工(석공)은 어떤 돌을 가지고도 일한다.

There's many a good tune played on an old fiddle.
낡은 바이올린으로 연주된 훌륭한 곡이 많이 있다. 신품인 바이올린으로 연주해야 좋은 곡이 되는 것은 아니고 솜씨가 좋아야 한다는 뜻.

佛 Les bons bras font les bonnes lames.
훌륭한 팔이 훌륭한 劍客(검객)을 만든다.

A vaillant homme, courte épée. 용기 있는 자에게는 短劍(단검).

▌모난 돌이 정 맞는다 ▌

뜻 성질이 모난 사람은 미움을 받는다.
뛰어난 사람은 미움을 산다.

類 높은 가지가 부러지기 쉽다.
곧은 나무 먼저 꺾인다.
높은 나무에는 바람이 세다.

漢 纍纍者 石銛者 多觸(류류자 석섬자 다촉)1). 上同.
囊中之錐(낭중지추).
주머니 속의 송곳은 어디로든 뚫고 나오듯이, 才能(재능) 있는 사람은 감추어 두어도 표가 난다는 뜻.

日 出(で)る杭(くい)は打(う)たれる. 나온 말뚝은 맞는다.
高木(こうぼく)風(かぜ)に嫉(ねた)まる.
높은 나무는 바람의 시샘을 받는다.
提灯(ちょうちん)持(も)ち川(かわ)へはまる. 등불잡이가 개천에 빠진다.

---

1) 耳談續纂集.

高(たか)い木(き)には風(かぜ)が当(あた)る
높은 나무에는 바람이 부딪힌다.

大木(たいぼく)は風(かぜ)に折(お)らる. 큰 나무는 바람에 부러진다.

英 The highest trees abide the sharpest storms(or winds).
가장 높은 나무에 가장 격심한 폭풍(바람)이 있다.

The highest branch is not the safest roost[1].
가장 높은 가지가 가장 안전한 休息處(휴식처)는 아니다.

High regions are never without storms.
높은 지역은 暴風(폭풍)이 그치지 않는다.

Huge winds blow on high hills. 높은 언덕에 센 바람이 분다.

Envy can abide no excellency.
嫉妬(질투)는 어떠한 美德(미덕)에도 견딜 수 없다.

Envy(or Calumny) shoots at the fairest mark(or flowers).
질투(또는 비방)는 가장 아름다운 표적(또는 꽃)을 쏜다.

Envy is the companion of honour.
질투는 名譽(명예)의 同伴者(동반자)이다.

Great honours are great burdens. 큰 名譽(명예)는 큰 짐이다.

獨 Je höher der Rang, desto härter der Zwang.
地位(지위)가 높을수록 壓迫(압박)이 강하다.

Keine Würde ohne Bürde. 重責(중책) 없는 高貴(고귀)함은 없다.

Würde bring Bürde. 고귀함은 짐을 가져온다.

Höhe bring Wehe. 고귀함은 苦痛(고통)을 수반한다.

Groß' Ehr, groß' Beschwer. 큰 명예는 큰 負擔(부담)이다.

Ein hoher Baum fängt viel Wind.
높은 나무는 많은 바람을 받는다.

---

1) roost : 홰, 보금자리, 닭장, 휴식처, 홰에 앉다.

Wer steht, sehe zu, daß er nicht falle[1].
서 있는 자는 넘어지지 않도록 주의해야 한다.

(佛) Celui qui tient la lume est le plus couillon.
등불을 잡는 자가 제일 어리석다.

Pour vivre heureux, vivons cachés.
幸福(행복)한 삶을 위하여 숨어 살자.

(羅) Invidia comes gloriae. 嫉妬(질투)는 영광의 伴侶(반려)이다.

▎모르는 것이 부처 ▎

(類) 모르면 藥(약)이요 아는 게 病(병).(p.153)

모르는 것이 上八字(상팔자).

모르면 禍(화)가 없다.

들으면 病(병)이요 안 들으면 藥(약)이다.

(漢) 不知而佛(부지이불). 上同.

識字憂患(식자우환)[2]. 學識(학식)이 있기 때문에 걱정이 많다.

聞則是病 不聞是藥(문즉시병 불문시약).
들으면 병이요, 안 들으면 약이다.

聞則疾不聞藥(문즉질불문약). 上同.

無知覺上八字(무지각상팔자). 모르는 것이 上八字.

無知無禍(무지무화). 모르면 화가 없다.

(日) 知(し)らぬが仏(ほとけ). 모르는 것이 부처님.

---

1) 고린도전서 10장 12절.
2) 人生識字憂患始 姓名粗記可以休(蘇東坡).

知(し)らぬが仏(ほとけ)見(み)ぬが神(かみ).
모르는 것이 부처님이요, 안 보는 것이 신이다.

見(み)ぬ事(こと)清(きよ)し. 보지 않은 일은 깨끗하다.

聞(き)いては天国(てんごく)見(み)ては地獄(じごく).
들으면 천국, 보면 지옥.

盲(めくら)蛇(へび)に怖(おじ)ず. 장님은 뱀을 두려워하지 않는다.

唖(おし)は雷(らい)を恐(おそ)れず.
벙어리는 雷聲(뇌성)을 두려워하지 아니한다.

英 In knowing nothing is the sweetest life.
가장 즐거운 생활은 아무것도 모르는 데 있다.

Ignorance is bliss. 無知(무지)는 幸福(행복)이다.

He that knows nothing doubts nothing.
아무것도 모르는 자는 疑心(의심)하지 아니한다.

Better be a cuckold[1)] and not know it than be none and everybody say so.
不貞(부정)한 아내를 가지고도 모르는 편이 부정하지 않은데도 부정하다고 소문나는 것보다 낫다.

獨 Was das Auge nicht sieht, bekümmmert das Herz nicht.
눈으로 보지 아니하면, 마음은 괴롭지 않다.

Was man nicht weiß, macht einen nicht heiß[2)].
모르는 일에 걱정하지 아니한다.

佛 Qui ne sait rien, de rien ne doute.
아무것도 모르는 者(자)는 疑心(의심)하지 아니한다.

---

1) cuckold[kʌ́kəld] : 부정한 아내를 가진 남자. 서방질하다. 간통하다. cuckoldry : 서방질.

2) jm den Kopf (od. die Hölle) heiß machen : 누구를 걱정시키다.

▌모르면 약이요, 아는 것이 病(병) ▌

類 모르는 것이 부처. 모르면 부처님처럼 마음이 편하다.(p.151)

漢 見物生心(견물생심). 物件(물건)을 보면 갖고 싶은 번민이 생긴다.

無知無禍(무지무화). 모르면 화가 없다.

日 見(み)るは目(め)の毒(どく).

보는 것이 눈의 毒(독). 보면 욕심이 생겨 번민한다는 뜻.

見(み)るに目慾(めよく)触(さわ)るに煩悩(ぼんのう).

보면 눈의 慾望 (욕망), 만지면 煩惱(번뇌).

英 Out of sight, out of languor[1]. 보이지 않으면 煩惱(번뇌)가 없다.

That the eye sees not, the heart rues not.

눈이 보지 아니한 것은 마음이 歎息(탄식)하지 아니한다.

What the eye sees not, the heart craves not.

눈이 보지 아니한 것은 마음이 渴望(갈망)하지 아니한다.

Love comes by looking. 사랑은 보는 데서 생긴다.

Love comes in at the eyes. 사랑은 눈으로 들어온다.

Looks breed love. 보는 것은 사랑을 낳는다.

獨 Aus den Augen, aus dem Sinn. 눈에서 나가면 마음에서 나간다.

Was das Auge nicht sieht, bekümmert das Herz nicht.

눈에 안 보이는 것에 대해 마음은 煩悶(번민)하지 아니한다.

佛 L'amour surgit pour la vue. 사랑은 보는 데서 생긴다.

羅 Ex adspectu nascitur amor. 사랑은 보는 데서 생긴다.

Ex visu amor. 보는 데서 사랑.

---

1) languor[lǽŋgə] : 권태, 울적, 번민.

謀事(모사)는 在人(재인)이요 成事(성사)는 在天(재천)이라

뜻 일은 사람이 꾸미고 그 成敗(성패)는 하늘에 달렸다.

漢 盡人事待天命(진인사대천명)[1].
사람이 할 수 있는 데까지는 다하고 그 다음부터는 天命(천명)을 기다린다. 最善(최선)을 다한 다음 결과는 運命(운명)에 맡긴다.

日 人事(じんじ)を尽(つ)くして天命(てんめい)を待(ま)つ. 上同.

英 Use the means and God will give the blessing.
手段(수단)을 쓰라, 그러면 神(신)은 축복을 내릴 것이다.

Use the means and trust God for the blessing.
수단을 다하고 神의 祝福(축복)을 믿어라.

Do the likeliest and God will do the best.
가장 適切(적절)히 행하라, 그러면 神은 最善(최선)을 다할 것이다.

Do the likeliest and hope the best.
最善을 다하고 最上(최상)을 期待(기대)하라.

Man propose and God dispose.
인간은 試圖(시도)하고, 신은 處理(처리)한다.

獨 Tu deine Pflicht, Gott wird schon sorgen.
너의 의무를 다하면, 神은 염려를 할 것이다.

佛 L'homme s'agite, mais Dieu le méne.
인간은 東奔西走(동분서주)하나, 신은 그것을 인도한다.

L'homme propose, et Dieu dispose.
인간은 시도하고 신은 처리한다.

Chacun pour soi et Dieu pour tous.
각자는 自身(자신)을 위하여, 신은 萬人(만인)을 위하여.

1) 胡寅・讀史管見.

▎목구멍이 捕盜廳(포도청) ▎

뜻 굶주려 먹기 위하여서는 罪(죄)도 불가피하게 짓는다.

類 口腹(구복)이 원수라.
가난이 죄다.
사흘 굶어 도둑질 아니 할 놈 없다.
사흘 굶어 담 아니 넘을 놈 없다.
사흘 굶어 아니 나는 생각 없다.
열흘 굶어 君子(군자) 없다.
必要(필요)는 法(법)을 깨뜨린다.(p.379)

漢 無恒産者無恒心(무항산자무항심)[1].
일정한 財産(재산) 또는 職業(직업)이 없는 자는 마음도 일정하지 않다. 생활이 안정되지 않으면 일정한 道德心(도덕심)도 없다.

君子固窮 小人窮斯濫矣(군자고궁 소인궁사남이)[2].
군자는 궁함을 견디나, 소인은 궁하면 어지러워진다.

鳥窮則啄(조궁즉탁) 獸窮則攫(수궁즉확) 人窮則詐(인궁즉사) 馬窮則佚(마궁즉질)[3].
새는 궁하면 쪼고, 길짐승이 궁하면 발톱으로 후려치고, 사람이 궁하면 속이며, 말이 궁하면 날뛴다.

人飢三日(인기삼일) 無計不出(무계불출).
사흘 굶어 아니 나는 생각 없다.

窮無所不爲[4](궁무소불위). 궁하면 못 하는 일이 없다.

窮則濫(궁즉람). 궁하면 질서가 없다.

日 貧乏(びんぼう)怖(こわ)い物(もの)なし.
가난뱅이에게는 무서운 것이 없다.

---

1) 孟子・梁惠王・上.
2) 論語 衛靈公篇.
3) 孔子家語 顔回篇.
4) 耳談續纂.

飢(う)えた犬(いぬ)は棒(ぼう)を恐(おそ)れず.
주린 개는 몽둥이를 두려워하지 아니한다.

貧(びん)すれば鈍(どん)する. 가난해지면 愚鈍(우둔)해진다.

逃(に)ぐる者(もの)道(みち)を択(えら)ばず.
도망치는 자 길을 가리지 아니한다.

出物(でもの)腫(は)れ物(もの)所(ところ)嫌(きら)わず.
방귀와 부스럼은 곳을 싫어하지 아니한다. 곳을 가리지 아니하고 나오고 싶을 때에 나온다.

英 He that has nothing is frightened at nothing.
아무것도 가지지 아니한 자는 무서운 것이 없다.

Through the Pass of Alton[1] poverty might pass without peril of robbing.
가난뱅이는 도적 맞을 위험 없이 알톤 고개를 지나갈 수 있다.

Hunger breaks stone wall. 배고픔은 돌 벽을 깨뜨린다.

Hunger drives the wolf out of the wood.
배고픔은 늑대를 숲에서 몰아낸다.

Hunger belly has no ears. 굶주린 배는 귀를 가지지 아니한다.

He that loses his goods loses his sense.
財産(재산)을 잃은 자는 分別(분별)을 잃는다.

It is a hard task to be poor and leal[2].
가난하고도 誠實(성실)하게 되는 것은 어려운 일이다.

There is no virtue which poverty destroys not.
貧困(빈곤)이 파괴하지 아니하는 美德(미덕)은 없다.

獨 Gut hin, Mut hin. 財物(재물)이 가면 勇氣(용기)도 간다.

---

1) The pass of Alton : Surrey와 Hampshire의 경계에 있는 고개로서 강도가 출몰하던 곳이다.

2) leal : faithful(Scotland).

In leeren Häusern regieren Poltergeister.
빈 집에는 떠돌이 妖精(요정)이 지배한다.

Der Bauch ist ein böser Ratgeber. 배는 나쁜 忠告者(충고자)이다.

Not lehrt ein alt Weib(alte Weiber) traben(springen).
급하면 老婆(노파)도 달리게 한다.

(佛) La faim est une mauvaise conseillère.
空腹(공복)은 나쁜 忠告者(충고자)이다.

Qui vit à compte vit à honte.
計算(계산)해서 生活(생활)하는 자는 창피한 생활을 한다. 生活費(생활비)를 계산해서 빠듯하게 사는 사람은 어려움이 많다.

Quand on a de l'argent, on est intelligent.
사람이 돈이 있으면 理性(이성)을 가진다.

Qui a besoin de[1)] feu le prend avec la main.
불을 필요로 하는 자는 그것을 손으로 잡는다.

La faim chasse le loup hors du bois.
배고픔은 늑대를 숲에서 몰아낸다.

(羅) Venter famelicus auriculis caret. 주린 배는 귀를 갖지 아니한다.

▌무는 개는 짖지 아니한다 ▌

(類) 쥐 잡는 고양이는 아웅 소리 아니한다.

고양이가 발톱을 감춘다.(p.40)

(漢) 噬犬不見其齒(서견불견기치).
무는 개는 그의 이빨을 보이지 아니한다.

---

1) avoir besoin de~ : ~을 필요로 하다.

㊐ 吠(ほ)える犬(いぬ)よく歯(か)みつかぬ.
짖는 개는 잘 물지 아니한다.

能(のう)なしの口(くち)たたき. 무능한 자의 입방아.

㊒ Barking dog seldom bite. 上同.

Great barkers are no biters. 크게 짖는 자는 물지 아니한다.

Great boasters are not always best performers.
큰 자랑꾼이 언제나 가장 훌륭한 實踐家(실천가)는 아니다.

Great boast and small roast.
자랑은 크고 불고기는 작다. 냄새만 피우고 먹을 것은 없다는 뜻.

Great braggers little doers. 큰 허풍장이가 실천가는 아니다.

Great talkers are little doer.
큰 소리치는 자는 實踐(실천)하지 아니한다.

Great cry and little wool. 울음소리만 크고 羊毛(양모)는 없다.

㊨ Hunde, die bellen, beißen nicht. 짖는 개는 물지 아니한다.

Hühner, die viel gackern, legen wenig Eier.
많이 우는 암탉은 알을 낳지 아니한다.

㊫ Chien qui aboie ne mord pas. 짖는 개는 물지 아니한다.

▎무당이 제 굿 못 한다 ▎

㊮ 무당이 남 빌어 굿한다.

소경이 저 죽을 날 모른다.

醫師(의사)가 제 病(병) 못 고친다.

중이 제 머리 못 깎는다.

도끼가 제 자루 못 찍는다.

漢 巫不能渠神事(무불능거신사)[1]. 무당이 제 굿 못 한다.

盲人不知死日(맹인부지사일)[2]. 소경이 제 죽을 날 모른다.

巫不自祈(무불자기) 瞽昧終期(고매종기).
무당이 제 굿 못 하고, 소경이 제 죽을 날 모른다.

陰陽師不知身上(음양사부지신상).
陰陽師(음양사)[3]가 제 신상을 모른다.

日 易者(えきしゃ)身(み)の上(うえ)知(し)らず. 점쟁이 제 팔자 모른다.

陰陽師(おんようじ・おんみようじ)身(み)の上(うえ)知(し)らず. 上同.

医者(いしゃ)の自脈(じみゃく)效(き)き目(め)なし.
의사의 自脈(자맥)은 효험이 없다.

儒者(じゅしゃ)の不身持(ふみもち). 선비의 不謹身(불근신).

医者(いしゃ)の不養生(ふようじょう). 의사의 健康(건강) 부주의.

坊主(ぼうず)の不信心(ふしんじん). 스님의 불신심.

英 He is a good physician who cures himself.
자기 병을 고치는 의사는 名醫(명의)다.

獨 Viele Prediger sind, die selbst nicht hören.
많은 說教者(설교자)들이 그 자신은 설교를 듣지 아니한다.

Die Glocke ruft zur Kirche, geht aber selbst nicht hinein.
鍾(종)은 사람을 教會(교회)로 부르고 있으나, 그 자신은 들어가지 아니한다.

佛 Bon est le médecin qui se sait guérir.
자기를 고칠 줄 아는 의사는 名醫(명의)이다.

---

1) 東言解.
2) 東言解.
3) 陰陽師 : 陰陽五行法(음양오행법)에 따라 占(점)을 치는 사람.

無消息(무소식)이 喜消息(희소식)

(日) 無事(ぶじ)に便(たより)無(な)し. 無事(무사)하면 소식 없다.

(英) No news is good news. 무소식이 좋은 소식이다.

The best news is no news. 최상의 소식은 무소식이다.

(獨) Keine Nachricht, gute Nachricht. 무소식이 喜消息(희소식).

(佛) Pas de nouvelles, bonnes nouvelles. 무소식은 희소식.

무식한 도깨비 符作(부작)[1]을 모른다

(類) 무식한 도깨비 眞言[2]을 알랴.

(日) 盲(めくら)蛇(へび)に怖(お)じず. 장님은 뱀을 두려워하지 아니한다.

唖(おし)は雷(らい)を恐(おそ)れず.
벙어리는 雷聲(뇌성)을 두려워하지 아니한다.

(英) Nothing so bold as a blind man.
눈먼 사람보다 大膽(대담)한 사람은 없다.

Fools rush in where angels fear to tread.
바보는 天使(천사)가 밟기를 두려워하는 곳에 뛰어든다.

Blind horse is hardiest. 눈먼 말이 제일 대담하다.

Boldness is blind. 대담은 盲目(맹목)이다.

A fool always rushes to the fore.
바보가 언제나 먼저 뛰어 나온다.

---

1) 符作(부작) 또는 符籍(부적) : 이상한 글자를 쓴 종이로서 鬼神(귀신)을 물리친다 함.
2) 眞言(진언) : 梵文(범문)으로 쓴 佛陀(불타)의 말씀.

The ignorant have an eagle's wings and owl's eyes.
無識(무식)한 자는 독수리 날개와 올빼미 눈을 가졌다.

Who so bold as blind Bayard[1]?
눈먼 赤兎馬(적토마)보다 대담한 것은 없다.

獨 Unwissenheit ist kühn. 無知(무지)는 대담하다.

Sieht doch die Katze den Kaiser an.
고양이는 皇帝(황제)를 아무렇지도 않게 쳐다본다.

佛 Qui ne sait rien, de rien ne doute.
아무것도 모르는 자는 아무것도 疑心(의심)하지 아니한다.

▌물에 빠지면 짚이라도 잡는다 ▌

뜻 보잘것없는 것도 危急(위급)한 때에는 貴重(귀중)하다.

類 급하면 부처 다리를 안는다.(p.73)

漢 中流失舟(중류실주) 一壺千金(일호천금)[2].
中流(중류)에서 배를 잃으면 병 하나가 千金(천금).

日 溺(おぼ)れる者(もの)は藁(わら)をつかむ. 上同.

中流(ちゅうりゅう)に船(ふね)を失(うしな)えば一瓢(いっぴょう)も千金(せんきん). 中流에 배를 잃으면 표주박 하나라도 千金.

英 A drowning man will catch at a twig(straw).
물에 빠진 자는 잔가지(지푸라기)라도 잡으려 한다.

---

1) Bayard : 중세 기사 이야기에 나오는 魔力的(마력적)인 붉은 말 또는 중세 프랑스의 영웅적인 기사.

2) 鶡冠者・學問.

獨 Der Ertrinkende hält sich an einen Strohhalm.
물에 빠진 자는 지푸라기에 매달린다.

Wer hangt, der langt. 매달린 자는 붙잡는다.

佛 Tirer le diable par la queue.
惡魔(악마)의 꼬리를 잡는다. 궁하여 악마의 도움을 청한다는 뜻.

Un noyé s'accroche à[1] un brin de paille.
물에 빠진 자는 지푸라기에 매달린다.

물은 건너보아야 알고, 사람은 지내보아야 안다

類 열 길 물 속은 알아도 한 길 사람 속은 모른다.(p.278)

길고 짧은 것은 대보아야 안다.

깊고 얕은 것은 건너보아야 안다.

大川(대천) 바다도 건너보아야 안다.

漢 道遠知驥(도원지기) 世僞知賢(세위지현)[2].
길이 멀면 駿馬(준마)를 알고, 세상이 거짓이면 어진 이를 안다.

路謠知馬(노요지마) 日久知人(일구지인).
길이 멀어야 말을 알 수 있고, 세월이 오래 지나야 사람을 알 수 있다.

日 人(ひと)には添(そ)うて見(み)よ, 馬(うま)には乗(の)って見よ.
사람은 겪어 보고, 말은 타 보아라.

論(ろん)より証拠(しょうこ). 論議(논의)보다 증거.

英 Try a horse by riding him, try a man by associating with him.
말은 타보고 시험하고, 사람은 사귀어 보고 시험하라.

---

1) s'accrocher à～ : ～에 걸리다, 매달리다, 집착하다.
2) 曹植. 矯志詩.

The proof of the pudding is in the eating.
 푸딩의 試驗(시험)은 먹어 보는 데 있다.

The effect speaks, the tongue needs not.
 結果(결과)가 말하고 혀는 필요 없다.

A thousand probabilities do not make one truth.
 천 가지 可望性(가능성)은 한 가지 眞理(진리)를 만들지 못한다.

Example is better than precept.
 例示(예시)는 說敎(설교)보다 낫다.

Proof is better than discussion.
 證據(증거)는 討論(토론)보다 낫다.

(獨) Probieren geht über Studieren.
 試驗(시험)해 보는 것은 硏究(연구)하는 것보다 낫다.

Erfahrung ist die beste Lehrmeister.
 經驗(경험)은 최상의 敎師(교사)이다.

(佛) Pour bien connaître un homme, il faut avoir mangé un minot[1] de sel avec lui.
 한 人間(인간)을 잘 알려면 그 사람과 함께 1미노의 소금을 먹어 버리지 아니하면 안 된다.

Il faut bien du temps pour connaître les gens.
 사람을 알기 위해서는 많은 時間(시간)이 필요하다.

La preuve vaut mieux que l'argument.
 證據(증거)는 論議(논의)보다 더 가치 있다.

Les faits parlent d'eux-mêmes. 事實(사실)은 스스로 말한다.

(羅) Res ipsa loquitur. 사실은 스스로 말한다.

---

1) Minot : 약 39리터, manger un minot de sel avec qn. 누구와 오랫동안 같이 살다.

❙ 미운 놈 떡 하나 더 준다 ❙

(뜻) 미운 사람일수록 잘 대우하여 好感(호감)을 사야 한다.

(類) 미운 아이 먼저 품어라.

미운 자식 밥 많이 먹인다.

미운 아이 업어 주랬다.

미운 사람에게는 쫓아가 인사한다.

(漢) 予所憎兒(여소증아) 先抱之懷(선포지회). 미운 아이 먼저 품어라.

憎兒多與食(증아다여식). 미운 아이 밥 많이 주라.

(日) 憎(にく)い鷹(たか)には餌(え)を飼(か)え.
미운 독수리에게는 모이를 주어라.

憎(にく)い子(こ)には飯(めし)をくれろ. 미운 아이에게는 밥을 주어라.

(英) Cast a bone in the devil's teeth.
악마의 입 안에 뼈를 던져 주어라. 暴君(폭군)이나 착취하는 官吏(관리)에게 어느 정도 滿足(만족)을 시켜 주고 禍(화)를 면하라는 뜻.

❙ 미운 놈이 出世(출세)한다 ❙

(類) 밉다고 차버리면 떡고리에 자빠진다.

미운 풀 베다가 고운 풀도 벤다.

미운 파리 치려다 고운 파리 친다.

미운 강아지 보리 멍석에 똥 싼다.

나쁜 種子(종자)는 빨리 퍼진다.

漢 打憎蠅(타증승) 傷美蠅(상미승)[1].
미운 파리 치려다 고운 파리 친다.

日 憎(にく)まれ子(こ)世(よ)に幅(はば)かる.
미움 받는 녀석이 세상에는 影響力(영향력)이 있다.

憎(にく)まれ子(こ)世(よ)に出(い)ずる.
미움 받는 녀석이 出世(출세)한다.

英 Bastard brood is always proud.
私生兒(사생아)는 언제나 傲慢(오만)하다.

An ill weed grows apace. 雜草(잡초)는 빨리 자란다.

Ill weed waxeth well. 上同.

Devil's child the devil's luck[2].
惡魔(악마)의 子息(자식)에게는 악마의 幸運(행운)이 있다. 惡人이 번창하는 것을 투기하는 뜻으로 쓰임.

Devil's cow calves[3] twice a year.
악마의 암소는 一年에 두 번 새끼를 낳는다.

Ill vessels seldom miscarry.
나쁜 그릇이 떨어져 깨어지는 일은 없다.

The weeds overgrow the corn.
雜草(잡초)는 보리보다 더 자란다.

The loath(or ill or loose) stake stands long.
보기 싫은(또는 흔들리는) 말뚝이 오래간다.

Long e'er[4] the dee'l[5] lie dead by the dike side.
惡魔(악마)가 둑가에 죽어 자빠지는 데는 오랜 시간이 걸린다.

---

1) 旬五志. 松南雜識 등.
2) devil's luck : 굉장한 幸運.
3) calve : (소, 고래, 사슴 등이) 새끼를 낳다.
4) long e'er : it is long before.
5) dee'l : devil.

The more knave, the better luck. 惡漢(악한)일수록 운이 좋다.

The more wicked, the more fortunate. 上同.

(獨) Je ärger der Schelm, je besser das Glück.
惡人(악인)은 나쁠수록 運(운)은 더 좋다.

Je böser der Mensch, je größer das Glück.
사람이 나쁠수록 幸運(행운)은 크다.

Unkraut verdirbt (vergeht) nicht.
雜草(잡초)는 죽지 않는다. 나쁜 놈은 세상에 언제나 있다.

Je schwächer der Bettler, je stärker die Krücke.
거지가 약(弱)할수록 지팡이가 튼튼하다.

Das Fett schwimmt immer oben.
비계는 언제나 표면에 뜬다. 부유한 자가 언제나 덕을 본다.

(佛) Mauvaise herbe croît toujours. 雜草(잡초)는 언제나 번성한다.

Mauvaise graine est tôt venue. 나쁜 種子(종자)는 빨리 자란다.

Souvent à mauvais chien tombe un bon os en gueule.
나쁜 개의 입 속에 좋은 뼈가 들어가는 일이 흔히 있다.

(羅) Malum vas non frangitur. 나쁜 그릇은 깨지지 아니한다.

Mors optima rapit, teterrima relinquit.
죽음은 最善(최선)을 빼앗아가고 最惡(최악)을 남긴다.

民心(민심)은 天心(천심)이다

(뜻) 백성의 마음을 거스를 수 없다.

(漢) 順天者存(순천자존) 逆天者亡(역천자망)[1].
하늘에 順從(순종)하는 자는 살고, 하늘을 거스르는 자는 망한다.

1) 孟子.

人乃天(인내천).
사람이 곧 하늘이라는 뜻으로 天道教(천도교)의 교리.

防民之口(방민지구) 甚於防水(심어방수)[1].
百姓(백성)의 입을 막는 것은 물을 막는 것보다 어렵다.

雖至愚而(수지우이) 不可欺者民也(불가기자민야), 雖至弱而(수지약이) 不可勝者民也(불가승자민야).
비록 지극히 어리석으나 속일 수 없는 자가 백성이요, 비록 지극히 약하나 이길 수 없는 자가 백성이다.

君子舟也(군자주야) 庶人者水也(서인자수야) 水則載舟(수즉재주) 水則覆舟(수즉복주)[2].
군자는 배요, 서민은 물이다, 물은 배를 띄우기도 하고, 물은 배를 뒤집기도 한다.

民之所慾(민지소욕) 天必從之(천필종지)[3].
民衆(민중)이 원하는 바를 하늘은 반드시 따른다.

民齊者彊(민제자강) 民不齊者弱(민부제자약)[4].
민중이 協力(협력)하는 자는 강하고, 민중이 협력하지 아니하는 자는 약하다.

失衆失國(실중실국)[5]. 민중을 잃으면 나라를 잃는다.

衆煦漂山(중후표산) 聚蚊成雷(취문성뢰).
민중의 힘이 합치면 산이 떠내려가고, 모기도 모이면 우뢰소리를 낸다.

衆望者必勝(중망자필승). 민중이 바라는 자는 반드시 이긴다.

不奪衆多之口(불탈중다지구). 민중의 입은 뺏지 못한다.

衆口難防(중구난방). 민중의 많은 입은 막기 어렵다.

1) 史記周本紀.
2) 荀子 王制篇.
3) 春秋左傳.
4) 荀子.
5) 大學.

衆怒難犯(중노난범). 민중의 憤怒(분노)는 범하기 어렵다.

衆心成城(중심성성). 민중의 마음이 성을 이룬다.

㊐ 天(てん)に口(くち)無(な)し人(ひと)をもって言(い)わしむ.
하늘에 입이 없고 사람으로 하여금 말하게 한다.

民(たみ)の口(くち)を防(ふさ)ぐは水を防(ふさ)ぐより甚(はなは)だし.
百姓(백성)의 입을 막는 것은 물을 막는 것보다 어렵다.

㊍ The voice of the people is the voice of God.
백성의 소리는 神(신)의 소리.

He that follows nature is never out of his way.
自然(자연)을 따르는 자는 길을 잘못 드는 일이 없다.

㊕ La voix du peuple est la voix de Dieu.
人民(인민)의 소리는 신의 소리.

㊑ Vox populi, vox dei. 民聲(민성)은 天聲(천성).

Naturam si sequemur ducem, nunquam aberrabimus.
만약 自然(자연)을 案內者(안내자)로 하여 따르면, 우리는 결코 昏迷(혼미)하지 않을 것이다.

ㅂ

▌바늘 끝만 한 일을 보고 쇠공이[1] 만큼 늘어놓는다 ▌

漢 針小棒大(침소봉대). 바늘만큼 작은 것을 몽둥이만큼 크게 한다.

日 針(はり)程(ほど)の事(こと)を棒(ぼう)程に言(い)う.
바늘만 한 일을 몽둥이만 하게 이야기한다.

針(はり)を棒(ぼう). 바늘을 몽둥이로.

一寸(いっすん)の事(こと)も一丈(いちじょう)に言(い)いなす.
한치만 한 일을 한 길만큼 그를 듯하게 말한다.

だんだん話(ばなし)に尾鰭(おひれ)がつく.
자꾸자꾸 이야기하면 꼬리지느러미가 붙는다.(p.173)

英 Of a molehill he makes a mountain.
그는 두더지 흙무더기를 산으로 만든다.

獨 Aus einer Mücke einen Elefanten machen.
모기를 코끼리로 만든다.

Aus einem Maulwurfshügel einen Berg machen.
두더지 흙무덤을 산으로 만든다.

佛 Faire d'une mouche un éléphant. 파리를 코끼리로 만든다.

1) 쇠공이 : 쇠로 만든 절구공이.

‖ 바늘 도둑이 소 도둑 된다 ‖

類 등겨 먹던 개 나중에 쌀도 먹는다.

漢 針賊大牛賊(침적대우적). 上同.

䑛糠及米(지강급미). 上同.

竊鍼不休終必竊牛(절침불휴종필절우)[1].
바늘 도둑이 그치지 아니하면 마침내 소 도둑이 된다.

日 針(はり)とる者(もの)車(くるま)をとる.
바늘을 취하는 자는 수레를 취한다.

英 He that will steal an egg will steal an ox.
계란을 훔치는 자는 황소도 훔친다.

He that will steal a pin will steal a better thing.
바늘을 훔치는 자는 보다 더 좋은 것을 훔칠 것이다.

Begin with needles and pins and leave off with horse and horned nowt[2].
바늘이나 핀으로 시작하여 말이나 뿔난 소에서 끝이 난다.

Finger in dish, finger in pouch.
접시에 손가락을 넣으면, 지갑에 손가락을 넣는다.

He may do much ill ere he do worse.
그는 보다 더한 惡行(악행)을 행하기 전에 많은 악행을 행할 것이다.

The little wimble will let in the great auger.
작은 송곳이 큰 나사 송곳을 들어가게 한다.

Let him take the bull that stole away the calf.
송아지를 훔친 자에게 황소도 훔치게 하라.

獨 Junge Lügner, alte Diebe. 젊어서는 거짓말쟁이, 늙어서는 도둑놈.

---

1) 耳談續纂.
2) nowt : 가축(Scotland어).

Aus Pfennigdieben werden Talerdiebe.
페니 도둑에서 탈렐 도둑이 된다. 작은 돈의 도둑이 큰 돈의 도둑이 된다.

Wer im Kleinen anfängt zu stehlen, der treibt's ins Große.
작은 것을 훔치기 시작한 자는 큰 것을 쫓는다.

Wer nur erst die Kälber stiehlt, der stiehlt auch bald die Kühe.
처음에 단지 송아지만 훔치던 자가 곧 암소를 훔친다.

(羅) Qui vitulum tollit taurum subduxerit idem.
송아지를 훔치는 자는 황소도 훔친다.

▎바보는 藥(약)으로 못 고친다 ▎

(漢) 下愚之性不可移(하우지성불가이)[1].
더없는 바보의 性質(성질)은 변할 수 없다.

(日) 馬鹿(ばか)に付(つ)ける薬(くすり)はない.
바보에 바를 藥(약)은 없다.

(英) A fool will not give his bauble for the Tower of London(or for any gold).
바보는 그의 어릿광대 지팡이를 런던塔(탑)과도 바꾸지 아니한다.

Fools will still be fools. 바보는 언제나 바보이다.

A fool comes home as wise as he went.
바보는 外出(외출)했을 때와 똑같은 정도의 현명함을 가지고 집으로 돌아온다.

Bray a fool in a mortar, you cannot make him leave his folly.
바보는 반죽에 넣어 갈아 바수어도 그의 愚行(우행)을 버리게 할 수 없다.

---

1) 교육의 한계에 관한 孔子의 말씀(論語陽貨).

㊣獨 Mit der Dummheit(Gegen Dummheit) kampfen Götter selbst vergebens.
바보와의 싸움에서는 神(신)들도 진다.

Die Dummsten sind die Schlimmsten.
제일 둔한 것은 제일 취급하기 곤란한 것이다.

佛 On ne peut empêcher un fou de faire des folies.
사람들은 바보가 어리석은 짓을 하는 것을 막을 수 없다.

De sot homme sot songe.
어리석은 사람으로부터 어리석은 꿈이 나온다.

Instruire un sot, c'est recoller un pot cassé.
바보를 가르치는 것은 깨진 단지를 맞추는 것이다.

On ne saurait faire d'une buse un épervier.
말똥가리를 매로 만들 수 없다. 바보는 고칠 도리가 없다는 뜻.

A laver la tête d'un âne(d'un négre)on y perd sa lessive.
당나귀의(黑人(흑인)) 머리를 씻는 것은 비누를 잃는 것이다.

발 없는 말이 천리 간다

類 나쁜 소문은 빨리 퍼진다.

쌀은 쏟고 주워도 말은 하고 못 줍는다.(p.250)

漢 無足之言飛千里(무족지언비천리). 上同.

好事不出門(호사불출문) 惡事傳千里(악사전천리).
좋은 일은 문 밖에 나가지 아니하고, 나쁜 일은 천리에 전한다.

日 悪事(あくじ)千里(せんり)を走(はし)る. 나쁜 소식은 천리를 달린다.

隠(かく)す事(こと)千里(せんり). 감추는 일은 멀리 소문난다.

人(ひと)の口(くち)に戸(と)は立(た)てられぬ.
사람의 입에는 문을 세울 수 없다.

人(ひと)の噂(うわさ)は倍(ばい)になる. 남의 소문은 배로 된다.

だんだん話(ばなし)に尾鰭(おひれ)が付(つ)く.
자꾸 자꾸 하는 이야기에 꼬리 지느러미가 붙는다. 소문이 과장된다는 뜻.

英 Ill news flies apace. 나쁜 소문은 빨리 날아간다.

Ill news has wings. 나쁜 소문은 날개를 가졌다.

Bad news travels fast. 나쁜 소식은 빨리 퍼진다.

Who can hold men's tongues?. 누가 사람의 혀를 붙들 수 있나?

News, like a snowball, is more by telling.
소문은 눈덩이처럼, 이야기함으로써 더 커진다.

Ten good turns lie dead and one ill deed report abroad does spread.
열 가지 善行(선행)은 묻혀 버리고 한 가지 惡行(악행)은 널리 퍼진다.

獨 Schlimme Boten reiten schnell.
나쁜 소식을 전하는 심부름꾼은 빨리 달린다.

Böse Botschaft kommt immer früh.
나쁜 通知(통지)는 언제나 빨리 온다.

佛 Mauvaise renommée va plus vite que la bonne.
나쁜 消息(소식)은 좋은 소식보다 빨리 간다.

Mémoire du mal a longue trace, mémoire du bien tantôt passe.
나쁜 記憶(기억)은 긴 痕迹(흔적)을 가지고 있으며, 좋은 기억은 곧 사라진다.

A beau mentir qui vient de loin.
먼 곳에서 온 사람의 좋은 거짓말. 멀리서 온 사람이 아름답게 꾸민 이야기를 듣는 사람이 쉽게 믿으므로, 그 거짓말이 통한다는 뜻.

▌배우기보다 익혀라▐

類 버릇은 天性(천성)이 된다.

漢 習與性成(습여성성).
배움과 더불어 성질을 만든다. 습관은 제2의 天性(천성)이다.

日 習(なら)うより慣(な)れよ. 배우기보다 익혀라.
習(なら)い性(せい)と成(な)る. 배움이 天性이 된다.

英 Custom makes all things easy. 習慣(습관)은 만사를 쉽게 한다.
Practice makes perfect. 實踐(실천)으로 완성에 도달한다.
Use makes mastery.
習性(습성)은 숙련을 만든다. 늘 행하고 있으면 완숙하게 된다.

獨 Erfahrung ist die beste Lehrmeisterin.
經驗(경험)은 제일 좋은 여자 스승이다.
Probieren geht über Studieren.
實行(실행)하는 것이 硏究(연구)하는 것보다 낫다.
Singe, so lernst du singen.
노래 불러라, 그러면 너는 노래를 배운다.
Spinnen lernt man bei Spinnen.
실 짜는 것은 실 짜는 것으로 배운다.
Mit alten Hunden fängt man die meisten Hasen.
늙은 개와 함께라면 토끼를 제일 많이 잡을 수 있다.
Mit alten Hunden ist am besten Jagen.
늙은 개와 함께라면 사냥을 제일 잘할 수 있다.

佛 C'est en forgeant qu'on devient forgeron.
사람은 쇠를 두들김으로써 대장장이가 된다.
En forgeant on devient forgeron. 上同.

Usage rend maître. 경험은 名人(명인)을 만든다.

羅 Fit fabricando faber. 匠人(장인)은 제작을 해 봄으로써 탄생된다.

百年(백년)을 살아야 三萬六千日(삼만육천일)

類 인생 겨우 오십 년.

漢 百年三萬六千日(백년삼만육천일)[1].

朝露人生(조로인생). 인생은 아침 이슬.

草露人生(초로인생). 인생은 풀잎에 맺힌 이슬.

朝有紅顔(조유홍안) 暮爲白骨(모위백골).
아침에는 홍안, 저녁에는 백골.

人生如朝露(인생여조로) 何久自苦如此(하구자고여차)[2].
인생은 아침 이슬과 같다. 어찌 이와 같이 오래도록 스스로를 괴롭히나.

白駒過隙(백구과극)[3].
흰 말이 틈을 지나다. 틈에서 바라보면 흰 말이 홱 지나가듯 인생은 짧다는 뜻.

日 人生(じんせい)朝露(あさつゆ)の如(ごと)し.
人生은 朝露(조로)와 같다.

朝(あした)には紅顔(こうがん)夕(ゆうべ)には白骨(はっこつ).
아침에는 紅顔(홍안) 저녁에는 白骨(백골).

英 Life is a span. 인생은 한 뼘이다.

獨 Morgen Rot, Abend Tot. 아침에 붉고 저녁에 죽는다.

Heute Rot, morgen Tot. 오늘은 붉고 내일은 죽는다.

1) 李白, 杜牧.
2) 漢書 蘇武傳.
3) 三國誌.

(佛) Hier, aujourd'hui, demain, sont les trois jours de l'homme.
어제, 오늘, 내일이 인생의 三日(삼일)이다.

百年河淸(백년하청)을 기다린다

(뜻) 百年만에 강물이 맑아진다는 뜻으로, 되지도 않을 일을 오래 기다리는 것.

(漢) 丹丘[1]千年一曉 黃河千年一淸 至聖之君以爲大瑞[2].
단구는 천년에 한 번 새벽이 있고, 황하는 천년에 한 번 맑다. 지극한 성군의 큰 祥端(상서)로움으로 삼았다.

(日) 百年(ひゃくねん)河清(かせい)を俟(ま)つ. 百年河淸을 기다린다.

(英) When Gabriel[3] blows his horn, then this question will be decided.
가브리엘이 나팔을 불면 이 문제는 해결된다.

(獨) Wenn der Himmel einstürzt, sind alle Vögel gefangen.
하늘이 무너지면 모든 새들은 잡힌다.

백 번 듣는 것이 한 번 보는 것만 못하다

(漢) 百聞不如一見(백문불여일견). 上同.

(日) 百聞(ひゃくぶん)一見(いっけん)に如(し)かず. 上同.
聞(き)いた百(ひゃく)より見(み)た一(ひと)つ. 들은 백보다 본 하나.

---

1) 丹丘 : 신선이 산다는 곳으로 밤낮이 없이 밝다 함.
2) 拾遺記.
3) Gabriel : 七大 天使의 하나로 人間에게 위안과 吉報를 준다. Gabriel 天使가 나팔을 불면 救世主(구세주)가 도래한다는 징조인데, 이 일은 있을 수 없으므로, 문제가 해결될 가망이 없다는 뜻.

英 Seeing is believing. 보는 것은 믿는 것이다.

Better have it than hear of it. 듣는 것보다 체험하는 것이 낫다.

One eyewitness is better than ten earwitnesses.
한 사람의 目擊者(목격자)는 열 사람의 傳聞者(전문자)보다 낫다.

Credit ought rather to be given to the eyes than to the ears.
信用(신용)은 귀보다 눈에 주어져야 한다.

獨 Man glaubt einem Augen mehr als zwei Ohren.
두 귀보다 한 눈을 믿는다.

Sehen geht über hören. 보는 것이 듣는 것보다 낫다.

Was die Augen sehen, glaubt das Herz.
눈으로 본 바를 마음은 믿는다.

Ein Augenzeuge gilt mehr als zwei Ohrenzeugen.
한 目擊者(목격자)는 두 사람의 傳聞者(전문자)보다 낫다.

Einmal sehen ist besser als zehnmal hören.
한 번 보는 것은 열 번 듣는 것보다 낫다.

佛 Il vaut mieux se fier à[1] ses yeux qu'à ses oreilles.
귀보다 눈을 믿는 것이 낫다.

Voir c'est croire. 보는 것은 믿는 것이다.

羅 Oculis magis habenda fides quam auribus.
귀보다 오히려 눈에 信用(신용)을 두어야 한다.

‖ 버릇은 天性(천성)이 된다 ‖

類 든 버릇 난 버릇. 後天的(후천적)인 버릇이 날 때의 버릇이 된다는 뜻.

제 버릇 개 줄까.

---

1) se fier à～ : ～을 믿다.

세 살 적 버릇이 여든까지 간다.(p.222)

어릴 때 굽은 길맛가지.[1)]

㊅ 習與性成(습여성성). 버릇은 성질이 된다.

惡習難棄(악습난기). 나쁜 습관은 버리기 어렵다.

㊐ 習(なら)い性(せい)となる. 배워 익히는 것이 성질이 된다.

お里(さと)は隠(かく)せない. 故鄕(고향)은 숨길 수 없다.

㊇ Once an use[2)] and ever a custom.
한 번 使用(사용)하면 이후로 習慣(습관)이 된다. 버릇은 천성이 된다.

Custom is another nature. 습관은 다른 하나의 天性(천성)이다.

Custom makes all things easy.
習慣(습관)은 모든 것을 쉽게 한다.

Use makes mastery. 늘 행하면 熟達(숙달)된다.

Use is a second nature. 습관은 제2의 천성.

Habit is the second nature. 습관은 제2의 천성이다.

㊈ Gewohnheit ist die andere(zweite) Natur.
習慣(습관)은 제2의 天性(천성)이다.

Jung gewohnt, alt getan. 젊어서 습관이 되면 늙어서 행한다.

Die Tonne riecht allezeit nach dem Hering.
(청어)통은 언제나 청어 냄새가 난다.

Das Faß riecht nach dem ersten Wein.
술통은 처음 담은 술에 따라 냄새가 난다.

㊉ L'habitude est une seconde nature. 習慣(습관)은 제2의 천성이다.

---

1) 길맛가지 : 소 등에 얹는 안장에 쓰이는 굽은 나뭇가지.
2) use : 사용, 용도, 이득, 습관, 관행.

(羅) Consuetudine quasi alteram quandam naturam efficit.
습관에 의해서 소위 제2의 천성이 만들어진다.

Usus promptos facit. 습관은 사람을 민첩하게 한다.

Usus est altera natura. 습관은 또 다른 천성이다.

▍범 없는 골에는 토끼가 스승이다 ▍

(漢) 谷無虎先生兎(곡무호선생토). 上同.

無虎洞中狸作虎(무호동중이작호).
호랑이 없는 골에 오소리가 호랑이 노릇한다.

(日) 鼬(いたち)の無(な)き間(ま)の貂(てん)誇(ぼこ)り.
족제비 없는 사이에 담비가 뽐낸다.

鳥(とり)無(な)き里(さと)の蝙蝠(こうもり). 새 없는 마을에 박쥐.

鬼(おに)の居(い)ぬ間(ま)に洗濯(せんたく).
도깨비 없는 동안에 세탁. 걸리는 사람이 없는 동안 활개 펴고 행동한다는 뜻.

姑(しゅうとめ)の留守(るす)は嫁(よめ)の祭(まつり).
시어머니의 出他(출타)는 며느리의 祝祭(축제).

(英) You are a man among the geese when the gander is away.
수거위가 없어지면 너는 암거위 중에 사나이가 된다.

He that has one eye is a king among the blind.
외눈 가진 자는 장님 사이에서는 왕이다.

For want of a wise man a fool is set in the chair.
賢者(현자)가 없으면 愚者(우자)가 座長(좌장)이 된다.

The mouse goes abroad where the cat is not lord.
고양이가 주인이 아닌 곳에서는 쥐가 밖으로 나다닌다.

When the cat is away, the mice will play.
고양이가 없으면, 쥐들이 논다.

㊐獨 Unter den Blinden ist der Einäugige König.
장님 사이에서는 외눈이 임금이다.

Wenn die Katze nicht zu Hause ist, tanzen die Mäuse auf Tischen und Banken.
고양이가 집에 없으면 쥐들이 卓子(탁자)와 椅子(의자) 위에서 춤을 춘다.

Wenn die Katze nicht zu Hase ist, so haben die Mäuse Kirchtag.
고양이가 집에 없으면 쥐들이 祝祭(축제)를 한다.

佛 Le chat parti(Absent le chat), les souris dansent.
고양이가 없으면 쥐들이 춤을 춘다.

Au pays(royaume) des aveugles, les borgnes sont rois.
盲人(맹인)의 王國(왕국)에서는 외눈박이가 王이다.

봄 꿩이 제 울음에 죽는다

뜻 남이 모르는 허물을 스스로 드러내어 禍(화)를 自招(자초)한다.

漢 春雉自鳴(춘치자명).
봄 꿩이 스스로 운다. 請(청)하지 않아도 제 물에 어떤 행동을 하여 손해를 보는 것.

哀彼春雉自鳴而死(애피춘치자명이사)[1].
봄 꿩이 스스로의 울음으로 죽는 것을 슬퍼하노라.

春山雉以鳴死(춘산치이명사)[2]. 봄산의 꿩이 울음으로 죽는다.

日 雉子(きじ)も鳴(な)かずば打(う)たれまい.
꿩도 울지 아니했더라면 총에 맞지 아니했을 것을.

1) 耳談續纂.
2) 洌上方言.

鳴(な)く虫(むし)は捕(と)らる. 우는 벌레는 잡힌다.

英 Never rode, never fell. 타지 아니했더라면 떨어지지 아니했다.

Quietness is best, as the fox said when he bite the cock's head off. 수탉 머리를 물어뜯으면서 여우가 말한 것처럼 조용히 하는 것이 제일 좋다.

부드러움이 굳셈을 누른다.

漢 柔能制剛(유능제강)[1].
柔軟(유연)한 것은 능히 剛直(강직)한 것을 제압한다.

柔勝剛(유승강). 上同.

柔順婦女之德(유순부녀지덕).
유순은 부녀자의 美德(미덕). 이로써 남자를 설득할 수 있다.

木强則折(목강즉절)[2]. 나무가 강하면 부러진다.

日 柔(じゅう)能(よ)く剛(ごう)を制(せい)す.
부드러움은 能(능)히 억셈을 制壓(제압)한다.

柳(やなぎ)に雪折(ゆきおれ)なし. 버들은 눈에 부러지지 아니한다.

木(き)強(つよ)ければ則(すなは)ち折(おれ)る.
나무가 强(강)하면 잘 부러진다.

英 Willows are weak yet they bind other wood.
버들은 弱(약)하나 다른 나무를 감는다.

A mud-wall deads a cannon bullet.
흙벽은 彈丸(탄환)을 不發(불발)시킨다.

---

1) 軍讖曰, 柔能制剛 弱能制剛 柔者德也 剛者賊也 弱者人之所助 强者人之所攻(三略 上略).
2) 兵强則滅 木强則折 草固則裂 齒堅於舌 而先之弊. 淮南子 原道訓.

To a hard anvil[1]) a hammer of feathers.
단단한 모루에는 羽毛(우모)의 장도리로.

Soft words are hard arguments.
부드러운 말은 强硬(강경)한 주장이다.

No way to break a flintstone so well as on a feather-bed.
부싯돌을 깨는 方法(방법)은 깃털 寢臺(침대) 위가 제일 좋다. 謙遜(겸손)이 尊大(존대)보다 낫다는 뜻.

The way to break a flintstone is on a feather-bed. 上同.

Better bend than break. 부러지는 것보다 굽히는 것이 낫다.

Threatened folks (or men) live long.
죽음의 威脅(위협)을 받은 사람이 오래 산다.

Threatened men eat bread.
죽음의 위협을 받은 사람은 빵을 먹는다. 病(병) 있는 사람이 잘 먹고 오래 산다는 뜻.

Oaks may fall when reeds stand the storm.
갈대가 暴風(폭풍)을 견딜 때에 참나무는 쓰러진다.

A lean dog to get through a hedge.
여윈 개는 울타리를 잘 빠져나간다. 여윈 사람이 病(병)에 强(강)하다는 뜻.

A grunting (or groaning) horse and a groaning wife never fail their master (or riders).
끙끙거리는 말과 不平(불평) 많은 妻(처)는 그들의 주인(또는 타는 자)을 失望(실망)시키지 아니한다.

A creaking door hangs long on its hinges.
삐걱거리는 문이 돌쩌귀에 오래 매달려 있다.

A creaking gate goes the longest.
삐걱거리는 문이 가장 오래 견딘다.

---

1) anvil : 모루(대장간의 받침 쇳덩이). 달군 쇠를 모루 위에 놓고 치는 망치를 hammer라 함. on the anvil : 심의 중, 계획 중.

Cracked pots last longest. 이 빠진 단지가 가장 오래 간다.

(獨) Die knarrigen Wagen gehen am längsten.
삐걱거리는 수레가 가장 오래간다.

Gesprungene(Geflickte) Töpfe halten am längsten.
이 빠진 단지가 가장 오래간다.

Besser nachgeben, als zu Schaden kommen.
損害(손해)를 보는 것보다 讓步(양보)하는 것이 낫다.

Lieber(Besser) biegen als brechen.
부러지는 것보다 굽히는 것이 낫다.

(佛) Il vaut mieux plier que rompre. 부러지는 것보다 굽히는 것이 낫다.

(Un) pot fêlé dure longtemps. 이 빠진 단지가 오래간다.

La neige ne brise jamais les branches du saule.
눈은 버드나무 가지를 꺾지 못한다.

(羅) Malum vas non frangitur. 나쁜 그릇은 깨어지지 아니한다.

▌부부 싸움은 칼로 물 베기▐

(類) 부부 싸움은 밤 자면 풀린다.

부부 싸움은 말리지도 못한다.

(漢) 夫婦戰水割刀(부부전수할도). 上同.

(日) 夫婦喧嘩(ふうふげんか)は寝(ね)て直(なお)る.
부부 싸움은 자면 낫는다.

夫婦喧嘩(ふうふげんか)と北風(きたかぜ)は夜凪(よなぎ)がする.
부부 싸움과 북풍은 저녁때가 되면 잠잔다.

夫婦喧嘩と三日月様(みかづきさま)は一夜(いちや)一夜に丸(まる)くなる. 부부 싸움과 초승달은 하룻밤 하룻밤에 둥글게 된다.

秋風(あきがぜ)と夫婦喧嘩(ふうふげんか)は日が入(い)りや止(や)む. 가을바람과 부부 싸움은 해가 지면 그친다.

㊖ The difference is wide that the sheets will not decide.
침대시트가 해결 못 하는 不和(불화)는 크다. 불화는 침대 시트에서 해결된다는 뜻.

The heat of the bed thaws oftentimes the ice of secrecy or taciturnity.
寢臺(침대)의 열기는 가끔 秘密(비밀) 또는 沈默(침묵)의 얼음을 녹인다.

(獨) Hauszank währt nicht lang. 부부 싸움은 오래 계속되지 아니한다.

Im Bett ist alles wett. 잠자리에서는 모든 것이 淸算(청산)된다.

(佛) Entre l'arbre et l'écoce il ne faut pas mettre le doigt.
나무와 나무 껍질 사이에 손가락을 넣어서는 안 된다. 부부 싸움에 쓸데없는 참견을 아니해도 절로 和解(화해)가 된다는 뜻.

富者(부자)는 마을 여러 사람의 밥상이다

(뜻) 부자는 여러 사람을 먹여 살린다는 뜻으로 富(부)의 社會的 義務(사회적 의무)를 말한다.

(對) 부자 하나 나면 세 동네가 망한다.

부잣집 떡개는 작다.

부자가 돈을 더 안 쓴다.

(類) 부자가 되면 일가(친구)도 많아진다.

부자가 되면 아는 親戚(친척)보다 모르는 친척이 많다.

富者(부자)가 亡(망)해도 삼 년 먹을 것은 남는다.

부자 祖上(조상) 안 둔 가난뱅이 없고, 가난뱅이 조상 안 둔 부자 없다.

부자가 되어도 지난 가난은 못 잊는다.

부잣집 外上(외상)보다 거지 맞돈이 좋다.

부잣집 업[1] (또는 업구렁이) 나가듯 한다.
부자가 까닭 없이 沒落(몰락)해 감을 뜻함.

부잣집 자식 공물방(貢物房)[2] 출입하듯.
제 소임을 건성으로 처리함을 뜻함.

漢 千金之子不垂堂(천금지자불수당), 百金之子不騎衡(백금지자불기형), 聖主不乘危而徼行(성주불승위이요행)[3].
千金之子는 마루 끝에 앉지(위험을 무릅쓰지) 아니하며, 百金之子는 난간에 걸터앉지 아니하며, 聖主(성주)는 위험에 편승하여 요행을 바라지 아니한다.

今世諺云(금세언운) 千金不死(천금불사) 百金不刑(백금불형)[4].
요즘 항간에 이르기를, 천금을 가진 자는 죽을 죄를 면해주고, 백금을 가진 자는 형벌을 면해준다고 한다.

千金之子不死於市(천금지자불사어시)[5].
千金을 가진 부잣집 아들은 시중에서 죽지 아니한다. 市中之徒輩(시중지도배)와 어울려 헛되이 죽지 아니한다.

爲富不仁(위부불인) 爲仁不富(위인불부).
부를 위하면 어질지 아니하고, 인을 위하면 부하지 아니한다.

富者不仁(부자불인) 仁者不富(인자불부).
부자는 어질 수 없고, 어진 자는 부자일 수 없다.

富不三世(부불삼세) 貧不三世(빈불삼세).
부자 삼대 없고, 가난 삼대 없다.

---

1) 업 : 한 집안의 살림이 그의 덕이나 복으로 늘어간다는 가상적 동물 또는 사람. 업구렁이 : 집안에서 업의 구실을 하는 구렁이.
2) 공물방 또는 공방(貢房) : 나라에 물건을 납품하고, 값을 받을 때에 이자까지 쳐서 받는 곳.
3) 史記 袁盎傳.
4) 尉繚子 將理篇.
5) 史記 貨殖傳.

一家富貴(일가부귀) 千家怨(천가원) 半世功名(반세공명) 百世愆(백세건).
한 집이 부귀하면 천 집이 원망하고, 半生(반생)의 공명은 자자손손의 罪過(죄과)이다.

不義而富且貴(불의이부차귀) 於我如浮雲(어아여부운)[1).
옳지 아니한 부귀는 나에게 있어 뜬구름과 같다.

禮儀生富足(예의생부족). 예의는 부유에서 생긴다.

富潤屋(부윤옥) 德潤身(덕윤신)[2).
부는 집을 윤택하게 하고, 덕은 몸을 윤택하게 한다.

富而不驕者鮮(부이불교자선)[3).
부자이면서 驕慢(교만)하지 아니한 자는 드물다.

日 金持(かねもち) 金づかわず. 부자는 돈을 쓰지 아니한다.

金持(かねもち)喧嘩(けんか)せず. 부자는 싸움을 아니한다.

金持(かねもち)身(み)が大事(だいじ). 부자는 몸이 소중하다.

金持船(ふね)にのらず. 부자는 배를 타지 아니한다.

金持小錢(こぜに)に困(こま)る. 부자는 잔돈에 궁하다.

英 The rich men are stewards for the poor.
부자는 가난한 자를 위한 집사(또는 청지기)이다.

Riches are but the baggage of virtue.
부는 덕행(德行)의 手荷物(수하물)에 불과하다. 덕망 있는 자는 부를 부담으로 여긴다.

Riches are like muck, which stink in a heap, but spread abroad make the earth fruitful.
부는 똥거름처럼 쌓아두면 구린내가 나고, 밖으로 퍼뜨리면 땅을 肥沃(비옥)하게 한다.

Riches bring care and fears. 부는 근심과 恐怖(공포)를 가져온다.

1) 論語.
2) 大學.
3) 春秋左傳.

Riches increase by discretion.
부는 思慮分別(사려분별)로 증식된다.

Riches certainly make themselves wings; they fly away as an eagle toward heaven.
부는 분명히 스스로 날개를 만들어, 독수리처럼 하늘로 날아가 버린다.

The rich have many friends. 부자는 친구가 많다.

The rich knows not who is his friend.
부자는 누가 친구인지를 모른다.

Riches are gotten with pain, kept with care, and lost with grief.
부는 苦痛(고통)으로 얻어지고, 操心(조심)하여 지키고, 悲嘆(비탄)으로 상실한다.

Riches got with craft are commonly lost with shame.
奸計(간계)로 얻은 부는 통상 羞恥(수치)스럽게 잃어버린다.

A rich man's money sometimes hangs him.
부자의 돈이 그를 絞首(교수)하는 때가 더러 있다.

The rich and sin are oft married together.
부와 犯罪(범죄)는 때로는 結婚(결혼)을 한다.

The rich widow weeps with one eye and casts glances with the other.
부자 寡婦(과부)는 한 눈으로는 울고, 다른 눈으로는 눈짓을 한다.

A rich man is either wicked himself or the heir of a wicked man.
부자는 자신이 惡人(악인)이거나 또는 악인의 相續者(상속자)이다.

獨 Jeder will des Reichen Vetter sein.
누구나 부자의 四寸(사촌)이 되고자 한다.

Heute reich, morgen arm. 오늘은 부자, 내일은 가난뱅이.

Der Reiche hat die Rinder, der Arme die Kinder.
부자는 소들을 가지고 가난뱅이는 아이들을 가진다.

Stirbt der Reiche, so geht man zur Leiche, stirbt des Arme, [so geht man mit,] daß Gott erbarme!
부자가 죽으면 葬禮式(장례식)에 가지만, 가난뱅이가 죽으면 아 불쌍해라 한다.

佛 Ce qui abonde ne vicie (nuit) pas. 많은 것은 해롭지 않다.

Abondance de biens ne nuit pas. 많은 재산은 해롭지 않다.

Grande fortune, grande service (servitude).
큰 부자는 큰 봉사이다.

L'abondance des biens la terre nous rend nécessiteux de ceux du ciel.
地上(지상)의 부의 豊盛(풍성)함은 天上(천상)의 부를 가난하게 한다.

Le plus riche en mourant n'emporte qu'un linceul.
巨富(거부)라도 죽을 때에는 壽衣(수의) 한 벌만 가져간다.

Aujourd'hui riche, demain dans la misère.
오늘은 부자, 내일은 貧困(빈곤).

On ne prête qu'aux riches. 사람들은 부자에게만 돈을 빌려준다.

羅 Divitiarum acquisitio magni laboris, possessio magni timoris, amissio magni doloris.
부는 큰 努力(노력)으로 얻고, 큰 근심으로 所有(소유)하고, 큰 슬픔으로 잃는다.

▌부처님에게 說法(설법)[1] ▌

類 孔子(공자) 앞에 論語(논어).

日 釈迦(しゃか)に説法(せっぽう). 上同.

孔子(こうし)に悟道(ごどう). 孔子에 悟道(오도).

1) 日本俗談.

河童(かっぱ)[1] に水練(すいれん). 河童(하동)에 水泳 訓練(수영 훈련).

猿(さる)に木(き)登(のぼ)り. 원숭이에 나무 오르기.

英 Teach your grandame[2] to spin.
그대의 할머니에게 실 짜기를 가르쳐라.

A sow to teach Minerva[3]. 미네르바 女神(여신)을 가르치는 돼지.

We must not teach a fish to swim.
물고기에게 수영을 가르쳐서는 안 된다.

Go teach your grandame to get children.
그대의 할머니에게 아기 出産(출산)을 가르치러 가라.

The goslings[4] lead the geese to water.
거위 새끼가 거위들을 물로 인도한다.

獨 Er will den Adler fliegen lehren.
그는 독수리에게 나는 것을 가르치려 한다.

Die Gans lehrt den Schwan singen.
거위가 백조에게 노래하는 것을 가르친다.

佛 C'est Gros-Jean[5] qui en remontre[6] à son curé.
저것은 자기의 神父(신부)를 타이르는 얼빠진 녀석이다.

Les oisons mènent paître[7] les oies.
새끼 거위가 어미 거위를 목장으로 몰고 간다.

---

1) 河童(かつぱ) : 물에 산다고 하는 어린이 모양을 한 상상의 동물.
2) Grandame : grandmother.
3) Minerva : 로마 神話(신화)에 나오는 知慧(지혜), 戰爭(전쟁)의 女神.
4) gosling[gɔ́zliŋ] : 거위(goose) 새끼. 풋내기.
5) Gros-Jean : 뚱뚱보 쟝. 얼빠진 녀석. 시골뜨기. être Gros-Jean comme devant : 전의 그로・쟝과 똑같이 되다. 도로아미타불이 되다.
6) en remontrer qn : ~에게 훈계하다. ~보다 자기가 나음을 보이다.
7) mener paître : 가축을 목장으로 끌고 가다.

Il ne faut pas parler latin devant les cordeliers[1].
聖(성) 프란세스꼬派(파) 修道士(수도사) 앞에 라틴語(어)를 이야기하지 말라.

Il ne faut pas prêcher un converti.
改宗者(개종자)에게 改宗을 설교해서는 안 된다.

Il ne faut pas apprendre aux poissons à nager.
물고기에게 수영을 가르쳐서는 안 된다.

Il ne faut pas apprendre à sa mère à faire des enfants.
자기 어머니에게 아이 만드는 법을 가르쳐서는 안 된다.

Ce n'est pas à un vieux singe qu'on apprend à faire de grimaces.
늙은 원숭이에게 찡그린 얼굴을 하는 것을 가르쳐서는 안 된다.

A qui voulez-vous vendre vos coquilles?[2]
그대는 누구에게 그대의 조개 껍질을 팔려고 하는가?

北魚(북어)[3]와 여자는 두드려야 부드러워진다

㊐ 小僧(こぞう)[4]と障子(しょうじ)は張(は)るほどよい.
선머슴 아이와 장지문은 당길수록 좋다.

㊊ A woman, a spaniel and a walnut tree the more they're beaten, the better they be.
여자와 스패니얼 개와 호두나무는 때릴수록 좋아진다.

---

1) cordelier : 聖(성) 프란세스꼬 修道會員(수도회원). 회원인 수도사・수녀는 라틴어에 소양이 깊다.

2) 이 속담은 A ceux qui reviennent du Mont-Saint-Michel? 몽 샹 미셸에서 돌아오는 사람들에게? 라고 연속되어, 자기보다 뛰어난 사람을 가르치거나 속이려는 주책을 부리는 사람에게 하는 말이다.
Mont-Saint-Michel(몽 샹 미셸)은 노르만디의 넓은 해변의 모래밭에 있는 바위산으로, 이곳에는 유명한 사원이 있어 옛날에는 많은 사람이 순례하는 곳이었다. 그곳에서 돌아오는 순례자들은 해변에서 주운 조개껍질을 선물로 가져왔다. 따라서 이러한 사람에게 조개껍질을 팔려고 하는 것은 어리석은 행위이다.

3) 북어 : 마른 명태.

4) 小僧(こぞう) : 어린 중, 어린 사환 아이, 개구쟁이.

▎불 안 땐 굴뚝에 연기 나랴 ▎

漢 不燃之堗 烟不生(불연지돌 연불생)[1]. 上同.

堗不燃 不生烟(돌불연 불생연)[2]. 上同.

不燃堗 烟何生(불연돌 연하생)[3].
불 안 땐 굴뚝에 연기가 어찌 나겠는가.

日 火(ひ)のない所(ところ)に烟(けむり)は立(た)たぬ.
불 없는 곳에 煙氣(연기)는 피지 아니한다.

英 There is no smoke without fire. 불 없이 연기 없다.

No smoke without fire. 上同.

Where there are reeds, there is water. 갈대 있는 곳에 물 있다.

Where bees are, there is honey. 벌 있는 곳에 꿀 있다.

獨 Wo Rauch ist, da ist auch Feuer. 연기 있는 곳에 불도 있다.

Kein Rauch ohne Feuer. 불 없는 煙氣(연기)는 없다.

Wo Rauch aufgeht, muß Feuer sein.
연기 오르는 곳에 반드시 불은 있다.

Wo Holz gehauen wird, da fallen Späne.
나무가 잘리는 곳에 나무 부스러기가 떨어진다.

Wo Frosche sind, da sind auch Störche.
개구리 있는 곳에 황새도 있다.

佛 Il n'est point de feu sans fumée. 煙氣(연기) 없는 불은 없다.

Il n'est point de fumée sans feu. 불 없는 연기는 없다.

---

1) 旬五志.
2) 洌上方言.
3) 東言考略.

朋友有信(붕우유신)

뜻 벗과 벗은 믿음이 있어야 한다.

五倫(오륜)인 君臣有義(군신유의), 부자유친(父子有親), 夫婦有別(부부유별), 長幼有序(장유유서), 朋友有信(붕우유신) 중의 하나.

類 친할수록 禮儀(예의)를 지켜라.

친구 따라 江南(강남) 간다.

친구는 옛 친구가 좋고, 옷은 새 옷이 좋다.

어미 팔아 동무 산다.

漢 追友江南(추우강남)[1]. 벗 따라 강남 간다.

隨友適江南(수우적강남)[2]. 上同.

松茂栢悅(송무백열).
소나무의 茂盛(무성)함을 잣나무가 기뻐한다. 친구의 잘됨을 기뻐한다.

知己之友(지기지우). 자기를 알아주는 벗.

士爲知己者死(사위지기자사) 女爲悅己者容(여위열기자용)[3].
선비는 자기를 알아주는 자를 위하여 죽고, 여자는 자기를 즐겁게 해주는 자를 위하여 容貌(용모)를 꾸민다.

有朋自遠方來(유붕자원방래) 不亦樂乎(불역락호)[4].
벗이 있어 멀리서 왔으니, 이 또한 기쁘지 아니한가.

管鮑之交(관포지교)[5].
春秋時代(춘추시대) 管仲(관중)과 鮑叔牙(포숙아)의 믿음과

1) 旬五志.
2) 松南雜識.
3) 史記, 刺客列傳.
4) 論語, 學而篇.
5) 管仲은 옥에 갇히는 신세가 되었으나 鮑叔牙의 천거로 齊나라의 宰相(재상)이 되어 桓公을 강력한 군주로 만든다. 관중은 生我者父母 知我者鮑叔이라 하여 포숙아를 공경하였다. 그런데 포숙아는 자기가 추천한 관중 밑에 들어가 예의를 지켰다. 후세 사람들은 이들의 友情(우정)을 지금까지도 칭송하고 관포의 능력보다 포숙아의 知人之鑑을 더 높이 평가한다.

이해의 交友(교우)를 말함. 이들은 齊 恒公(제 환공)을 도와 그로 하여금 春秋五覇(춘추오패) 중의 하나가 되게 했다.

刎頸之交(문경지교)[1].
목이 잘려도 아깝지 아니하는, 생사를 같이하는 親交(친교).

(日) 親(した)しき中(なか)に礼儀(れいぎ)あり. 친한 사이에 예의가 있다.

近(ちか)しき中(なか)に垣(かき)を結(ゆ)え.
가까운 사이에 담을 엮어라.

悪(わる)い友(とも)と辻風(つじかぜ)には出逢(であ)うな.
나쁜 친구와 회오리바람은 만나지 말라. 처음부터 나쁜 친구는 사귀지 말라는 뜻.

梅干(うめぼし)と友達(ともだち)は古(ふる)いほどよい.
살구 절인 것과 친구는 오래될수록 좋다.

酒(さけ)は古酒(こしゅう)女(おんな)は年増(としま).
술은 오래된 술, 여자는 나이 든 여자.

(英) Friend in need is a friend indeed.
危急(위급)한 때의 벗이 眞正(진정)한 벗이다.

A friend is one's second self. 벗은 제2의 자기이다.

The friend that faints is a foe.
약해지는 친구는 적이다. 危急(위급)할 때에 勇敢(용감)히 나서서 도우지 않는 친구는 敵(적)과 같다는 뜻.

Friends are thieves of time. 친구는 時間(시간)의 도적이다.

Friend to all is friend to none.
모든 사람의 친구는 누구의 친구도 아니다.

Friendship stands not on one side.
우정은 한 쪽만으로 서지 아니한다.

It is better to have an open foe than a dissembling friend.
속이는 친구보다 公公然(공공연)한 적을 가지는 것이 낫다.

---

1) 史記.

獨 Den Freund erkennt man in der Not.
困窮(곤궁)에 처하여 친구를 알 수 있다.

Jedermanns Freund ist niemands Freund.
모든 사람의 친구는 누구의 친구도 아니다.

Freunde tun mehr Not, denn Feuer, Wasser und Brot.
친구는 불, 물, 빵보다 더 필요하다.

Alte Freunde und alter Wein sind am besten.
오래된 친구와 오래된 포도주가 제일 좋다.

Freundes Gebrechen soll man kennen und tragen, aber nicht nennen und nagen.
친구의 缺點(결점)을 알고 참아야 한다. 그러나 지적하거나 꾸짖지 말라.

Freundschaft is Liebe mit Verstand.
우정은 理性(이성)을 갖춘 사랑이다.

Geflickte Freundschaft wird selten wieder ganz.
찢겨진 우정이 다시 온전해지는 일은 드물다.

Versöhnter Feindschaft und geflickter Freundschaft ist wenig zu trauen.
和解(화해)한 敵(적)과 틈 있는 友情(우정)은 믿을 수 없다.

Freund in der Not, Freund im Tod, Freund hinter dem Rücken, das sind drei gute Brücken.
역경의 친구, 죽을 때의 친구, 등 뒤의(뒤에서 칭찬하는) 친구, 이 셋은 훌륭한 교량이다.

Gute Freunde muß man nicht zu viel überlaufen.
좋은 친구라 하여 지나치게 성가시게 하지 말라.

Was man dem Freunde leihet, muß man von Feinde wiederfordern. 친구에게 빌려 준 것을 적에게 반환청구를 한다.

佛 Au besoin on connaît l'ami. 逆境(역경)에서 친구를 안다.

C'est dans le besoin que l'on connaît les vrais amis.
역경에서 참된 친구를 알아 본다.

L'adversité est la pierre de touche de l'amitié.
逆境(역경)은 우정의 試金石(시금석)이다.

Amis valent mieux qu'argent. 친구는 돈보다 낫다.

Les petits cadeaux entretiennent l'amitié.
작은 선물이 友情(우정)을 유지시킨다.

Les bons comptes font les bons amis.
좋은 셈(계산)이 좋은 우정을 지속시킨다.

Les amis de nos amis sont nos amis.
우리들의 벗의 벗은 우리들의 벗이다. 친구의 친구도 다정히 대하여야 한다는 뜻.

Il n'est meilleur ami ni parent que soi-même.
자기 자신보다 훌륭한 친구나 친척은 없다. 같은 사람끼리 친구가 된다는 뜻.

N'abusons pas de trop de nos amis.
우리들의 친구를 지나치게 濫用(남용)하지 말자. 친구에게 지나치게 기대지 말라는 뜻.

Ami au prêter, ennemi au rendre.
빌릴 때는 친구요, 돌려 줄 때는 敵(적)이다.

Les vieux amis et les vieux écus sont les meilleurs.
옛 친구와 옛 金貨(금화)가 제일 좋다.

(羅) Alter ego est amicus. 친구는 또 하나의 自己이다.

비 온 뒤에 땅이 굳어진다[1]

(뜻) 나쁜 일이 있은 다음에 오히려 좋은 結果(결과)가 따른다.

(日) 雨降(あめふ)って地固(ちかた)まる. 비 와서 땅 굳어진다.

1) 日本 俗談.

英 Rain settles the soil. 비는 땅을 고르게 한다.
Good comes out of evil. 善(선)은 惡(악)에서 나온다.
After rain comes fair weather. 비 뒤에 좋은 날씨 온다.
After a storm comes a calm. 暴風(폭풍) 뒤에 고요가 온다.

獨 Auf Regen folgt Sonnenschein. 비 다음에 햇빛이 따른다.

佛 Après la pluie, la beau temps. 비 온 뒤에는 좋은 날씨.
C'est le calme après la tempète. 暴風(폭풍) 뒤에 고요함이 있다.

빈 수레가 요란하다

類 빈 양철 소리 많이 난다.
돌지 않는 솜틀은 소리만 요란하다.
먹지 않는 씨아[1])에서 소리만 난다.
가난할수록 기와집 짓는다.
御使(어사)는 假御使(가어사)가 더 무섭다.

對 물은 깊을수록 소리가 없다.(p.82)

日 あき樽(たる)は音(おと)が高(たか)い. 빈 통은 소리가 높다.
浅(あさ)き瀬(せ)にこそ仇波(あだなみ)[2])ぞ立(た)つ.
얕은 여울일수록 물결이 인다.
浅瀬(あさせ)に仇波. 얕은 여울에 물결.
能(のう)なしの口(くち)たたき. 무능한 자가 말수가 많다.

英 Empty vessels make the most sound.
빈 그릇이 소리를 많이 낸다.

---

1) 씨아 : 木花씨 빼는 기구.
2) 仇波, 徒波 : 바람 없이 이는 물결. 쉽게 변하는 人心.

A fool is full of words. 바보는 말이 많다.

獨 Das schlimmste Rad knarrt am meisten.
가장 나쁜 바퀴가 제일 많이 삐꺽거린다.

Hunde, die bellen, beißen nicht. 짖는 개는 물지 아니한다.

Hühner, die viel gackern, legen wenig Eier.
많이 떠드는 암탉은 알을 안 낳는다.

佛 Ce sont les tonneaux vides qui font le plus de bruit.
제일 큰 소리를 내는 것은 빈 통이다.

Il n'est pire eau que l'eau qui dort.
잠자는 물보다 더 나쁜 물은 없다. 가만히 있는 자는 무섭다는 뜻.

Les grands diseurs ne sont pas les grands faiseurs.
큰소리하는 자는 큰일을 하지 아니한다.

Beaucoup de bruit, peu de besogne.
騷亂(소란)은 크고 일은 작다.

Grand vanteur, petit faiseur. 큰 자랑꾼은 작은 일꾼.

ㅅ

사공이 많으면 배가 산으로 올라간다

類 목수가 많으면 집이 기울어진다.

길가에 집 짓기.

上佐(상좌)[1]중이 많으면 가마솥을 깨뜨린다.

對 세 사람이 모이면 文殊知慧(문수지혜)가 나온다.(p.221)

漢 上佐多則破釜(상좌다즉파부)[2]. 上同.

作舍道傍(작사도방) 三年不成(삼년불성).

길가에 집을 지으면 三年이 되어도 이루지 못한다. 지나가는 사람이 한마디씩 하므로 일이 진행되지 아니한다.

日 船頭(せんどう)多(おお)くして船(ふね)山(やま)へ上(のぼ)る.

사공이 많으면 배가 산으로 간다.

英 One bad general is better than two good generals.

한 사람의 卒劣(졸렬)한 將軍(장군)이 두 사람의 優秀(우수)한 장군보다 낫다.

A pot that belongs to many is ill stirred and worse boiled.

많은 사람에게 속하는 냄비는 잘못 저어져서 맛없게 끓여진다.

---

1) 上佐 : 行者(행자) 즉 불도를 닦는 자. 師僧(사승)의 대를 이을 제자 중의 뛰어난 자.

2) 東言解.

A mean pot played never even.
갈이 쓰는 냄비는 반반하게 끓여지지 아니한다.

Too many cooks spoil the broth.
너무 많은 熟手(숙수)는 국을 버린다.

Many dressers put the bride's dress out of order.
많은 의상 장식가는 新婦(신부)의 옷을 망친다.

獨 Viele Köche verderben den Brei.
많은 熟手(숙수)는 죽을 버린다.

Kein Arzt ist oft sicher als drei.
醫師(의사)가 없는 것이 의사 셋보다도 더 安全(안전)할 때가 많다.

Wer am Wege baut, hat viele Meister.
길가에 집 짓는 사람은 많은 都木手(도목수)를 가진다.

Wer auf dem Markt singt, dem bellt jeder Hund ins Lied.
시장에서 노래하는 자에게는 많은 개가 노래에 짖는다.

佛 Trop de cuisiniers gâtent la sauce.
料理師(요리사)가 많으면 죽을 버린다.

Beaucoup d'ouvriers, peu de besogne. 많은 일꾼에 적은 일.

▌사람 살 곳은 골골이 있다▐

類 사람 살 곳은 가는 곳마다 있다.

活人佛(활인불)[1]이 골마다 난다.
어디나 급할 때에 구해주는 사람이 있다는 뜻.

정들면 故鄕(고향)이다.

1) 活人佛 : 살아 있는 부처.

漢 活人佛 洞洞有之(활인불동동유지)[1]. 上同.

活人佛谷谷有(활인불곡곡유)[2]. 上同.

人間到處有靑山(인간도처유청산)[3].

인간은 이르는 곳마다 청산이 있다. 인간은 어디서 죽든 뼈를 묻을 장소는 있으므로 鄕里(향리)를 떠나 大望(대망)을 위하여 크게 활동하라는 뜻.

是處靑山可埋骨(시처청산가매골)[4].

이곳이 청산이라 가히 뼈를 묻을 만하다.

越人安越(월인안월) 楚人安楚(초인안초)[5].

월나라 사람은 월나라가 살기 좋고, 초나라 사람은 초나라가 살기 좋다. 한편 이 말에는, 小人(소인)이 크게 뜻을 펴지 못함은 정든 고향에 安住(안주)하는 버릇 때문이라는 뜻도 있다.

越鳥巢南枝(월조소남지) 胡馬嘶北風(호마시북풍)[6].

더운 지방의 월나라 새는 남쪽 가지에 둥지를 틀고, 추운 지방의 호나라 말은 북풍에 울부짖는다.

日 住(す)めば都(みやこ). 살면 서울이다.

住めば都よ, 我(わ)が里(さと)よ.

살면 서울이요 나의 故鄕(고향)이라오.

住めば田舎(いなか)も名所(めいしょ). 살면 시골도 名所(명소).

住めば都の風(かぜ)か吹(ふ)く. 살면 서울의 바람이 분다.

都(みやこ)も旅(たび)は憂(う)し地獄(じごく)も住家(すみや).

서울이라도 여행길이면 답답하고, 지옥이라도 내 집.

英 To every bird his own nest is best.

모든 새에게는 그 자신의 둥지가 제일 좋다.

---

1) 旬五志.

2) 東解言.

3) 男子立志出鄕關, 學若無成不復還, 埋骨何期墳墓地, 人間到處有靑山(釋月性).

4) 蘇軾 遺弟子由詩.

5) 荀子 榮辱.

6) 文選 故詩十九首.

Every bird likes his own nest best. 上同.

The hermit thinks the sun shines nowhere but in his cell.
隱遁者(은둔자)는 자신의 庵子(암자) 이외에는 태양이 비치지 않는다고 믿는다.

They that be in hell ween(or think) there is no other(or better) heaven.
地獄(지옥)에 살고 있는 자는 그곳 외에는(또는 그것보다 좋은) 天國(천국)은 없다고 생각한다.

獨 Nord, Ost, Süd und West, zu Hause ist's am best'.
東西南北(동서남북) 중에서 집에 있는 것이 제일 좋다.

Ost und West, daheim am best. 東西 중에도 집이 제일이다.

Überall ist's gut, aber daheim ist's doch am besten.
어느 곳이든 다 좋다. 그러나 집에 있는 것이 제일 좋다.

Jeder Vogel liebt sein Nest. 모든 새는 자신의 둥지를 좋아한다.

Wo es mir wohl geht, da ist mein Vaterland.
나에게 幸福(행복)한 곳, 그곳이 나의 祖國(조국)이다.

Wo der Hase geworfen wird, will er bleiben.
토끼는 던져진 곳에 머물려고 한다.

Wo der Hase gesetzt ist, ist er am liebsten.
토끼는 놓여진 곳을 제일 좋아한다.

佛 A chaque oiseau son nid est beau.
모든 새에게는 자신의 둥지가 아름답다.

▌사람을 보면 도둑놈인 줄 여겨라[1] ▌

日 人(ひと)を見(み)たら泥棒(とろぼう)と思(おも)え. 上同.

---

1) 日本 속담.

漢 疑人勿使(의인물사), 使人勿疑(사인물의)[1].
사람을 疑心(의심)하면 쓰지 말고, 사람을 쓰면 의심하지 말라.

英 Give not your right hand to every man.
모든 사람에게 너의 오른손을 주지 말라.

He that trusts to the world is sure to be deceived.
世上(세상)을 믿는 자는 틀림없이 속는다.

He who trusts not is not deceived.
믿지 아니하는 자는 속지 아니한다.

In the kingdom of cheater the wallet is carried before.
사기꾼의 나라에서는 지갑을 앞가슴에 간직해야 한다.

Man is a wolf to man. 人間(인간)은 인간에게 이리이다.

獨 Wer leicht glaubt, wird leicht betrogen.
쉽게 믿는 자는 쉽게 속는다.

佛 Méfiance est mère de sûreté.
疑心(의심)은 安全(안전)의 어머니.

Prudence est mère de sûreté. 愼重(신중)은 안전의 어머니.

羅 Ne cuivis dextram injeceris.
相對(상대)의 區別(구별) 없이 오른손을 주지 말라.

Homo homini lupus. 人間(인간)은 인간에게 이리이다.

▌사람 八字(팔자) 알 수 없다 ▌

뜻 인생의 禍福(화복) · 吉凶(길흉)은 무상하여 알 수 없다.

類 人生의 禍福(화복)은 無常(무상)하다.

---

1) 金史. 熙宗紀.

反對

禍不妄至(화불망지) 福不徒來(복불도래)[1].

화는 함부로 오지 아니하고, 복은 아무 일도 하지 아니하는데 오지 아니한다. 화복은 根據(근거) 없이 오지 아니한다는 뜻.

禍福無門(화복무문) 唯人所召(유인소소)[2].

화복에는 문이 없고 다만 사람이 부르는 바이다.

漢 禍福如糾纆(화복여규승). 禍福은 새끼 꼬는 것과 같다.

轉禍爲福(전화위복). 禍를 福으로 돌리다.(p.336)

塞翁之馬(새옹지마)[3]. 인생의 화복은 무상하다.

日 塞翁(さいおう)が馬(うま). 塞翁의 말.

禍福(かふく)は糾(あざな)える縄(なわ)の如(ごと)し.

禍福(화복)은 꼬는 새끼와 같다.

黒牛(こくぎゅう)白犢(はくとく)を生(う)む.

검은 소가 흰 송아지를 낳다.

浮世(うきよ)は回(まわ)る水車(みすぐるま).

세상은 돌아가는 물레방아.

よい事(こと)の後(あと)は悪(わる)い. 좋은 일의 뒤는 나쁘다.

災(わざわ)いも三年(さんねん)たてば用(よう)に立(た)つ.

災難(재난)도 삼 년이 지나면 쓸모가 있다.

英 Fortune's wheel is ever turning.

運命(운명)의 수레는 언제나 돈다.

---

1) 史記 龜策列傳.

2) 左傳 襄公 二十四年.

3) 人生萬事 塞翁之馬 (淮南子 人間訓) : 옛날 중국 북방의 변경에 塞翁이라는 노인이 말을 한 필 갖고 있었는데, 이 말이 없어졌으므로 마을 사람이 위로를 하니, 더 좋은 일이 있을지 알 수 없지 않느냐고 했다. 얼마 후 집을 나간 말이 준마를 한 필 달고 돌아왔으므로, 마을 사람들이 축하를 하니, 나쁜 일이 생길지도 알 수 없다고 대답했다. 노인의 아들이 말을 타다가 다리를 분질렀는데, 그 후 전쟁이 나서 이 아들은 軍役을 면했고 다른 젊은이는 많이 전사했다고 한다.

He that stumbles and falls not mends his pace (goes faster).
헛딛고 넘어지지 아니한 자는 빨리 간다.

Make the best of a bad bargain.
不利(불리)한 흥정을 최선을 다하여 손해가 없도록 하라.

Lay things by, they may come to use.
물건을 保管(보관)하여 두면 쓰일 때가 온다.

(獨) Glück und Unglück wandern auf einem Steig[1].
幸福(행복)과 不幸(불행)은 같은 오솔길을 徘徊(배회)한다.

Des einen Gliick, des andern Unglück.
한 사람에게는 행복이고, 다른 사람에게는 不幸(불행)이다.

Das Glücksrad geht um. 운명의 수레는 回轉(회전)한다.

Glück läuft dem einen ins Haus, dem andern heraus.
행복은 한 집에 들어갔다가 다른 집에서는 나온다.

Kein Unglück ist so groß, es hat ein Glück im Schoß.
어떠한 불행도 그렇게 큰 것은 아니다. 그것은 행복을 품고 있다.

Bei jedem Unglück ist auch noch ein Glück.
어떠한 不幸(불행)에도 얼마의 행복이 있다.

Der eine Tag folgt dem andern, aber sie gleichen nicht einander.
한 날은 다른 날에 따르지만 그들은 서로 닮지 아니한다. 나날은 連續(연속)되나 같은 날은 없다.

(佛) Un bonheur vient parfois d'un malheur.
幸福(행복)은 때로는 불행에서 온다.

Tel qui rit vendredi, dimanche pleurera.
金曜日(금요일)에 웃는 자는 일요일에 울 것이다.

Tel qui rit le matin le soir pleurera.
아침에 웃는 자는 저녁에 울 것이다.

Trop rire fait pleurer. 지나치게 웃으면 눈물이 난다.

---

1) Steig : 오솔길. 비탈길. Steige : 비탈. 사다리. 발판.

Toute medaille a son revers. 모든 메달에는 裏面(이면)이 있다.

Malheur à vous qui riez, car vous pleurerez.
웃는 그대에게 불행이 있을 것이다. 왜냐하면 그대는 울게 될 것이므로.

Les jours se suivent et ne se ressemblent pas.
나날은 連續(연속)되지만 같은 날은 없다.

(羅) Fortuna volubilis. 運(운)은 돈다.

사슴을 쫓는 자는 산을 보지 못한다

(뜻) 작은 일에 마음을 빼앗기고 큰 일을 그르친다.

(類) 나무를 보고 숲을 보지 못한다.

(漢) 逐鹿者不見山(축록자불견산) 攫金者不見人(확금자불견인)[1].
사슴을 쫓는 자 산을 못 보고, 돈을 잡는 자 사람을 못 본다.

一葉蔽目(일엽폐목) 不見泰山(불견태산)[2].
나뭇잎 하나가 눈을 가리면, 태산을 못 본다.

逐鹿者(축록자) 不顧兎(불고토)[3].
사슴을 쫓는 자 토끼를 돌아보지 아니한다.

採玉者不憚崑丘之險(채옥자불탄곤구지험) 探珠者不辭驪壑之深(탐주자불사여학지심). 구슬을 캐는 자 崑崙山(곤륜산)[4]의 험함을 꺼리지 아니하고, 眞珠(진주)를 찾는 자 검은 바다의 깊이를 사양하지 아니한다. 깊은 바다에 사는 驪龍(여용)은 턱 밑에 구슬을 간직하고 있다 한다.

---

1) 虛堂錄.
2) 鶡冠子.
3) 淮南子・說林訓.
4) 崑崙山 : 중국 서방에 있는 최대의 靈山(영산)이며, 전설로는 西方樂土(사방낙토)로 西王母(서왕모)가 산다고 하며, 美玉(미옥)이 남.

㊐ 鹿(しか)逐(お)う者(もの)山(やま)を見(み)ず.
  사슴을 쫓는 자 산을 못 본다.

猟師(りょうし)山(やま)を見(み)ず. 사냥꾼은 산을 보지 못한다.

木(き)を見(み)て森(もり)を見(み)ず. 나무를 보고 숲을 못 본다.

一葉(いちよう)目(め)を蔽(おお)えば泰山(たいざん)を見(み)ず.
  한 잎이 눈을 가리면 泰山(태산)을 못 본다.

英 Not to be able to see the wood for the trees.
  나무 때문에 숲을 못 본다.

You cannot see the city for the houses.
  그대는 집 때문에 都市(도시)를 볼 수 없다.

獨 Er sieht den Wald vor lauter Bäumen nicht.
  그는 큰 나무 앞에서 숲을 못 본다.

Er seiht[1]) Mücken und verschluckt Kamele[2]).
  하루살이를 濾過(여과)하고 낙타를 삼키다. 큰 일과 작은 일을 잘못 혼돈한다는 뜻.

佛 La passion nous met des oeillères[3]).
  欲情(욕정)은 우리에게 눈가리개를 붙인다.

사흘 굶기보다 푸는 밥 기다리기가 힘든다

㊐ 待(ま)つ身(み)は長(なが)い. 기다리는 몸은 길다.

待たぬ月日(つきひ)は経(た)ち易(やす)い.
  기다리지 아니하는 세월은 지나가기 쉽다.

---

1) seihen : 거르다. 여과하다. Seihepapier : 여과지. Seihstein : 여과용 자갈.
2) 마태복음 23의 24.
3) oeillère : 말에 씌우는 가죽으로 만든 눈가리개.

㊕ A watched pot never boils. 기다리는 주전자는 끓지 않는다.

A watched pot is long in boiling. 기다리는 주전자는 끓는 데 오래 걸린다.

‖ 산 개가 죽은 政丞(정승)[1)]보다 낫다 ‖

(類) 개똥밭에 굴러도 이승이 좋다.

저승 百年(백년)보다 이승 일년이 낫다.

거꾸로 매달아도 사는 세상이 좋다.

(漢) 活狗子(활구자) 勝於死政丞(승어사정승)[2)]. 上同.

死人不及生鼠(사인불급생서). 죽은 사람이 산 쥐만 못하다.

(日) 死(し)にたる人(ひと)は生(い)ける鼠(ねずみ)にだに及(し)かず. 죽은 사람은 산 쥐에 미치지 못한다.

死虎(しこ)生鼠(せいそ)にしかず. 죽은 호랑이는 산 쥐만 못하다.

㊕ A living dog is better than a dead lion. 산 개가 죽은 獅子(사자)보다 낫다.

(獨) Besser ein lebender Hund als ein toter Löwe. 산 개가 죽은 사자보다 낫다.

Besser ein lebender Esel als ein totes Pferd. 산 나귀가 죽은 말보다 낫다.

(佛) Chien en vie vaut mieux que lion mort. 산 개가 죽은 사자보다 낫다.

---

1) 政丞(정승) : 大臣(대신).
2) 旬五志.

Un goujat debout vaut mieux qu'un empereur enterré.
 문혀진 皇帝(황제)보다 서 있는 심부름꾼이 낫다.

▌산에서 물고기 잡기 ▌

類 거북이 잔등의 털을 긁는다.
 거북이 등에는 없는 털을 긁는다 함이니, 얻을 수 없는 곳에 가서 구함을 뜻함.

우물에서 숭늉 찾는다.

漢 緣木求魚(연목구어). 나무에서 고기 잡기.

龜背刮毛(귀배괄모)[1]. 거북이 등의 털 긁기.

指天射魚(지천사어). 하늘을 가리켜 물고기를 쏜다.

日 木(き)に縁(よ)りて魚(うお)を求(もと)む. 緣木求魚.

天(てん)を指(さ)して魚(うお)を射(い)る. 指天射魚.

英 You go to a goat to buy wool.
 그대는 羊毛(양모)를 사려고 山羊(산양)한테 간다. 틀렸거나 또는 있을 수 없다는 뜻.

You ask an elm tree for pears. 느릅나무에서 배를 구하다.

Look not for musk(or civet) in a dog's kennel.
 개집에서 麝香(사향)을 찾지 말라.

You go the wrong way to the wood.
 그대는 숲으로 가지 않는 길을 간다. 방법이 틀렸다는 뜻.

獨 Er will den Bock melken.
 그는 숫山羊(산양)에게서 젖을 짜려고 한다.

---

1) 旬五志.

Der eine melkt den Bock, und der andre hält das Sieb unter.
한 사람은 숫山羊(산양)의 젖을 짜고 또 한 사람은 그 밑에 채를 받쳐들고 있다. 틀린 방법으로 헛수고를 하고 있다는 뜻.

Er lehrt den Krebs vorwärts gehen.
그는 게를 앞으로 가도록 가르친다.

Er will den Mohren weiß waschen.
그는 黑人(흑인)을 희게 씻으려 한다.

羅 Lana caprina. 山羊의 羊毛(양모). 절대로 없다는 뜻.

三十六計(삼십육계)에 줄행랑이 으뜸

漢 三十六計 走爲上計(삼십육계 주위상계).
삼십육계 중 달아나는 것이 좋은 계책이다.

日 三十六計(さんじゅうろっけい)逃(に)げるに如(し)かず.
삼십육계 도망감만 같지 못하다.

逃(に)ぐるが奥(おく)の手(て). 도망이 최후의 수단이다.

命(いのち)あっての物種(ものたね).
목숨 있고 난 다음에 중요한 물건.

英 He that fights and runs away may live to fight another day.
싸우다 逃亡(도망)치는 자는 살아서 後日(후일) 싸울 것이다.

Who flies may come back again to fight.
도망치는 자는 다시 돌아와서 싸운다.

It is better to have wings than to have horns.
뿔보다 날개를 갖는 것이 좋다.

It is better to flee than to abide a foolish enterprise.
어리석은 계획(사업)에 執着(집착)하기보다 도망치는 것이 낫다.

獨 Besser mit Schanden geflohen, denn gestorben.
죽기보다는 猖披(창피)하게 달아나는 것이 낫다.

(羅) Homo fugiens denuo pugnabit.
달아나는 사람은 다시 한번 싸울 것이다.

▌새도 가지를 가려 앉는다 ▌

(뜻) 친구나 職業(직업)을 가려야 한다.

(漢) 良禽擇木(양금택목). 좋은 새는 나무를 가린다.

良禽擇木而棲(양금택목이서), 賢臣擇主而事(현신택주이사).
좋은 새는 나무를 가려서 살고, 어진 신하는 군주를 가려서 섬긴다.

牛蹄之涔(우제지잠) 無尺之鯉(무척지리).
소발자국에 고인 물에 尺(척)짜리 잉어는 살지 아니한다.

枳棘非鸞鳳所棲(지극비난봉소서) 百里豈大賢之路(백리개대현지로)[1].
탱자와 가시나무는 鳳凰(봉황)이 살 곳이 아니며, 四方百里(사방백리)의 고을이 어찌 매우 뛰어난 人材(인재)가 다스릴 곳이겠느냐?

(日) 良禽(りょうきん)は木(き)を択(えら)ぶ. 좋은 새는 나무를 가린다.

良鳥(りょうちよう)は深山(しんざん)に棲(す)み幽谷(ゆうこく)に隠(かく)れ美魚(びぎょ)は深海(しんかい)に潜(ひそ)む.
좋은 새는 깊은 산에 살고 깊은 골짜기에 숨으며, 맛 좋은 고기는 깊은 바다에 가라앉는다.

大魚(たいぎょ)は小池(こいけ)に棲(す)まず.
큰 고기는 작은 못에 살지 아니한다.

(英) A bird like the pheonix choses its trees to alight on.
페닉스(不死鳥)와 같은 새는 그가 앉을 나무를 選擇(선택)한다.

A great ship asks deep waters. 큰 배는 깊은 바다를 요구한다.

---

1) 後漢書 循吏傳.

The best fish swim near the bottom.
제일 좋은 고기는 바닥 가까이에서 헤엄친다.

The greatest fish swim deep. 가장 큰 고기는 깊은 데서 헤엄친다.

❙ 새우 미끼로 잉어를 낚는다 ❙

類 곤지[1] 주고 잉어 낚는다.

보리 밥알로 잉어 낚는다.

되로 주고 말로 받는다.(p.123)

對 가는 방망이 오는 홍두깨[2].
작은 방망이로 때리고, 큰 홍두깨로 맞는다는 뜻.

漢 以蝦釣鯉(이하조리). 새우로 잉어 낚는다.

日 蝦(えび)で鯛(たい)を釣(つ)る. 새우로 돔을 낚는다.

雑魚(ざこ)で鯛(たい)を釣(つ)る. 雜魚(잡어)로 돔을 낚는다.

麦飯(いい)で鯉(こい)を釣(つ)る. 보리밥풀로 잉어 낚는다.

英 Throw a sprat to catch a whale.
고래를 잡기 위하여 청어를 던진다.

Venture a small fish and catch a great one.
大魚(대어)를 낚기 위하여 小魚(소어)를 건다.

You must lose a fly to catch a trout.
송어를 잡기 위하여서는 파리를 잃어야 한다.

Give a pea for a bean. 강낭콩을 얻으려고 완두콩을 준다.

---

1) 곤지 : 곰팡이.
2) 홍두깨 : 옷감을 감아서 다듬이질하는 데 쓰이는 길고 굵직한 둥근 몽둥이.

The hen egg goes to the ha'[1] to bring the goose egg awa'[2].
거위 알을 가져오기 위하여 계란을 가지고 저택으로 간다.

A small gift brings often a great reward.
작은 膳物(선물)이 때로는 큰 報酬(보수)를 가져온다.

㊐獨 Mit der Wurst nach der Speckseite (dem Schinken) werfen.
베이컨 덩어리(햄)를 위하여 소시지를 던진다.

㊐佛 Donner un œuf pour avoir un bœuf.
황소를 얻기 위하여 鷄卵(계란)을 준다.

Jeter un éperlan pour avoir une baleine.
고래를 잡기 위하여 바다빙어를 던진다.

Il faut hazarder un petit poisson pour prendre un grand.
大魚(대어)를 잡기 위하여 小魚를 걸어야 한다.

색시 그루[3]는 다홍치마 적에 앉혀야 한다

(뜻) 아내의 버릇은 다홍치마를 입은 새색시 적에 바로잡아야 한다.

(類) 아내 행실은 다홍치마 적부터 그루를 앉힌다.

(漢) 欲制細君須及紅裙(욕제세군수급홍군)[4]. 上同.

敎婦初來(교부초래)[5]. 아내는 처음 왔을 때 가르쳐라.

紅裳敎妻(홍상교처)[6]. 다홍치마 입었을 때에 처를 가르쳐라.

敎子自孩(교자자해). 자식은 아이 적부터 가르쳐라.

---

1) ha' : hall, the great house.
2) awa' : away.
3) 그루 : 나무 줄기의 밑부분. 그루 앉히다 : 올바르게 터전을 잡아주다.
4) 耳談續纂.
5), 6) 松南雜識.

(日) 矯(た)めるなら若木(わかぎ)のうち. 고치려면 幼木(유목)일 동안.

(英) Best to bend while it is a twig. 잔가지일 때에 굽히는 것이 좋다.

He is young enough to amend(or mend).
그는 개심하기에는 충분히 젊다.

It is hard to make an old dog(to) stoop(or lie low).
늙은 개를 엎드리게 하는 것은 어렵다.

Teach an old dog new skill. 늙은 개에게 새 재주를 가르치다.

Old and tough, young and tender.
老人(노인)은 剛(강)하고, 靑年(청년)은 柔(유)하다.

Thraw[1)] the wand[2)] while it is green.
푸를 때에 작은 가지를 굽혀라.

Old sparrows are ill to tame. 늙은 참새는 길들이기 어렵다.

An old popinjay cares not for the rod.
늙은 앵무새는 매를 좋아하지 아니한다.

(獨) Man muß den Baum biegen, solange er noch jung ist.
나무가 아직 젊을 때에 그것을 굽혀야 한다.

Alte Bäume biegt man nicht. 老木(노목)은 굽혀지지 않는다.

Alte Schäden heilen schwer. 옛 傷處(상처)는 낫기 어렵다.

Frische Wunden sind gut heilen. 새로운 상처는 잘 낫는다.

▌書堂(서당)개 三年(삼년)에 風月(풍월)한다 ▌

(뜻) 무슨 일을 오랫동안 듣고 보면 드디어는 할 줄 알게 된다.

---

1) thraw : twist.
2) wand : switch(부드러운 작은 가지, 회초리).

類 산 까마귀 念佛(염불)한다.

언어 들은 風月(풍월).

솔개도 오래면 꿩을 잡는다.

漢 堂狗三年吠風月(당구삼년폐풍월). 上同.

鄭玄[1]家奴婢皆讀書(정현가노비개독서).
鄭玄(정현)의 집 노비는 모두 글을 읽는다.

鳶踰三紀(연유삼기) 乃獲一雉(내획일추)[2].
솔개도 오래면 꿩 잡는다.

日 勧学院(かんがくいん)[3]の雀(すずめ)は蒙求(もうぎゅう)[4]を囀(さえず)る. 勸學院(권학원)의 참새는 蒙求(몽구)를 지저귄다.

鄭家(ていか)の奴(やつこ)は詩(し)をうたう.
鄭家(정가)의 下人(하인)은 시를 읊는다.

門前(もんぜん)の小僧(こぞう)習(なら)わぬ経(きょう)を読(よ)む.
문전의 아이가 배우지 아니한 경을 읽는다.

寺(てら)のほとりの童(わらべ)は習(なら)わぬ経(きょう)をよむ.
절 근처의 아이는 배우지 아니한 경을 읽는다.

英 A good candleholder[5] proves a good gamester.
노름판에서 촛불잡기를 잘 하는 사람은 훌륭한 노름꾼이다.

If one dwell by(or next door to) a cripple, he will learn to halt[6].
만약 절름발이 옆에 살면, 그는 다리 저는 것을 배울 것이다.

---

1) 鄭玄 : 중국 後漢 때의 유학자로 經書 해석의 대가임.
2) 耳談續纂.
3) 勸學院 : 일본의 平安時代에 藤原冬嗣란 사람이 그의 一族의 子弟를 가르치기 위하여 京都에 건립한 大學別曹의 하나.
4) 蒙求 : 唐朝 中期의 李翰이 저술한 책으로 어린이를 위한 歷史教科書.
5) candleholder : 촛대. 촛불을 들고 밝혀주는 사람.
6) halt : 정지하다, 망설이다, 다리를 절다.

▌서투른 巫堂(무당)이 長鼓(장고)만 나무란다 ▌

(類) 선무당이 마당 기울다 한다.

선무당이 장고 탓한다.

서투른 果房(과방)[1] 案盤(안반)[2] 타박.

서투른 熟手(숙수)[3]가 피나무 案盤만 나무란다.

(對) 名筆(명필)은 붓을 가리지 아니한다.(p.148)

(漢) 手生庖人貶擇案板(수생포인폄택안판)[4].
서투른 숙수가 안반 나무란다.

生熟手訾案盤(생숙수자안반)[5]. 上同.

(日) 下手(へた)の道具(どうぐ)調(しら)べ.
서투른 者(자)의 道具(도구) 고르기.

道具(どうぐ)立(だ)てする者(もの)は仕事(しこど)がにぶい.
온갖 道具를 갖추는 者는 일이 둔하다.

下手(へた)の伊達(だて)道具(どうぐ). 서투른 자의 멋있는 도구.

藪医師(やぶいしゃ)の薬味(やくみ)箪笥(だんす).
돌팔이 의사의 藥(약) 장농.

(英) A bad carpenter finds fault with his tools.
서투른 목수는 道具(도구)의 결점을 찾는다.

An ill workman quarrels with his tools.
서투른 일꾼은 그의 도구와 말다툼한다.

Never had an ill workman good tools.
서투른 일꾼이 좋은 도구를 가져본 일이 없다.

---

1) 果房(과방) : 熟設間. 잔치 때 음식을 차리기 위하여 마련한 곳.
2) 案盤(안반) : 떡칠 때에 쓰는 큰 나무板.
3) 熟手(숙수) : 料理士(요리사).
4) 旬五志.
5) 東言解.

An ill shearer never got a good hook.
서투른 收穫者(보리 베는 자)는 좋은 낫을 가져본 일이 없다.

He is an ill mason that refuses any stone.
어떤 돌이라도 돌을 거부하는 石工(석공)은 未熟(미숙)하다.

獨 Ein schlechter Handwerker schimpft(immer) auf sein Werkzeug.
서투른 匠人(장인)은 (언제나) 그의 도구에 대하여 불평을 한다.

Schlechte Arbeiter klagen über ihr Werkzeug.
서투른 일꾼은 그의 道具(도구)를 나무란다.

Wenn der Schreiber nichts taugt, ist die Feder schuld.
글씨 쓰는 사람이 능하지 아니하면 펜에 책임이 있다.

佛 A vaillant homme, court épée[1]. 용기 있는 자에게는 短劍(단검).

A méchant ouvrier, point de bon outil.
서투른 匠人(장인)에게 좋은 도구란 없다.

Mauvais ouvrier ne trouvera jamais bon outil.
서투른 匠人은 좋은 道具(도구)를 발견하지 못한다.

선巫堂(무당)이 사람 죽인다

類 半風水(반풍수) 집안 망친다.

어설픈 藥局(약국)이 사람 죽인다.

반편[2]이 名山(명산) 廢墓(폐묘)한다.

漢 生巫殺人(생무살인). 上同.

半識者憂患(반식자우환). 어설픈 식자는 오히려 우환이다.

---

1) 용감한 스팔타人은 短劍을 휴대했으며, 세계를 정복한 로마인은 더 짧은 劍을 가졌다 한다.

2) 반편(半偏) : 한 개를 절반으로 나눈 한 짝. 지능이 보통 사람의 반밖에 안 되는 사람(반편이).

日 生兵法(なまびょうほう)は大疵(おおきず)のもと.
어설픈 兵法(병법)은 큰 상처의 원인.

生物識(なまものしり)川(かわ)へはまる.
어설픈 博識(박식)은 개천에 빠진다.

生物識(なまものしり)地獄(じごく)へ落(お)ちる.
어설픈 博識은 地獄(지옥)으로 떨어진다.

生悟(なまさと)り堀(ほり)に落(お)ちる.
어설픈 깨달음은 도랑에 빠진다.

英 A little learning is a dangerous thing.
적게 배운 것은 危險(위험)한 것이다.

獨 Man soll nicht eher fliegen, als bis man Federn hat.
날개를 가지기 전에 날아서는 안 된다.

先手(선수)를 치면 남을 制壓(제압)한다

뜻 남보다 먼저 서둘면 有利(유리)하다는 뜻.

對 초장 까불이 파장 맷감.

漢 先則制人(선즉제인) 後則爲人所制(후즉위인소제)[1].
먼저 하면 사람을 制壓(제압)하고, 뒤에 하면 사람에게 제압 당하는 바다.

日 先(さき)んずれば人(ひと)を制(せい)す. 上同.

先手(せんしゅ)が万手(ばんしゅ). 선수가 만수.

早(はや)いが勝(かち). 빠른 것이 이긴다.

英 Early bird gets more. 일찍 일어나는 새가 모이를 많이 줍는다.

1) 史記 項羽本紀.

The early bird catches more worm.
일찍 온 새가 더 많은 벌레를 잡는다.

First come, first served. 먼저 온 자가 먼저 받는다.

It is good riding the forehorse. 앞말을 타는 것이 좋다.

He that runs fastest gets the ring.
가장 빨리 달리는 자가 상을 탄다.

He that comes first to the hill may sit where he will.
언덕에 먼저 온 자가 앉고 싶은 자리에 앉는다.

獨 Wer zuerst kommt, mahlt zuerst.
먼저 온 자가 먼저 가루를 빻는다.

Den Letzten beißen die Hunde. 개는 마지막 사람을 문다.

Wer nicht commt zur rechten Zeit, der muß essen, was übrigbleibt.
때 맞추어 오지 아니한 자는 남은 것을 먹어야 한다.

佛 Premier arrivé, premier servi. 먼저 온 자가 먼저 받는다.

Premier venu, premier moulu. 먼저 온 자가 먼저 가루를 빻는다.

性急(성급)한 사람 술값 먼저 낸다

類 성나 바위 차기.

성난 사람 어긋난 짓 한다.

성난 김에 서방질한다.

성미 급한 사람은 오래 못 산다.

성난 황소 영각[1])하듯 한다.

성난 개구리 바위 받기.

1) 영각 : 암소를 찾는 황소의 우는 소리.

성깔 있는 놈이 일은 잘한다.

漢 怒蹴巖(노축암) 吾足痛(오족통)[1]. 성나 바위 차면, 내 발이 아프다.

怒者逆德(노자역덕)[2]. 성난 사람 덕을 거스른다.

日 短気(たんき)は損気(そんき). 성급함은 손해.

短気(たんき)は短命(たんめい). 性急(성급)한 사람은 명이 짧다.

短慮(たんりよう)功(こう)を成(な)さず.
짧은 사려는 공을 이루지 못한다.

英 Anger and haste hinder good counsel.
憤怒(분노)와 성급함은 忠言(충언)을 막는다.

Anger punishes itself. 분노는 스스로를 벌한다.

Anger is short madness. 분노는 짧은 狂氣(광기)이다.

Anger and heartsease are utter enemies.
분노와 마음의 안정은 相剋(상극)이다.

獨 Blinder Eifer schadet nur.
盲目的(맹목적)인 情熱(정열)은 손해를 입을 뿐이다.

Leiden wahrt nicht immer, Ungeduld macht's schlimmer.
고통은 永續(영속)하지 아니하며, 焦燥(초조)는 일을 더 나쁘게 한다.

Wer im Zorn handelt, geht im Sturm(e) unter Segel.
성이 나서 행동하는 사람은 暴風(폭풍) 속에 돛을 달고 간다.

佛 Patience et longueur de temps font plus que force ni que rage.
忍耐(인내)와 緩晩(완만)은 폭력과 분노보다 많은 일을 한다.

Qui a temps, a vie. 시간을 가지는 자는 生命(생명)을 가진다.

---

1) 東言解.
2) 漢書.

Qui gagne du temps, gagne tout.
時間(시간)을 버는 자는 모든 것을 번다.

Qui se fâche a tort. 성낸 자가 잘못(손해)이다.

㉮ Furiosus furore suo punitur.
激憤(격분)한 사람은 스스로를 罰(벌)한다.

Ira furor brevis est. 憤怒(분노)는 狂氣(광기)이다.

섶을 지고 불로 들어가려 한다

㉯ 禍(화)를 자초한다.

㉰ 火藥(화약)을 지고 불로 들어간다.

棍杖(곤장)을 메고 매 맞으러 간다.

㉱ 以詐應詐(이사응사) 以譎應譎(이휼응휼) 若被簑而求火(약피사이구화) 毁瀆而止水(훼독이지수) 乃愈益多(내유익다)[1].
속임수로써 속임을 대하고, 거짓으로 거짓을 대하면, 마치 도롱이를 입고 불을 끄고, 도랑을 파헤쳐서 물을 막는 것과 같은 것으로서, 점점 심하여진다.

㉲ 簑(みの)着(き)て火事場(かじば)へ入(はい)る.
도롱이를 입고 불난 곳에 들어간다.

煙哨(えんしょう)背負(せお)って火事場(がじば)へ急(いそ)ぐ.
화약을 지고 불난 곳으로 급히 간다.

簑(みの)被(き)て火(ひ)を救(すく)い涜(とく)を毀(やぶ)りて水(みず)を止(とど)む.
도롱이를 입고 불을 끄고, 도랑을 파헤쳐서 물을 막는다.

1) 淮南子 說林訓.

(英) Put not fire to tow. 삼 부스러기에 불을 갖다 놓지 말라.

Fire and flax agree not well together.
불과 삼 부스러기는 의가 잘 맞지 아니한다.

Fire and hards[1] are not good together.
불과 삼 부스러기는 같이 있으면 좋지 않다.

세 사람만 우겨대면 없는 호랑이도 만들어 낸다

(類) 입이 여럿이면 금도 녹인다.

(漢) 三人成虎(삼인성호). 上同.
衆口鑠金(중구삭금). 上同.
衆口禍福之門(중구화복지문). 뭇 사람의 입은 화복을 부르는 문이다.
衆口難防(중구난방). 뭇 사람의 입은 막기 어렵다.
衆心成城(중심성성). 뭇 사람의 마음은 성을 이룰 수 있다.
衆怒難犯(중노난범). 뭇 사람의 노여움은 범하기 어렵다.

(日) 衆口(しゅうこう)金(きん)を鑠(と)かす. 上同.
衆怒(しゅうと)犯(おか)し難(がた)し. 上同.

세 사람이 모이면 文殊(문수)[2] 知慧(지혜)가 나온다[3]

(뜻) 여러 사람이 모이면 좋은 꾀가 나온다.

(對) 沙工(사공)이 많으면 배가 산으로 간다.(p.198)

---

1) hards : tow, 삼(亞麻) 부스러기.
2) 文殊(문수) : 如來(여래)의 왼편에 있어 知慧(지혜)를 맡아보는 菩薩(보살).
3) 日本 俗談.

㉠漢 三人行必有我師焉(삼인행필유아사언) 擇其善者而從(택기선자이종) 其不善者而改之(기불선자이개지)[1].
세 사람이 행하면 반드시 나의 스승이 있다. 선한 자를 택하여 따르고, 불선자를 거울삼아 나를 반성한다.

㉠日 三人(さんにん)寄(よ)れば文殊(もんじゅ)の知恵(ちえ). 上同.

㉠英 Four eyes see more than two. 네 눈은 두 눈보다 더 잘 본다.

Two heads are better than one, even if the one's a sheep's.
두 개의 머리는 한 개의 머리보다 낫다, 비록 하나가 羊(양)의 머리일지라도.

㉠獨 Vier Augen sehen mehr als zwei. 네 눈은 두 눈보다 잘 본다.

㉠佛 Deux avis valent mieux qu'un.
두 사람의 意見(의견)은 한 사람의 의견보다 낫다.

Quatre yeux voient mieux que deux. 네 눈은 두 눈보다 잘 본다.

Ecoute les conseils de tous, et prends celui qui te convient.
모든 忠告(충고)를 듣고 너에게 適切(적절)한 것을 취하라.

㉠羅 Plus vident oculi quam oculus. 많은 눈은 한 눈보다 잘 본다.

▌세 살 적 버릇(마음)이 여든까지 간다 ▌

㉠類 늙은 말이 콩 마다 아니한다.

버릇은 天性(천성)이 된다.(p.177)

호랑이 제 버릇 개 주느냐?

제 버릇 개 못 준다.

집에서 새는 쪽박 들에서도 샌다.

1) 論語 述而.

㊥漢 三歲之習(삼세지습) 至于八十(지우팔십)[1]. 上同.

三歲志 八十至(삼세지 팔십지). 上同.

日 三(み)つ子(ご)の魂(たましい)百(ひゃく)まで.
세 살 먹은 아이의 혼은 백 살까지.

雀(すずめ)百(ひゃく)まで踊(おど)り忘(わす)れず.
참새는 백까지 춤추기를 잊지 아니한다.

天性(てんせい)矯(た)め難(がた)し. 天性(천성)은 고치기 어렵다.

英 What is learned in the cradle is carried to the tomb.
搖籃(요람)에서 배운 짓은 무덤까지 간다.

獨 Jung gewohnt, alt getan. 젊어서 습관이 되면 늙어서 행한다.

佛 Ce qu'on apprend dès le berceau dure jusqu'au tombeau.
요람에서 배운 것은 무덤까지 繼續(계속)된다.

Ce qu'on apprend au ber on le retient jusqu'au ver. 上同.

Sous la couche épaisse de nos actes, notre âme d'enfant demeure inchangé.
우리 行動(행동)의 두터운 층 밑에는 아이 적의 魂(혼)이 변함없이 남아 있다.

Ce qu'on a été étant petit on le reste étand grand.
사람이 어릴 때에 가졌던 마음은 어른이 되어도 남는다.

Ce que poulain est en jeunesse, il l'est en vieillesse.
망아지의 어렸을 적 상태는 늙어서도 그대로 있다.

Le renard change de poil, mais non de naturel.
여우는 털을 갈아도 性質(성질)은 바꾸지 아니한다.

Chassez le naturel, il revient au galop.
本性(본성)을 쫓아버리면 그것은 달음박질로 돌아온다.

1) 耳談續纂.

歲月(세월)은 사람을 기다리지 아니한다

類 歲月은 살과 같다.

가는 세월, 오는 白髮(백발).

漢 光陰如矢(광음여시). 上同.

往而不來者年也(왕이불래자년야). 가고 아니 오는 것은 세월이다.

歲不我與(세불아여). 세월은 나를 기다리지 아니한다.

隙駒光陰(극구광음). 세월은 문틈으로 보는 말처럼 지나간다.

盛年不重來(성년부중래) 一日難再晨(일일난재신) 及時當勉勵(급시당면려) 歲月不待人(세월부대인)[1].
한창 나이는 거듭 오지 아니하고, 하루에 새벽은 두 번 없다. 때에 이르면 마땅히 부지런히 노력해야 하나니, 세월은 사람을 기다리지 아니한다.

日 歲月(さいげつ)人(ひと)を待(ま)たず.
세월은 사람을 기다리지 아니한다.

光陰(こういん)関守(せきもり)なし. 세월에는 關門(관문)지기가 없다.

今日(きょう)の後(あと)に今日(きょう)なし. 오늘 뒤에 오늘 없다.

英 Time and tide wait for no man.
歲月(세월)과 潮水(조수)는 사람을 기다리지 아니한다.

Time flies like an arrow. 歲月은 살처럼 난다.

獨 Zeit und Stunde warten nicht. 時間(시간)은 기다리지 아니한다.

Die Zeit hat Flügel. 세월은 날개를 가졌다.

Die Zeit ist an keinen Pfahl gebunden.
시간은 기둥에 묶이지 않는다.

1) 陶淵明.

佛 On ne peut pas être et avoir été.
사람은 現在(현재)와 過去(과거)에 동시에 있을 수 없다.

On n'est jeune qu'une fois. 사람은 한 번 이상 젊지 않다.

소경 단청(丹靑) 구경

類 소경 觀燈(관등)가듯 한다.

봉사 씨름 굿 보기.

봉사 기름값 물어주기.

漢 盲者丹靑(맹자단청). 上同.

日 盲(めくら)に眼鏡(めがね). 봉사에 안경.

坊主(ぼうず)の花簪(はなかんざし). 스님의 꽃비녀.

盲(めくら)の垣(かき)のぞき. 소경의 울타리 들여다보기.

英 A blind man will not thank you for a looking glass.
소경은 거울에 감사하지 아니한다.

A blind man's wife needs no painting.
소경의 아내는 화장할 필요가 없다.

獨 Dem Blinden hilft keine Brille.
소경에 眼鏡(안경)은 도움이 되지 아니한다.

소문난 잔치에 먹을 것 없다

(類) 허울 좋은 하늘타리

빛 좋은 개살구.

(對) 보기 좋은 떡이 먹기도 좋다.

(漢) 泰山鳴動鼠一匹(태산명동서일필).

태산이 울었으나 쥐 한 마리. 크게 떠벌렸으나 결과는 보잘것없다는 뜻.

(日) 名物(めいぶつ)に旨(うま)い物(もの)なし. 명물 치고 맛 좋은 것 없다.

遠(とお)くの坊(ぼお)さんありがたい.

멀리 있는 스님이 고맙다. 멀리 있는 스님이 존경스럽다는 뜻.

聞(き)いては天国(てんごく)見(み)ては地獄(じごく).

들어서는 天國 (천국), 보아서는 地獄(지옥).

名物(めいぶつ)は聞(き)くに名高(なだか)く食(く)うに味(あじ)なし.

명물은 듣기에는 고명하나, 먹기에는 맛이 없다.

名所(めいしょ)に見所(みどころ)なし. 명소에 볼 만한 곳은 없다.

来(き)て見(み)ればさほどでもなし富士(ふじ)の山(やま).

와서 보면 그렇지도 아니한 富士山(부사산).

(英) Fame is a liar. 名聲(명성)은 거짓말쟁이다.

Fame is a magnifying glass. 명성은 擴大鏡(확대경)이다.

All cry and no wool. 양털을 깎는데 울기만 하고 털은 없다.

Much cry than wool. 양털보다 울음이 많다.

小人閑居爲不善(소인한거위불선)[1]

뜻 小人(소인)이 閑暇(한가)히 살면 나쁜 짓을 한다.

日 小人(しょうじん)閑居(かんきょ)して不善(ふぜん)をなす. 上同.
隙(ひま)あれば瘡(かさ)を掻(か)く. 틈 있으면 부스럼 긁는다.

英 By doing nothing we learn to do ill.
아무것도 아니하면 나쁜 짓을 배운다.

The devil tempts all, but the idle man tempts the devil.
惡魔(악마)는 모든 사람을 誘惑(유혹)하나 게으른 사람은 악마를 유혹한다.

He that sits well thinks ill.
처지가 좋은 사람은 나쁜 것을 생각한다.

An idle brain is the devil's shop.
게으른 頭腦(두뇌)는 악마의 작업장이다.

Idleness is mother of the all ills.
懶怠(나태)는 모든 惡(악)의 어머니이다.

Those who are doing nothing are doing ill.
아무것도 아니하는 자는 나쁜 짓을 하고 있다.

Without business debauchery. 할 일 없으면 酒色(주색)이다.

獨 Müßiggang ist aller Laster Anfang.
懶怠(나태)는 모든 惡(악)의 시작이다.

Müßiggang ist Teufels Ruhebank.
나태는 악마의 安樂椅子(안락의자)이다.

Müßiggang ist der Tugend Untergang.
나태는 德(덕)의 破滅(파멸)이다.

---

1) 大學.

Durch Nichtstun lernt man Böses tun.
無爲(무위)에서 惡行(악행)을 배운다.

(佛) L'oisiveté est la mère de tous les vices.
無爲(무위)는 諸惡(제악)의 어머니.

En chômant on apprend à mal faire.
나태에서 惡行(악행)을 배운다.

Qui hait le travail, hait la vertu.
勞動(노동)을 싫어하는 자는 美德(미덕)을 싫어한다.

▎소 잃고 외양간 고치기 ▎

(뜻) 평소에는 허술했다가 낭패를 당한 후에 대책을 세우다.
이미 일을 그르친 뒤에 뉘우쳐도 소용 없다.

(類) 말 잃고 외양간 고친다.
도둑 맞고 사립 고친다.
도둑 맞고 빈지[1] 고친다.
成服(성복)[2] 뒤에 藥方文(약방문)[3].
成服祭 지내는데 藥公論(약공론)한다.
喪輿(상여) 뒤에 약방문.
後悔(후회)는 앞서지 아니한다.
사또 떠난 뒤 나팔 분다.
행차 뒤에 나팔.

---

1) 빈지 : 비바람을 막기 위하여 덧대는 문(널빈지).
2) 成服 : 초상이 났을 때에 상복으로 갈아입는 일.
3) 藥房文 : 약을 짓기 위하여 약재와 그 양을 적은 종이. 處方箋(처방전)이란 의사가 환자에게 투여할 약의 종류, 수량 등을 기재하여 약을 짓도록 약사에게 의뢰하는 서류.

굿 뒤에 날장구(쌍장구) 친다.

뒷북친다.

對 有備無患(유비무환). 준비하고 있으면 憂患(우환)이 없다.

漢 不愼其前(불신기전) 而悔其後(이회기후) 雖悔無反矣(수회무반의)[1].
미리 삼가지 아니하면 후회하고, 비록 후회하여도 돌이킬 수 없다.

失馬治廐(실마치구). 말 잃고 외양간 고친다.

亡羊補牢(망양보뢰) 未爲遲也(미위지야)[2].
양 잃고 외양간 고쳐도 늦지 않다. 양은 잃었으나 고치는 것이 중요하다는 뜻.

死後藥方文(사후약방문). 죽은 뒤에 약방문.

噬臍莫及(서제막급).
사향노루가 사람에게 잡힌 후 배꼽 물어뜯어도 미치지 아니한다.

日 盗人(ぬすびと)捕(とら)えて縄(なわ)をなう. 도둑 잡고 새끼 꼰다.

後悔(こうかい)先(さき)に立(た)たず.
後悔(후회)는 앞서지 아니한다.

後(あと)の祝(まつり). 祝祭의 뒤.

後(あと)の祝(まつり)仕方(しかた)がない.
祝祭(축제) 뒤라 어쩔 수 없다.

火事(かじ)の後(あと)の火(ひ)の用心(よおじん). 불난 뒤에 불조심.

英 You came a day after the party. 祝祭(축제)에 하루 늦게 왔다.

The bird is flown. 새는 날아 가버렸다.

A bird cries too late when it is taken.
새가 잡혔을 때에 우는 것은 너무 늦다.

---

1) 說苑建本.

2) 戰國策 楚策. 見兎而顧犬未爲晩也, ….

Too late does the rat repent in the cat's paws.
쥐는 고양이 앞발 속에서 너무 늦게 後悔(후회)한다.

Repentance comes too late. 후회는 너무 늦게 온다.

Things past can't be recalled but may be repented.
지난 일은 돌이킬 수 없으나 후회는 할 수 있을 것이다.

Like the Trojans, we were wise too late.
트로이人들처럼 너무 늦게 깨달았다.

獨 Wenn die Kuh gestohlen ist, so bessert man den Stall.
암소를 도둑 맞고 외양간을 고친다.

Reue nach der Tat ist viel zu spät.
行爲(행위) 뒤의 후회는 너무 늦다.

Er sieht zum Fasse, wenn der Wein im Keller fließt.
지하 술창고에서 葡萄酒(포도주)가 흘러나올 때에 술통을 들여다 본다.

Wenn das Kind in den Brunnen gefallen ist, deckt man ihn zu.
아이가 우물에 빠진 뒤에 거기에 뚜껑을 닫는다.

Die Spritzen kommen, wenn das Haus abgebrannt ist.
집이 타버린 때에 消防(소방) 펌프가 온다.

Das ist Senf nach der Tafel. 食後(식후)의 겨자이다.

佛 Après la mort, le médecin. 死後(사후)의 醫師(의사).

Quand la maison est brûlée, tout le monde apporte de l'eau.
집이 불타고 나서 사람들이 물을 가져온다.

Le cheval volé, on accourt à l'étable.
말을 도둑 맞고 마굿간으로 달려간다.

Fermer l'étable quand les chevaux n'y sont plus.
말이 없어지고 나서 마굿간을 닫는다.

Ce n'est pas quand les oiseaux sont envolés qu'il faut fermer la cage.
鳥籠(조롱)을 닫아야 하는 것은 새가 날아가 버렸을 때가 아니다.

▌쇠귀에 經(경) 읽기 ▌

뜻 남의 批判(비판)이나 意見(의견)을 전혀 듣지 아니하는 것.

類 바위에 대침 놓기.

개발에 편자[1].

漢 馬耳東風(마이동풍). 남의 말을 귀담아 듣지 않음.

牛耳誦經(우이송경). 쇠귀에 경 읽기.

對牛彈琴(대우탄금). 소에게 거문고 타주기.

世人聞此皆掉頭 有如東風射馬耳[2].

靑山自是絶世 無人誰與爲客 說向市朝公子 何殊馬耳東風[3].

日 馬(うま)の耳(みみ)に念仏(ねんぶつ). 말의 귀에 念佛(염불).

蛙(かえる)の面(つら)に水(みず). 개구리 얼굴에 물.

犬(いぬ)に論語(ろんご). 개에게 論語(논어).

牛(うし)に経文(きょうもん). 소에 경문.

河童(かっぱ)[4]の寒稽古(かんげいこ). 河童(하동)의 추위 단련.

英 Water on a duck's back. 오리 등에 물.

Sing psalms to a dead horse. 죽은 말에 讚頌歌(찬송가).

Talk to the wind. 바람에 말하다.

獨 Das heißt tauben Ohren predigen.
그것은 귀머거리에게 說敎(설교)하는 것이다.

Das geht zum einen Ohr hinein, zum andern hinaus.
한 쪽 귀로 들어가서 다른 귀로 나오다.

---

1) 편자 : 말굽에 붙이는 쇠조각.
2) 李白.
3) 蘇軾.
4) 河童 : p.189 참조.

(佛) Chante pour l'âne, il te pètera au nez.
나귀에 노래를 부르면, 코에 방귀를 뀔 것이다.

Un porc aime mieux un gland qu'un diamant.
돼지는 다이아몬드보다 도토리를 좋아한다.

Autant parler à un sourd. 귀머거리에게 말하는 것과 같다.

| 쇠뿔 고치려다 소 죽인다 |

(뜻) 작은 흠을 고치려다 큰 損害(손해)를 본다.

(漢) 矯角殺牛(교각살우). 上同.

(日) 角(つの)を矯(た)めて牛(うし)を殺(ころ)す. 上同.

(英) The remedy is worse than the disease. 약이 병보다 나쁘다.

Better a snotty child than his nose wiped off.
코를 떼어 없애는 것보다 코흘리개 아이가 낫다.

Better a snotty child than a noseless.
코 없는 아이보다 코흘리개 아이가 낫다.

Better to have a child with a snotty nose, than to have no nose at all. 上同.

(獨) Bessern ist oft bösern. 改正(개정)은 때로는 改惡(개악)이다.

Das Bessere ist der Feind des Guten.
더 좋은 것은 좋은 것의 敵(적)이다.

(佛) Le mieux est l'ennemi du bien. 더 좋은 것은 좋은 것의 적이다.

Il vaut mieux laisser son enfant morveux que le lui arracher le nez.
아이의 코를 떼내는 것보다 아이로 하여금 코를 흘리게 하는 편이 낫다.

Le remède est souvent pire que le mal.
藥(약)이 때로는 病(병)보다 나쁘다.

Voulant arranger les sourcils, il a enlevé les yeux.
눈썹 고치려다 그는 눈을 뽑아버렸다.

▌쇠뿔은 단 김이요, 호박떡은 더운 김이다▐

(뜻) 기회가 왔을 때에 놓치지 말고 해치워버려라.

(類) 쇠뿔도 단 김에 빼랬다.
쇠뿔도 손 댄 김에 빼랬다.

(漢) 勿失好機(물실호기). 좋은 기회를 놓치지 말라.

(日) 好機(こうき)逸(いつ)すべからず. 上同.

(英) Make hay while the sun shines.
해가 비칠 때에 乾草(건초)를 만들어라.

Strike while the iron is hot. 쇠는 뜨거울 때 두들겨라.

It is too late to grieve when the chance is past.
機會(기회)가 지난 다음에 슬퍼하는 것은 너무 늦다.

The mill cannot grind with the water that is past.
지나간 물을 가지고 물레방아는 가루를 빻지 못한다.

Now or never. 지금이 아니면 永遠(영원)히 안 된다.

The occasion lost cannot be redeemed.
잃어버린 機會(기회)는 다시 오지 아니한다.

Put out your tubs when it is raining.
비가 오고 있을 때 물통을 밖에 내놓아라.

The tide must be taken when it comes.
好機(호기)는 왔을 때에 잡아야 한다.

Take the first opportunity. 첫 번째 機會(기회)를 잡아라.

Everything has an ear and a pitcher has two.
모든 것(jar, cup, jug, mug 등)은 손잡이가 하나 있고, 물주전자는 둘이 있다. 매사에 기회가 한 번은 있고 둘 있는 일은 드물다는 뜻.

He that will not when he may, when he would he shall have nay.
할 수 있을 때에 할 意志(의지)가 없는 자는 하고 싶을 때에 할 수 없을 것이다.

(獨) Man muß die Gelegenheit beim Schopfe(am Stirnhaar) fassen.
기회를 잡으려면 앞머리채를 잡아야 한다. 機會(기회)의 女神(여신)은 앞머리만 있고 뒷머리는 없으므로, 닥쳐왔을 때에 앞에서 잡아야 한다는 뜻.

Man soll(muß) das Eisen schmieden, solange es heiß ist.
쇠는 뜨거울 동안 다루어야 한다.

Wenn Markt ist, muß man kaufen.
市場(시장)이 열려 있을 때에 물건을 사야 한다.

(佛) Il faut battre le fer pendant qu'il est chaud.
쇠는 뜨거울 동안에 두들겨야 한다.

Il faut ecorcher l'anguille quand on la tient.
장어는 누르고 있을 동안 껍질을 벗겨야 한다.

Il faut puiser tant que la corde est au puits.
두레박 줄이 우물에 있을 동안에 물을 퍼야 한다.

Qui ne fait pas quand il peut, ne fait pas quand il veut.
할 수 있을 때에 행하지 아니하는 자는 하고 싶을 때에 할 수 없다.

Qui ne prend le bien quand il peut ne le trouve plus quand il veut.
利(이)를 취할 수 있을 때에 취하지 아니하면, 취하고 싶을 때에는 할 수 없다.

(羅) Oportet ferrum tundere, dum rubet.
쇠는 뜨거울 때 두들겨야 한다.

Qui non vult cum potest, non utique poterit cum volet.
할 수 있을 때에 할 意志(의지)가 없는 자는 분명히 하고자 할 때에 할 수 없다.

▌숭어가 뛰니까 망둥이도 뛴다 ▌

(類) 숭어 뛰면 복쟁이 뛴다.

꼴뚜기가 뛰면 망둥이도 뛴다.

琵琶(비파) 맨 놈이 손뼉 치자, 칼 쓴 놈도 손뼉 친다.
자기의 悲慘(비참)한 처지도 모르고 남 따라 한다는 뜻.

(漢) 荷琵琶者抃(하비파자변) 荷桎梏者亦抃(하질곡자역변)[1]. 上同.

付和雷同(부화뇌동). 남의 言動(언동)에 덩달아 따르는 것.

瞽馬聞鈴(고마문령). 눈먼 말이 워낭[2] 소리 듣고 따라간다.

一波纔動萬波隨(일파재동만파수)[3].
一波(일파)가 조금 움직이면 萬波(만파)가 따른다.

一犬吠影(일견폐영) 百犬吠聲(백견폐성)[4].
一犬이 그림자를 보고 짖으면 百犬이 그 소리에 짖는다. 한 사람이 妖妄(요망)한 말을 하면 많은 사람이 이에 따르므로 시비곡직을 가리기 어렵게 된다. 따라서 말을 조심하라는 뜻.

吠影吠聲(폐영폐성). 上同.

---

1) 旬五志.
2) 워낭 : 마소의 턱 밑에 단 방울.
3) 千尺絲綸直下垂 一波纔動萬波隨 夜靜水寒魚不食 滿船空載月明歸(冷齋夜話).
4) 潛夫論.

一人傳虛(일인전허) 萬人傳實(만인전실).
一人이 거짓을 전하면 萬人이 진실을 전한다. 一人이 거짓말을 하면 萬人이 그것을 진실인 양 전하므로 말을 조심하라는 뜻.

夫一人善射(부일인선사) 百夫決拾(백부결습)[1].
한 사람이 활을 잘 쏘면 많은 사나이가 활깍지를 끼고 활을 쏜다. 한 勇士(용사)가 잘 싸우면 全軍(전군)이 분투한다는 뜻. 決拾(결습)이란 활을 쏠 때 손가락과 팔을 보호하기 위한 도구인 깍지(角指)를 낀다는 뜻. 拾에는 주을 습, 거둘 습, 깍지 또는 射韝(사구) 습, 열 십 등등의 뜻이 있다.

其君好發者(기군호발자) 其臣決拾(기신결습)[2].
主君(주군)이 활쏘기를 좋아하면 臣下(신하)들은 決拾을 한다.

楚王好細腰(초왕호세요) 朝有餓人(조유아인)[3].
초장왕이 가는 허리를 좋아하여 궁중에 굶는 宮女(궁녀)가 있었다.

日 鯉(こい)が踊(おど)れば泥鰌(どじょう)も踊る.
잉어가 춤을 추면 미꾸라지도 춤을 춘다.

雁(がん)がたてば鳩(はと)もたつ. 기러기가 날면 비둘기도 난다.

雁が飛(と)べば石亀(いしがめ)も地団駄(じだんだ).
기러기가 날면 남생이도 발을 동동 구른다.

一桃(いちと)腐(くさ)りて百桃(ひゃくと)損(そん)ず.
복숭아 한 개 썩어서 백 개를 손해 본다.

一犬(いっけん)影(かげ)に吠(ほ)ゆれば万犬(ばんけん)声(こえ)に吠ゆ. 一犬이 그림자를 보고 짖으면 万犬이 그 소리에 짖는다.

一鶏(いっけい)鳴(な)けば万鶏(ばんけい)歌(うた)う.
한 마리 닭이 울면 만 마리가 따라 부른다.

一匹(いっぴき)狂(くる)えば千匹(せんぴき)の馬(うま)も狂う.
한 마리가 發狂(발광)하면 천 마리 말도 미친다.

---

1) 國語 吳語.
2) 戰國策 楚策.
3) 戰國策 楚策.

狂人(きょうじん)走(はし)れば不狂人(ふきょうじん)も走(はし)る.
狂人 (광인)이 뛰면 狂人 아닌 자도 뛴다.

(英) Goats, where one leaps, they all leap.
山羊(산양) 한 마리가 뛰면 그들은 모두 뛴다.

If one sheep leap o'er the dyke(or leaps over the ditch), all the rest will follow.
염소 한 마리가 둑을 뛰어 넘으면 나머지 모두가 따른다.

Like dogs, when one barks all bark.
개와 같이, 한 마리가 짖으면 모두가 다 짖는다.

One barking dog sets all the street barking.
한 마리 짖는 개는 거리 전체를 짖게 한다.

One rotten apple spoils a hundred.
한 개의 썩은 사과는 백 개를 상하게 한다.

One scabbed sheep mars a whole flock.
옴(疥癬)이 옮은 한 마리의 양은 무리 전체를 버린다.

One fool makes a hundred.
한 사람의 바보는 百人(백인)을 바보로 만든다.

(獨) Wenn ein Hund bellt, bellt das ganze Dorf.
한 마리 개가 짖으면 마을 전체가 짖는다.

Ein Narr macht viele Narren. 한 바보는 많은 바보를 만든다.

Trinkt ein Gans, so trinken sie alle.
한 마리 거위가 물을 마시면 모두가 마신다.

Ein räudiges Schaf steckt die ganze Harde an.
한 마리의 비루[1] 먹은 양은 무리 전체에 전염시킨다.

Ein fauler Apfel steckt hundert gesunde an.
한 개의 썩은 사과는 백 개의 신선한 사과에 옮긴다.

---

1) 비루 : 개 · 양 · 말 등의 털이 빠지는 피부병.

(佛) A la presse vont les fous. 狂人(광인)은 혼잡한 곳으로 간다.

Ce sont des moutons de Panurge[1].
그것은 빠뉼쥬의 羊(양)이다.

Il ne faut qu'une brebis galeuse[2] pour gâter(infecter) un troupeau.
한 마리의 옴에 걸린 암양은 무리 전체를 망친다.

Une pomme pourrie en gâte cent.
한 개의 腐敗(부패)한 사과는 백 개를 못쓰게 한다.

(羅) Latrante uno, latrat statim et alter canis.
한 마리가 짖으면 다른 개도 곧 따라 짖는다.

Pomum compunctum cito corrumpit sibi junctum.
상한 과일은 인접한 과일을 곧 부패시킨다.

Grex tolus in agris unius scabie cadit.
양떼 전체가 한 마리 옴 오른 양 때문에 들에서 쓰러진다.

Unius dementia dementes efficit multos.
한 사람의 狂氣(광기)가 많은 사람을 미치게 한다.

숯이 검정 나무란다

(類) 똥 묻은 개가 겨 묻은 개 나무란다.

허청(헛간) 기둥이 측간 기둥 흉본다.

뒷간 기둥이 물방앗간 기둥을 더럽다 한다.

가랑잎이 솔잎더러 바스락거린다고 한다.

매달린 개가 누워있는 개를 웃는다.

---

1) Panurge라는 사람이 어떤 商人에게 보복을 하기 위하여 그 商人의 양떼 중 頭目格 인 羊을 한 마리 사서 그것을 바다에 던진 즉 다른 양들도 곧 바다에 뛰어들어가 죽어 버렸다. 이 이야기에서 付和雷同한다는 뜻이 나왔다.
2) brebis galeuse : 옴에 걸린 암양, 타락한 사람, 나쁜 영향을 미치는 사람.

샛바리[1] 짚바리[2] 나무란다.

제 흉 열 가진 놈이 남의 흉 한 가지 본다.

남의 눈 속의 티는 보면서 자기 눈의 들보는 보지 못한다.

가마[3] 밑이 노구솥[4] 밑을 검다 한다.

쌍언청이가 외언청이 타령한다.

漢 釜底笑鼎底(부저소정저). 가마솥 밑이 노구솥 밑을 비웃는다.

五十步百步(오십보백보).
戰場(전장)에서 五十步를 도망한 자가 百步를 도망한 자를 비웃는다.

日 目糞(めくそ)鼻糞(はなくそ)を笑(わ)らう. 눈꼽이 코딱지를 비웃는다.

盥(たらい)半切(はんぎり)をわらう. 대야가 얕은 통을 비웃는다.

猿(さる)の尻(しり)笑(わら)い.
원숭이의 엉덩이 비웃기. 원숭이가 자기 엉덩이의 붉은 것은 모르고 남의 엉덩이가 붉다고 비웃는 것.

無(な)くて七癖(ななくせ).
없어도 일곱 가지 버릇. 누구나 몇 가지 버릇은 있다는 뜻.

不身持(ふみもち)の儒者(じゅしゃ)が医者(いしゃ)の不養生(ふようじょう)を謗(そし)る.
품행 나쁜 선비가 의사의 不攝生(불섭생)을 나무란다.

障子(しょうじ)の破(やぶ)れ目(め)から隣(となり)の障子の破(やぶ)れを笑(わら)う.
장지문 찢어진 틈으로 이웃 장지문 찢어진 것을 비웃는다.

---

1) 바리 : 마소에 잔뜩 실은 짐을 세는 단위. 마소에 짐을 실을 때에 쓰이는, 가마니처럼 엮은 물건. 샛바리는 억새풀로 엮은 바리.
2) 짚바리 : 짚으로 엮은 바리.
3) 가마 : 큰 가마솥.
4) 노구솥 : 옮기어 쓸 수 있는 솥.

人(ひと)の一寸(いっすん)我(わ)が一尺(いっしゃく).
남의 한 치, 나의 한 자. 남의 흉은 작아도 커 보이나, 자기 흉은 커도 보이지 않는다는 뜻.

人(ひと)の針程(はりほと)が我(わ)が棒程(ぼうほと).
남의 바늘만 한 것이 나의 막대기만 하다.

人(ひと)の背中(せなか)は見(み)えるが我(わ)が背中は見えぬ.
남의 등은 보이지만 나의 등은 보이지 아니한다.

英 Every mote is a beam in his eye.
모든 티끌은 그의 눈에는 들보이다. 남의 작은 흉이 그에게는 크게 보인다.

Mote and beam. 티끌과 들보.

In an enemy, spots are soon seen. 敵(적)의 결점은 곧 보인다.

Crooked carlin[1], quoth[2] the cripple to his wife.
절름발이가 그의 마누라에게 허리 굽은 할미라고 말한다.

The devil rebukes(or corrects) sin. 악마가 죄를 비난한다.

The frying pan said to the kettle, "Avaunt[3], black brows".
프라이팬이 주전자를 보고 검은 얼굴은 물러가라고 한다.

Kettle calls the pot black ass.
솥이 주전자더러 검은 바보라고 한다.

The kiln calls the oven burnt hearth.
가마가 솥을 보고 불탄 화로라 한다.

The hunchback does not see his own hump, but sees his companion's.
곱추는 자신의 곱사등은 못 보나 同僚(동료)의 곱사등은 볼 수 있다.

Let not one fool mock another.
바보가 다른 바보를 비웃게 하지 말라.

1) carlin[kɑ́rlən] : 여자. 노파(미국에서는 경멸적으로 씀).
2) quoth : said의 古語.
3) avaunt[əvɔ́nt] : 가라, 물러가라.

The pot calls(or called) the kettle black.
냄비가 솥을 검다고 한다.

The raven said to the rook. stand away, black-coat.
갈까마귀가 떼까마귀더러 검둥이야 가까이 오지 말라고 한다.

There are those who despise pride with a greater pride.
자랑을 더 큰 자랑으로 蔑視(멸시)하는 자가 있다.

Thou art a bitter bird, said the raven[1] to the starling[2].
까마귀가 찌르레기더러 그대는 지독한 새라고 한다.

Vice corrects[3] sin. 惡德(악덕)이 罪惡(죄악)을 나무란다.

God help the fool, quoth Pedley[4].
'하나님이 어리석은 자를 도와주시도록'이라고 페들리는 말했다. 바보가 자기 어리석음을 모르고 남의 어리석음을 同情(동정)한다는 뜻.

He that mocks a cripple ought to be whole[5].
절름발이를 비웃는 자는 四肢六身(사지육신)이 멀쩡해야 한다.

The snite[6] needs not the woodcock betwit[7](or betwite).
도요새는 누른 도요새를 非難(비난)해서는 안 된다. 두 새는 모두 부리가 길다.

獨 Die Krähe sagt, daß der Rabe krächze.
까마귀가 다른 까마귀더러 까욱까욱 한다고 한다.

Ein Esel schimpft(schilt) den andern Langohr.
한 당나귀가 다른 당나귀에게 귀가 길다고 비난한다.

Der Kessel schilt den Ofentopf. 솥이 냄비를 나무란다.

---

1) raven : 屍體를 뜯어먹는 불길한 새.
2) starling : 흉내내기, 지껄이기, 盜癖으로 유명한 새.
3) correct : 옳은. 정확한. 바로잡다. 꾸짖다. 억제하다.
4) 페들리라는 사나이는 태어나면서부터 바보였는데, 언제나 입버릇처럼 "하나님 어리석은 자를 도와주소서"라고 남의 일처럼 말했다 한다.
5) whole : 전부의, 완전한, 건전한, 가공 첨가하지 아니한.
6) snite : snipe의 고어, 도요새.
7) betwit : upbraid의 고어, 나무라다.

Man sieht den Splitter im fremden Auge und nicht den Balken in eigenen.
남의 눈 속에 있는 먼지를 보고 자신의 눈 속에 있는 각목은 못 본다.

佛 La pelle se moque du[1] fourgon.
삽이 부삽을 비웃는다. fourgon은 짐차라는 뜻이 있어서, 흙 묻은 삽이 흙 묻은 짐차를 비웃는다고 새길 수도 있다.

Le chaudron mâchure le poêle.
냄비가 프라이팬을 보고 검다고 한다. 하찮은 것들이 서로 輕蔑(경멸)한다는 뜻.

C'est bonnet blanc et blanc bonnet.
그것은 양쪽 모두가 흰 창 없는 모자다.

C'est jus vert et vert jus. 그것은 양쪽 다 쓴 쥬스이다.

On aime la justice dans la maison d'autrui.
사람은 남의 집안의 正義(정의)를 좋아한다. 자기 흉은 덮어두고 타인에 대해 嚴格(엄격)한 정의를 요구한다는 뜻.

▌쉽게 번 돈 쉽게 나간다 ▌

類 쉽게 단 쇠가 쉽게 식는다.

쉬 더운 방이 쉽게 식는다.

악으로 모은 살림 악으로 망한다.(p.257)

日 泡銭(あぶくぜに)は身(み)につかぬ.
일하지 아니하고 번 돈은 몸에 붙지 아니한다.

英 Easy come, easy go. 쉽게 온 것은 쉽게 나간다.

Lightly come, lightly go. 上同.

---

1) se moquer de : ~을 비웃다, 빈정대다.

Quickly come, quickly go. 빨리 온 것은 빨리 나간다.

Soon gotten, soon spent. 上同.

Soon learnt, soon forgotten. 빨리 배운 것은 빨리 잊어버린다.

Easy gotten goods are soon spent.
쉽게 얻은 재물은 곧 써버린다.

獨 Wie gewonnen[1], so zerronnen[2].
벌어들인 방법과 같이 財産(재산)도 그렇게 없어진다.

佛 Tôt gargné, tôt gaspillé. 빨리 얻은 것은 빨리 낭비한다.

Ce qui vient de la flûte s'en va au tambour.
피리에서 온 것은 북으로 돌아간다.

羅 Quod cito acquiritur, cito perit.
빨리 성취한 것은 빨리 소멸된다.

勝(승)하면 忠臣(충신)이요, 敗(패)하면 逆賊(역적)이다

類 잘되면 충신이요, 못되면 역적이다.

漢 成則君王(성즉군왕) 敗則逆賊(패즉역적). 上同.

竊鉤者誅(절구자주) 竊國者爲諸候(절국자위제후)[3].
갈고리를 훔친 자는 주살되고, 나라를 훔친 자는 제후가 된다.

日 勝(か)てば官軍(かんぐん)負(ま)ければ賊軍(ぞくぐん).
이기면 관군, 지면 적군.

---

1) gewinnen, gewann, gewonnen : 이기다, 얻다, 벌다.
Gewinn : 이익, 승리. Gewinner : 승자, 당첨자, 이득자.
2) zerrinnen, zerran, zerronnen : 녹다, 없어지다.
Schnee zerrinnt : 눈이 녹다. Sein Vermögen ist zerronnen : 그의 재산이 없어지다.
3) 莊子, 胠篋.

英 Might is right. 힘이 正義(정의)이다.

A thief passes for gentleman when stealing has made him rich.
도적질로 富者(부자)가 되면 그는 紳士(신사)로 통한다.

Successful sin passes for virtue.
成功(성공)한 죄는 美德(미덕)으로 통한다.

All is fair in love and war.
사랑과 戰爭(전쟁)에는 모든 것이 正當(정당)하다.

Success is never blamed.
成功(성공)은 결코 非難(비난)받지 아니한다.

獨 Die großen Fische fressen die kleinen.
큰 고기는 작은 고기를 먹는다.

Wer den Sieg behält, hat Recht.
승리를 얻은 자가 正義(정의)를 가진다.

Der Verlierer hat immer Unrecht. 敗者(패자)는 언제나 나쁘다.

佛 La fin justifie les moyens. 목적은 수단을 정당화한다.

La raison du plus fort est toujours la meilleure.
가장 强(강)한 자의 이유가 가장 훌륭하다.

Qui perd pèche. 지는 자가 죄를 뒤집어쓴다.

Les gros poissons mangent les petits.
큰 고기는 작은 고기를 먹는다.

Les grands voleurs pendent les petits.
큰 盜賊(도적)이 작은 도적을 絞首(교수)한다.

Les gros larrons font pendre les petits. 上同.

Les voleurs privés sont aux galères, les voleurs publics dans des palais.
사사로운 도적은 갈리船(선)으로 가고, 큰 도적은 宮殿(궁전)으로 간다. 작은 도적은 갈리선의 노를 젓는 奴隷(노예)가 되고, 큰 도적은 정권을 쥔다는 뜻.

始作(시작)이 半(반)이다

類 千里(천리) 길도 첫걸음으로부터.

落落長松(낙락장송)도 근본은 종자.

對 始作(시작)이 나쁘면 끝도 나쁘다.

설 때 궂긴 아이 날 때도 궂긴다.(p.124)

漢 善始善終(선시선종). 시작이 좋으면 끝도 좋다.

日 初(はじ)めが大事(だいじ). 시작이 重要(중요)하다.

初めが 半分(はんぶん). 시작이 반이라.

英 Beware beginnings. 始作(시작)을 注意(주의)하라.

A good beginning makes a good ending.
좋은 시작은 좋은 끝을 만든다.

A good shape is in the shears' mouth.
좋은 모양은 가위 입에 있다. 裁斷(재단)이 잘 되어야 모양이 좋다는 뜻.

Such a beginning such an end. 시작이 그러하면 끝도 그렇다.

Like beginning like ending. 上同.

An ill(or A bad) beginning has an ill(or a bad) ending.
나쁜 시작은 나쁜 終末(종말)을 가져온다.

Every beginning is hard(or difficult). 모든 시작은 어렵다.

The greatest(or hardest) step is that out of doors(or over the threshold). 가장 어려운 발걸음은 大門(대문)을 나서는 것이다.

The first step is the only difficulty. 첫걸음이 어려울 뿐이다.

Well begun is half done. 훌륭한 시작은 半은 성취된 것이다.

獨 Anfang ist die Hälfte des Ganzen. 시작은 전체의 반이다.

Wie der Anfang, so das Ende. 시작과 같이 끝도 그러하다.

Anfang und Ende reichen einander die Hände.
시작과 종말은 서로 손을 잡는다.

佛 Chose commencée est a demi achevée.
시작된 일은 반은 成就(성취)된 것이다.

Pour bien finir, il faut bien commencer.
훌륭한 結末(결말)을 위해서는 훌륭하게 시작해야 한다.

A moitié fait qui commence bien.
훌륭하게 시작된 것은 반은 성취된 것이다.

A mal enfourner on fait les pains cornus.
가마솥에 잘못 넣으면 모난 빵을 굽게 된다.

羅 Mali principii malus finis. 시작이 나쁘면 끝이 나쁘다.

시장이 반찬

漢 飢渴甘食(기갈감식). 시장하고 목마르면 음식이 달다.

日 空腹(くうふく)にまずい物(もの)なし. 空腹(공복)에 맛없는 것 없다.

飢(う)えては食(しょく)を選(えら)ばず.
굶으면 飮食(음식)을 가리지 아니한다.

英 Hunger is the best sauce. 시장이 제일 좋은 양념이다.

Hunger is not dainty. 시장하면 음식에 까다롭지 않다.

獨 Hunger ist der beste Koch. 시장이 최고의 料理(요리)이다.

In der Not frißt der Teufel Fliegen.
궁하면 惡魔(악마)는 파리를 먹는다.

Dem hungrigen Bauch schmecht alles whol.
空腹(공복)에는 모든 것이 맛이 좋다.

(佛) Quand on a faim, tout paraît bon.
시장할 때는 모든 것이 맛있게 보인다.

L'appétit est le meilleur cuisinier.
食欲(식욕)은 제일 좋은 料理師(요리사)이다.

Au dégoûté le miel est amer. 싫증난 자에게는 꿀도 쓰다.

A ventre soûl, cerises sont amères.
飽滿(포만)한 배에는 버찌도 쓰다.

Il n'est chère que d'appetit.
食慾(식욕) 이외에 더 값진 것은 없다.

La faim assaisonne tout. 굶주림이 모든 것에 양념을 한다.

A un affamé tout est bon. 굶주린 자에게는 모든 것이 맛이 있다.

失敗(실패)는 成功(성공)의 어머니

(漢) 先敗後成(선패후성). 실패 후에 성공한다.

(日) 失敗(しっぱい)は成功(せいこう)の基(もと). 실패는 성공의 기초.

(英) He that does amiss may do well.
서투르게 하는 자는 잘하게 된다.

He that never did one thing ill can never do it well.
어떤 일을 잘못해 보지 아니한 자는 그것을 잘할 수 없다.

You must spoil before you spin well.
실을 잘 잣기 전에 失敗(실패)를 해야 한다.

(獨) Durch Schaden wird man klug.
손해를 통하여 怜悧(영리)하여진다.

Durch Fehler wird man klug. 실패를 통하여 영리해진다.

(佛) On apprend en faillant. 사람은 失手(실수)로 배운다.

十年(십년)공부 나무아미타불

(뜻) 오랫동안 애써서 한 일이 헛일이 되고 말았다.

(類) 도로 아미타불.

(漢) 還阿彌陀佛(환아미타불)[1]. 上同.

終身爲善(종신위선), 一言則敗之(인언즉패지)[2].
평생 쌓아온 善行(선행)이 말 한마디로 무너진다. 말을 신중히 하라는 뜻.

(日) 百日(ひゃくにち)の説法(せっぽう)屁(へ)一(ひと)つ.
백일의 설법, 방귀 하나. 오랫동안 애쓴 일이 작은 실수 하나로 무너져 버리는 것.

(英) One ill condition mars all good.
하나의 나쁜 條件(조건)이 모든 좋은 조건을 망친다.

One hour's cold will spoil seven years' warming.
한 시간의 冷氣(냉기)가 7년간의 保溫(보온)을 망친다.

십인십색(十人十色)

(뜻) 열 사람이면 열 사람이 모두 모양・생각・취미 등이 다르다.

(類) 제 눈에 眼鏡(안경).

(日) 十人(じゅうにん)十色(といろ). 上同.

1) 東言考略.
2) 孔子家語.

英 Many men, many minds. 사람이 많으면 의견도 많다.

So many men, so many minds. 上同.

So many heads so many censures. 머리 수만큼 비난이 많다.

Every man has his humour.
각자는 그의 氣質(기질)을 가지고 있다.

獨 Viel Köpfe, viel Meinungen.
많은 머리가 있으면 많은 생각이 있다.

Soviel Köpfe, soviel Sinne(Vermutung). 上同.

Eines schickt sich[1)] nicht für alle.
한 가지 일이 모든 일에 해당하는 것은 아니다.

佛 Autant de têtes, autant d'opinions. 머리 수만큼 의견이 있다.

Les cinq doigts de la main ne se ressemblent pas.
다섯 손가락은 서로 닮지 아니한다.

Chacun a son goût. 각자는 그의 趣味(취미)를 가진다.

Des goûts et des couleurs on ne dispute point.
취미와 색깔에 대하여 論爭(논쟁)할 수 없다.

▌싼 것이 비지떡 ▌

類 값 싼 비지떡.

日 安物(やすもの)買(か)いの銭(ぜに)失(うしな)い
싼 물건 사는 것은 돈 잃는 것이다.

安物は高物(たかもの). 싼 것은 비싼 것이다.

英 Bad ware is never cheap. 低質品(저질품)은 싸지 않다.

---

1) schicken sich : 따르다. 순응하다. 알맞다. 발생하다.

(獨) Wie das Geld, so die Ware. 돈만큼 물건은 값어치가 있다.

Wohlfeil ist nicht billig. 廉價(염가)는 싼 것이 아니다.

Wohlfeil costet viel Geld. 싼 것은 돈이 많이 든다.

Wohlfeil leert den Beutel. 값싼 것은 지갑을 비운다.

(佛) Bon marché ruine. 값싼 購買(구매)는 망한다.

On n'a jamais bon marché de mauvaise marchandise.
粗惡(조악)한 商品(상품)을 싸게 사는 일은 없다. 싸다고 하여 사면 쓸모가 없거나 곧 못쓰게 되어 돈만 잃는다는 뜻.

❙ 쌀은 쏟고 주워도 말은 하고 못 줍는다 ❙

(類) 좁은 입으로 말하고 넓은 치맛자락으로 못 막는다.

발 없는 말이 千里(천리) 간다.(p.172)

(漢) 駟不及舌(사불급설)[1]. 四頭馬車(사두마차)도 혀를 못 따른다.

(日) 吐(は)いた唾(つば)は呑(の)めぬ. 뱉은 침은 삼킬 수 없다.

口(くち)から出(で)れば世間(せけん).
입에서 나오면 世上(세상)이다.

駟(し)も舌(した)に及(およ)ばず. 四頭馬車도 혀를 미치지 못한다.

(英) A word once out flies everywhere.
한번 나온 말은 어디든지 날아간다.

Words and feathers the wind carries away.
바람은 말과 깃을 가지고 간다.

A word and stone let go cannot be called back.
튀어나간 말과 돌은 불러들일 수 없다.

---

1) 論語 顔淵篇.

A stone once cast and a word once spoken, cannot be recalled.
한번 던진 돌과 한번 해버린 말은 불러들일 수 없다.

When the word is out, it belongs to another.
말이 나가면, 그 말은 다른 사람의 所有物(소유물)이다.

A words spoken is an arrow let fly.
해버린 말은 쏘아버린 화살이다.

Words have wings and cannot be recalled.
말은 날개를 가지고 있으므로 불러들일 수 없다.

(獨) Was drei wissen, erfahren bald dreißig.
세 사람이 아는 바는 곧 서른 사람이 알게 된다.

Was kommt in dritten Mund, das wird aller Welt kund.
세 번째 입에 전해진 바는 온 세상에 알려진다.

Das Geheimnis ist dein Gefangener, so lange du es bewahrst; du aber bist sein Gefangener, wenn du es offenbarst.
그대가 비밀을 지키는 한, 비밀은 그대의 포로이다. 그러나 그것을 공개하면 그대가 비밀의 포로가 된다.

(佛) Secret de deux, secret de Dieu; Secret de trios, secret de tout.
두 사람의 비밀은 하느님의 비밀; 세 사람의 비밀은 모두의 비밀.

Il faut tourner sept fois sa langue dans sa bouche avant de parler.
말하기 전에 그대의 입 속에서 그대의 혀를 일곱 번 굴리라.

(羅) Verbum semel emissum volat irrevocabile. 한번 나간 말은 돌이킬 수 없이 날아간다.

아끼다가 썩힌다.

㊟ 아낀 옷에 좀 먹는다.
아낀 물건에 좀 난다.
아끼다가 똥 된다.
아끼다가 개 좋은 일만 한다.

對 아끼면 있고, 奢侈(사치)하면 없어진다.

漢 我所珍虔(아소진건), 竟歸人屎(경귀인시).
내가 아끼는 것이 드디어 똥이 되다.

日 宝(たから)の持(も)ち腐(ぐさ)れ.
보물을 가지고 썩히다. 才能(재능)이나 유용한 물건을 活用(활용)하지 아니하는 것.

英 Better spent than spared. 아끼는 것보다 쓰는 것이 낫다.
It is better to wear out than rust out.
녹스는 것보다 닳아 빠지는 것이 낫다.
Goods are theirs that enjoy them.
財貨(재화)는 그것을 누리는 자의 것이다.

▌아내가 예쁘면 妻家(처가) 울타리까지 예쁘다 ▌

뜻 아내에 빠져 事理分別(사리분별)을 못 한다.

類句 아내가 귀여우면 妻家(처가) 말뚝보고 절한다.

아내가 귀여우면 처갓집 문설주[1])도 귀엽다.

아내가 고우면 처갓집 호박꽃도 곱다 한다.

아내가 예쁘면 개죽을 쒀 주어도 맛있다 한다.

고운 사람 미운 데 없고, 미운 사람 고운 데 없다.

對 까마귀 열두 소리에 하나도 좋지 않다.

중이 미우면 袈裟(가사)도 밉다.(p.346)

아내 말을 잘 들으면 廢家(폐가)하고, 안 들으면 亡身(망신)한다.

아내 나쁜 것은 백 년 怨讐(원수), 된장 맛 신 것은 일 년 원수.

漢 婦家情篤 拜厥馬杖(부가정독 배궐마장)[2]).
처가에 대한 정이 敦篤(돈독)하면 말뚝보고 절한다.

愛人無可憎 憎人無可愛(애인무가증 증인무가애)[3]).
고운 사람 미운 데 없고, 미운 사람 고운 데 없다.

屋烏之愛(옥오지애)[4]). 지붕 위 까마귀에게도 사랑이 미친다.

日 愛(あい)してその醜(しゅう)を忘(わす)る.
사랑하여 그 추한 것을 잊어버린다.

愛(あい)は屋上(おくじょう)の鳥(とり)に及(およ)ぶ.
사랑은 옥상의 새에 미친다.

---

1) 문설주 : 문의 양쪽에 기둥을 세워 그 사이에 문짝을 달게 하는 그 기둥.
2) 耳談續纂.
3) 旬五志.
4) 愛其人者 愛其屋上之鳥 憎其人者 憎其儲胥(尙書大傳).

愛(あい)屋烏(おくう)に及(およ)ぶ.
사랑은 지붕 위 까마귀에게 미친다.

怒(おこ)りは水中(すいじゅう)の蟹(かに)にも遷(うつ)り愛(あい)は屋上(おくじょう)の烏(からす)にも及(およ)ぶ.
분노는 水中(수중)의 게에게도 옮기고, 사랑은 屋上(옥상)의 까마귀에게도 미친다. 사랑과 미움에는 分別(분별)이 없음을 뜻한다.

坊主(ほうず)憎(にく)けりゃ袈裟(けさ)まで憎(にく)い.
중이 미우면 袈裟(가사)까지 밉다.

英 Love(or worship or hate) the ground he treads on.
그가 밟고 있는 땅을 사랑(숭배 또는 미워)한다.

Love me, love my dog. 나를 사랑하면 나의 개도 사랑하라.

Fancy surpasses(or passes) beauty.
愛情(애정)은 美(미)를 능가한다.

獨 Wer mich liebt, der liebt auch meinen Hund.
나를 사랑하는 자는 나의 개도 사랑한다.

佛 Qui m'aime aime(aussi) mon chien. 上同.

羅 Qui me amat, amat et canem meum. 上同.

▌아내 나쁜 것은 백 년 원수, 된장 신 것은 일 년 원수▐

漢 惡婦破家(악부파가)[1]. 惡妻(악처)는 집안을 망친다.

一日之患卯時酒(일일지환묘시주) 一年之患狹窄靴(일년지환협착화) 一生之患性惡妻(일생지환성악처).
하루의 憂患(우환)은 새벽술, 일년의 우환은 좁은 구두, 일생의 우환은 성질이 악한 처.

1) 通俗篇 倫常.

日 悪妻(あくさい)は百年(ひゃくねん)の不作(ふさく).
　惡妻(악처)는 백년의 凶作(흉작).

一生(いっしょう)の患(わざわい)は性悪(せいあく)の妻(つま).
　一生의 憂患(우환)은 성질이 나쁜 妻(처).

英 An ill marriage is a spring of ill fortune.
　잘못한 結婚(결혼)은 不幸(불행)의 源泉(원천).

Next to no wife, a good wife is best.
　妻를 가지지 않는 것 다음으로는 良妻(양처)가 제일 좋다.

Better be half hanged than ill wed.
　잘못한 결혼보다는 반쯤 목매이는 것이 낫다.

佛 Femme fait un ménage ou le défait.
　처는 집안을 보살피거나 또는 亡(망)친다.

Qui de femme honnête est séparé, d'un don divin est privé.
　貞淑(정숙)한 아내와 헤어진 자는 神(신)의 선물을 빼앗긴 것이다.

La femme est la clef du ménage. 처는 家庭(가정)의 열쇠이다.

Qui croit à son femme se trompe[1], qui n'y croit pas est trompé.
　아내를 믿는 자는 틀렸고, 믿지 아니하는 자는 背信(배신)당할 것이다.

Qui a une femme de bien, vit longtemps bien.
　좋은 처를 가진 자는 오래 잘 산다.

▌아닌 밤중에 찰시루떡 ▌

類 선반에서 떨어진 떡.

호박이 넝쿨째로 굴러 떨어졌다.

---

1) tromper : 속이다. (남편 · 아내를) 배신하다. 틀리게 하다. tromper se : 잘못 생각하다. 틀리다.

호박 굴렀다.

움 안에서 떡 받는다.

우물길에서 반살미[1] 받는다.

공중을 쏘아도 알관[2]만 맞힌다.

(對) 아닌 밤중에 홍두깨.(p.257)

(漢) 毋望之福(무망지복). 바라지 않던 뜻밖의 복.

(日) 棚(たな)から牧丹餅(ぼたもち)[3]. 선반에서 찰떡.

寝(ね)て居(い)て餅(もち). 자고 있으면서 떡.

棚(たな)から牧丹餅(ぼたもち)は落(お)ちてこない.
선반 위에서 찰떡이 떨어지지 아니한다.

(英) He expects that larks will fall ready roasted into his mouth.
그는 이미 구워진 종달새가 입 속에 떨어지기를 기대한다.

(獨) Wenn der Himmel einstürzt, sind alle Vögel gefangen.
하늘이 무너지면 모든 새들은 잡힌다. 행운을 妄想(망상)하는 것을 비웃는 데 씀.

Hoffen und Harren macht manchen zum Narren.
希望(희망)과 鶴首苦待(학수고대)는 많은 사람을 바보로 만든다.

Die gebratenen Tauben fliegen nirgends ins Maul.
구운 비둘기가 입 속에 날아 들어오는 곳은 없다.

(佛) Le bien lui vient en dormant.
자고 있는 동안에 그에게 財物(재물)이 왔다.

La fortune vient en dormant. 上同.

---

1) 반살미 : 신부를 맞이하면 그 近親되는 집안이 음식을 차리고 초대하는 일.
2) 알관 : 알과녁(과녁의 한복판)의 준말.
3) 牧丹餅(ぼたもち) : 찹쌀과 멥쌀을 섞어 고물을 묻혀 만든 떡(おはぎ).

Il attend que les alouettes lui tombent toutes roties dans le bec.
그는 종달새가 통구이로 되어 입 속에 날아 들어오는 것을 기다리고 있다.

Trouve la fève[1] au gâteau[2].
케이크 속에서 蠶豆(잠두)콩을 발견하다. 의외의 행운을 얻었다는 뜻.

▌아닌 밤중에 홍두깨▐

뜻 豫告(예고) 없이 뜻밖에 당하는 일.

類 마른 날에 벼락 맞는다.(p.137)
어둔 밤중에 홍두깨 내밀 듯.
어둔 밤에 주먹질.
새벽에 봉창 두드린다.

日 寝耳(ねみみ)に水(みず).
자는 귀에 물. 갑작스러운 일을 당하여 놀란다는 뜻.
藪(やぶ)から棒出(ぼうた)す. 덤불에서 막대기를 내밀다.

英 A box on the ear. 귀에 一擊(일격).
A bolt from the blue. 푸른 하늘에 벼락.

▌惡(악)으로 모은 살림 惡으로 망한다▐

類 쉽게 번 돈 쉽게 나간다.

---

1) trouver la fève : 재수 좋게 걸리다.
2) 主顯節(주현절)의 파티에 나온 케이크 속에 잠두콩이나 사기로 된 人形(인형)을 넣어서 一同에게 그 케이크를 잘라 나누어 주고, 잠두콩이나 人形을 配當(배당)받은 사람이 그 날 밤의 王과 女王 노릇을 하도록 했다고 한다.

漢 貨悖而入者 亦悖而出(화패이입자 역패이출)[1].
　不正(부정)하게 들어온 財物(재물)은 역시 부정하게 나간다.

悖入悖出(패입패출). 上同.

日 悪銭(あくせん)身(み)に付(つ)かず.
　부정한 돈은 몸에 붙지 아니한다.

英 Ill got, ill spent. 나쁘게 얻은 것은 나쁘게 消費(소비)한다.

Ill gotten goods seldom prosper.
　부정하게 取得(취득)한 재물은 繁昌(번창)하지 아니한다.

That which is gotten over the devil's back is spent under his belly.
　惡魔(악마)의 등에서 얻어진 것은 그의 배 밑에서 없어진다.

That which comes with the wind goes with the water.
　바람과 함께 온 것은 물과 함께 사라진다.

Stolen goods thrive accordingly.
　훔친 재물은 거기에 相應(상응)하는 繁榮(번영)을 한다.

Stolen goods seem sweet, but take heed of afterclaps.
　훔친 재산은 달콤한 것 같으나, 後患(후환)을 조심하라.

So gotten, so gone.
　벌이 한 대로 쓰여진다. 얻은 것처럼 그렇게 가버린다.

獨 Ein Dieb stiehlt sich[2] selten reich.
　도둑이 살며시 부자가 되는 일은 거의 없다. 도둑이 도둑질을 하여 남몰래 부자가 되는 일은 없다.

Böser Gewinn fahrt bald dahin. 나쁜 所得(소득)은 곧 사라진다.

---

1) 大學.
2) stehlen : 훔치다. stehlen sich : 살며시 들어가다. sich aus dem Haus (ins Haus) stehlen : 집에서 살며시 빠져 나오다(살며시 들어가다).

Gestohlen Gut schmeckt niemals gut.
훔친 財産(재산)은 결코 입맛이 좋지 않다.

Unrecht Gut gedeihet nicht.
부정한 재산은 繁榮(번영)하지 아니한다.

Unrecht Gut hat kurze Währ, der dritt Erbe sieht es nicht mehr.
부정한 재산은 짧게 존속하며, 세 번째 相續人(상속인)은 더 이상 그것을 볼 수 없다. 부정한 재산은 존속하지 아니하므로 三代에 와서는 흔적이 없다는 뜻.

(佛) Bien mal acquis ne profite pas(jamais).
부정하게 얻은 財産(재산)은 利益(이익)을 가져오지 아니한다.

L'habit volé ne va pas au voleur.
도둑질한 옷은 도둑에게 맞지 아니한다.

Ce qui vient du diable retourne au diable.
惡魔(악마)로부터 온 것은 악마로 돌아간다.

(羅) Male parta male dilabuntur. 나쁘게 얻은 것은 나쁘게 잃는다.

De male quaesitis non gaudet tertius haeres.
三代째의 상속인은 (할아버지의) 부정한 취득물을 享有(향유)하지 아니한다.

Male partum, male disperit.
나쁘게 얻은 것들은 나쁘게 없어진다.

앉아서 준 돈 서서도 못 받는다

(類) 앉아 주고 서서 받는다.

(日) 借(か)りる時(とき)の恵比須(えびす)[1]顔(かお)返(かえ)す時の閻魔

1) 恵比須(えびす) : 일본의 七福神(칠복신)의 하나로 商家(상가)의 守護神(수호신)이며, 오른손에 낚싯대, 왼손에 도미를 들고 있음. 恵比須顔은 싱글벙글 웃는 얼굴.

(えんま)顔(かお)[1]. 빌 때의 웃는 얼굴, 갚을 때의 성난 얼굴.

借(か)る時(とき)の地蔵顔(じぞうがお)済(な)す時の閻魔顔(えんまがお). 빌릴 때에는 지장보살 얼굴, 갚을 때는 염마대왕의 얼굴.

用(よう)ある時の地蔵顔, 用なき時の閻魔顔.
일 있을 때에는 地藏菩薩(지장보살) 얼굴, 일 없을 때에는 閻魔大王(염마대왕) 얼굴.

㊖ A borrowed loan should come laughing home.
빌려준 돈은 웃으며 집으로 돌아와야 한다.

Seldom cometh loan laughing home.
빌린 돈이 웃으며 집으로 돌아오는 일은 별로 없다.

There are many fair words in the marriage making, but few in the tochergood[2] paying.
婚談(혼담)에는 좋은 말이 많으나, 持參金(지참금) 支拂(지불)할 때에는 좋은 말이 없다.

Many fair promises in marriage making, but few in tocher paying. 上同.

(獨) Was man dem Freunde leihet, muß man vom Feinde wiederfordern.
親舊(친구)에게 빌려 준 것을 敵(적)에게 返還(반환) 督促(독촉)을 해야 한다.

Leihen macht Freundschaft, Wiedergeben (od. Wiederfordern od. Mahnen) Feindschaft.
貸付(대부)는 친구를 만들고, 辨濟(변제) 또는 督促(독촉)은 敵(적)을 만든다.

Dem Leiher geht man entgegen bis zum Tor, dem Mahner schlägt man die Tür vor der Nase.
빌려주는 자에게는 문까지 마중 나가지만, 督促(독촉)하는 자에게는 코 앞에서 문을 닫는다.

---

1) 閻魔(えんま) : 염라대왕, 閻魔顔은 성난 무서운 얼굴.
2) Tocher[tάxər/tɔ́xər] 또는 tochergood : dowry. 持參物(지참물).

佛 Ami au prêter, ennemi au rendre.
빌릴 때에는 친구, 돌려줄 때에는 적.

Au prêter Dieu, au rendre Diable.
神(신)에게 빌리고 惡魔(악마)에게 돌려준다.

‖ 암탉이 울면 집안이 망한다 ‖

漢 牝鷄司晨(빈계사신).
암탉이 새벽을 알린다. 아내가 남편의 권리를 빼앗아 음양이 바뀌어 곧 집안이 망한다는 뜻.

日 牝鶏(めんどり)歌(うた)えば家(いえ)亡(ほろ)ぶ.
암탉이 노래하면 집이 망한다.

英 A crooning cow, a crowing hen, and a whistling maid boded never luck to a house.
우는 암소, 홰를 쳐서 새벽을 알리는 암탉 그리고 휘파람 부는 下女(하녀)는 집에 幸運(행운)을 가져올 徵兆(징조)가 결코 아니다.

A whistling woman and a crowing hen are neither liked by god nor men.
휘파람 부는 여자와 새벽을 알리는 암탉은 神(신)도 남자도 좋아하지 아니한다.

獨 Kräht die Henne und schweigt der Hahn, ist das Haus gar übel dran. 암탉이 울고 수탉이 沈黙(침묵)하면 집안이 안 된다.

Wo die Frau im Haus regiert, ist der Teufel Hausknecht.
부인이 집을 支配(지배)하면, 악마가 하인이 된다.

Weiberregiment nimmt selten ein gut End.
여자가 支配(지배)하면 좋은 結末(결말)이 잘 없다.

佛 Le fuseau doit suivre le hoyau.
가락[1](紡錘 ; 방추)은 곡괭이를 따라야 한다. 여자 일은 남자 일에 따라야 한다는 뜻.

La poule ne doit pas chanter devant le coq.
암탉은 수탉 앞에서 울어서는 안 된다.

▌약빠른 고양이 밤눈 어둡다▐

類 약빠른 고양이 상 못 얻는다.

급한 길은 돌아가라.(p.74)

漢 伶俐猫夜眼不見(영리묘야안불견)[2]. 上同.

日 あわてる乞食(こじき)は貰(もら)いが少(すく)ない.
서두르는 거지는 얻는 것이 적다.

あわてる蟹(かに)は穴(あな)に入(はい)れず.
서두르는 게는 구멍에 못 들어간다.

利口(りこう)烏(からす)が水田(みずた)に子(こ)を産(う)む.
영리한 까마귀가 논에 새끼를 낳는다.

利口(りこう)の猿(さる)が手(て)を焼(や)く.
영리한 원숭이가 손을 덴다.

物知(ものし)り物(もの)知(し)らず.
識者(식자)가 物情(물정)을 모른다.

英 Haste trips[3] up its own heels. 서두르면 발꿈치에 걸려 넘어진다.

Wisdom and haste may vary.
知慧(지혜)와 性急(성급)함은 맞지 아니한다.

---

1) 가락 : 물레로 자은 실이 감기는 쇠꼬챙이.
2) 東言解.
3) trip : 여행. 출장. 통근. 실족. 발 걸어 넘어뜨리기. 실수. 헛디뎌 넘어지다. 실수하다. 잘못 말하다.

Hasty climbers have sudden falls.
성급하게 기어 오르는 자는 갑자기 떨어진다.

The fool is most fusty when he is least foolish.
바보가 바보 아닐 때에 가장 바보스럽게 보인다.

A fool is most absurd when he plays not the fool. 上同.

▌兩 極端(양 극단)은 통한다 ▌

(類) 極(극)과 극은 통한다.

(漢) 大方無隅 大器晩成 大音希聲 大象無形.(p.108)

甚美必有甚醜(심미필유심추).
매우 아름다운 것은 반드시 매우 추한 것을 간직한다.

大姦似忠(대간사충) 大詐似信(대사사신)[1].
크게 奸詐(간사)함은 충성을 닮았고, 큰 속임은 신의를 닮았다.

大道廢有仁義(대도폐유인의) 國家昏亂有忠臣(국가혼란유충신)[2].
대도가 폐하면 인의가 나타나고, 국가가 어지러우면 충신이 나타난다.

大勇若怯(대용약겁) 大智如愚(대지여우)[3].
큰 용기는 겁 많음과 같고, 큰 지혜는 어리석음과 같다.

至動無動(지동무동) 至言無言(지언무언) 至欲無欲(지욕무욕) 至射無射(지사무사).
지극한 움직임은 無動이며, 지극한 말씀은 無言이며, 지극한 욕심은 無欲이며, 지극히 잘 쏘는 것은 쏘지 않는 것이다.

大直若屈(대직약굴) 大巧若拙(대교약졸) 大辯若訥(대변약눌)[4].
크게 곧은 것은 굽은 것과 같으며, 큰 기교는 졸렬함과 같고, 큰 언변은 더듬는 것과 같다.

---

1) 宋史 呂誨傳.
2) 老子.
3) 蘇軾.
4) 老子 第四十五章.

(日) 大賢(たいけん)は大愚(たいう)に似(に)たり.
大賢(대현)은 大愚(대우)와 닮았다.

大巧(たいこう)は拙(せつ)なる如(ごと)し. 大巧如拙(대교여졸).

両極(りょうきょく)は一致(いっち)する. 양 극은 일치한다.

(英) East and west become the same. 東西(동서)는 같아진다.

Extremes meet. 극단은 일치한다.

Extreme right is extreme wrong.
極端(극단)의 正義(정의)는 극단의 不正(부정)이다.

Extreme justice is extreme injustice. 上同.

Extremity of law is extremity of wrong. 上同.

Rigid justice is the greatest injustice.
融通性(융통성)이 없는 정의는 가장 큰 不正義(부정의)이다.

(佛) Les extrêmes se touchent. 極端(극단)은 相接(상접)한다.

L'extrême justice est une extrême injure.
극단의 정의는 극단의 侵害行爲(침해행위)이다.

Ce qu'il y a de plus horrible au monde, c'est la justice séparée de la charité.
세상에서 가장 두려운 것은 慈悲(자비)와 分離(분리)된 정의이다.

(羅) Summun jus, summa iniuria.
最高(최고)의 正義(정의)는 최고의 不正(부정)이다.

양두구육(羊頭狗肉)

(뜻) 羊의 머리를 걸어 두고 개고기를 판다. 宣傳(선전)하는 것보다 나쁜 물건을 판다는 뜻.

㊉漢 懸牛首賣馬肉(현우수매마육).
소머리를 걸어 놓고 말고기를 판다.

羊質虎皮(양질호피). 본바탕은 좋지 않으면서 겉만 꾸미는 것.

㊐ 羊頭(ようとう)を掲(かか)げて狗肉(くにく)を売(う)る.
羊頭(양두)를 걸고 狗肉(구육)을 판다.

英 He cries wine and sells vinegar.
그는 술을 판다고 고함지르고, 醋(초)를 판다.

佛 C'est un chou colossal.
그것은 거대한 캬베츠이다. 詐欺性(사기성) 있는 誇大宣傳(과대선전)을 뜻한다.

Chez les bouchers, toutes les vaches sont des bœufs, et chez les tanneurs tous les bœufs sont des vaches![1].
精肉店(정육점)에서는 모든 암소가 수소이며, 皮物廛(피물전)에서는 모든 수소가 암소이다.

❙ 양반은 물에 빠져도 개헤엄은 안 한다 ❙

類 兩班(양반)은 얼어 죽어도 짚불(겻불)은 안 쬔다.

양반은 샛길로 가지 아니한다.

漢 鳳飢不啄粟(봉기불탁속). 봉은 굶주려도 좁쌀을 쪼지 아니한다.

日 武士(ぶし)は食(く)わねど高楊枝(たかようじ).
武士(무사)는 먹지 않아도 이쑤시개 큰 것을 쓴다.

鷹(たか)は死(し)すとも穂(ほ)は摘(つ)まず.
독수리는 죽어도 이삭을 꺾지 아니한다.

1) 고기는 수소를, 가죽은 암소를 가치 있게 본 프랑스의 습속에서 유래한다.

英 A proud heart in a poor breast has mickle dolour to dree.
가난한 가슴속의 自尊心(자존심)은 당하여야 할 많은 슬픔이 있다.

Better go to bed supperless than to rise in debt.
빚지고 일어나는 것보다 저녁 굶고 자는 것이 낫다.

獨 Besser ohne Abendbrot zu Bette gehen, als mit Schulden aufstehen.
上同.

Besser arm in Ehren, als reich in Schanden.
名譽(명예) 있는 가난이 恥辱(치욕) 있는 富者(부자)보다 낫다.

佛 Noblesse oblige. 貴族(귀족)답게 處身(처신)해야 할 義務(의무).

Noblesse vient de vertu. 훌륭함은 德行(덕행)에서 온다.

良藥(양약)은 입에 쓰다

漢 良藥苦於口(양약고어구). 上同.

忠言逆於耳(충언역어이). 忠言(충언)은 귀에 거슬린다.

良藥苦於口而利於病. 양 약은 입에 쓰나 병에 이롭다.

忠言逆於耳而利於行[1]. 忠言은 귀에는 거슬리나 행함에 이롭다.

日 良薬(りょうやく)口(くち)に苦(にが)し. 좋은 약은 입에 쓰다.

忠言(ちゅうげん)耳(みみ)に逆(さか)らう.
忠言(충언)은 귀에 거슬린다.

英 Good medicine is bitter in the mouth(or tastes bitter to the mouth).
良藥(양약)은 입에 쓰다.

Truth finds foes where it makes none.
眞實(진실)은 자신이 敵(적)을 만들지 아니하는데도 敵이 생긴다.

1) 孔子家語.

Bitter pills may have wholesome(or blessed) effects.
쓴 丸藥(환약)은 건강에 좋은 효과가 있다.

Men take bitter potions for sweet health.
사람은 좋은 健康(건강)을 위하여 쓴 약을 먹는다.

獨 Bitter dem Mund, dem Magen gesund.
입에 쓴 것은 胃腸(위장)에 좋다.

佛 (Ce) qui est amer à la bouche est doux au coeur.
입에 쓴 것은 마음에 달다.

Il n'y a que[1] la vérité qui blesse(offense).
마음을 상하게 하는 것은 眞實(진실)뿐이다. 비난을 받았을 때에 그것이 진실이면 傷處(상처)를 준다는 뜻.

兩雄(양웅)은 並立(병립)할 수 없다

뜻 두 英雄(영웅)은 싸우지 않고 나란히 있을 수 없다.

漢 兩高不可重(양고불가중) 兩大不可容(양대불가용) 兩勢不可同(양세불가동) 兩貴不可雙(양귀불가쌍)[2].
두 개의 높은 것은 포갤 수 없고, 두 개의 큰 것은 담을 수 없고, 두 세력은 같을 수 없고, 두 귀한 것은 쌍을 이룰 수 없다. 즉 두 개는 競爭(경쟁)하여 그 중 하나만 남아야 한다는 뜻.

一淵不兩蛟(일연불양교)[3].
한 못에 두 蛟龍(교룡)이 있을 수 없다.

日 両雄(りょうゆう)並(なら)びたたず. 上同.

---

1) Il n'y a que~ : 다만~뿐이다, ~만이다.
2) 說苑 說叢篇.
3) 淮南子 說山訓.

両高(りょうこう)は重(かさ)ぬ可(べ)からず.
높은 것 두 개는 포갤 수 없다.

一淵(いちえん)に両蛟(りょうこう)ならず.
한 못에 龍(용) 두 마리는 있을 수 없다.

英 Two sparrows on one ear of corn cannot agree.
한 송이의 옥수수에 앉은 두 마리 참새는 和合(화합)이 안 된다.

Two whores in a house will never agree.
한 집안의 두 賣春婦(매춘부)는 사이가 좋지 않다.

If two men ride upon a horse one must sit behind.
두 사람이 한 말에 타면, 한 사람은 뒤에 앉아야 한다.

The great would have none great and the little all little.
큰 것은 큰 것을 가질 수 없고, 작은 것은 모든 작은 것을 가진다.
큰 人物(인물)끼리는 서로 容納(용납)하지 아니하나, 작은 人物은 和合(화합)한다는 뜻.

獨 Zwei harte Steine mahlen nicht gut.
두 개의 단단한 돌은 잘 갈아지지 아니한다.

얕은 내도 깊게 건너라

類 구운 개도 다리를 떼고 먹어라.

식은 죽도 불어가며 먹어라.

아는 길도 물어 가라.

돌다리도 두드려 보고 건너라.

무른 감도 쉬어가며 먹어라.

漢 有備無患(유비무환). 준비가 있으면 憂患(우환)이 없다.

思索生知(사색생지)[1]. 곰곰이 생각하면 智慧(지혜)가 나온다.

㊐ 念(ねん)には念を入(い)れよ. 염려에 염려를 하라.

石橋(いしばし)を叩(たた)いて渡(わた)る.
돌다리를 두드리고 건너다.

転(ころ)ばぬ先(さき)の杖(つえ).
지팡이가 먼저 가면 넘어지지 아니한다.

濡(ぬ)れぬ先の傘(かさ). 우산을 미리 준비하면 젖지 아니한다.

用心(ようじん)に怪我(けが)なし. 조심하면 다치지 아니한다.

用心(ようじん)に飽(あ)きはない. 조심에는 포만이 없다.

用心(ようじん)には網(あみ)を張(は)れ.
조심에는 그물을 쳐라. 조심에 조심을 하라는 뜻.

用心(ようじん)は深(ふか)くして川(かわ)は浅(あさ)く渡(わた)れ.
操心 (조심)은 깊이 하고 강은 얕게 건너라.

㊖ Much heed does no harm.
많은 注意(주의)는 害(해)를 끼치지 아니한다.

Good heed has good hap.
좋은 주의는 좋은 幸運(행운)을 가지고 있다.

Look ere(or before)you leap. 뛰기 전에 보아라.

He that looks not ere he loup[2] will fall ere he wit.
뛰기 전에 보지 아니하는 자는 알아차리기 전에 넘어진다.

Look ere you loup(leap) and you'll ken(know) the better where you light.
뛰어 내리기 전에 살펴보면 내릴 장소를 더 잘 알 수 있다.

Although the sun shines, leave not your cloak at home.
해가 비치고 있을지라도 外套(외투)를 집에 두고 외출하지 말라.

---

1) 思索生知 慢易生憂 暴傲生怨 憂鬱生疾(管子內業).
2) loup : jump. Scotland어.

The second thoughts are best. 두 번째 생각이 最善(최선)이다.

After wits are best. 뒤에 오는 지혜가 제일 좋다.

He that is not circumspect wants no trouble.
注意(주의) 깊지 아니한 者(자)는 事故(사고)가 없지 않다.

A man cannot be too wary.
사람은 아무리 操心(조심)해도 지나치게 조심할 수는 없다.

獨 Besser zweimal messen, als einmal vergessen.
한 번 재서 잊어버리기보다 두 번 재는 것이 낫다.

Doppelt genäht hält gut(reißt nicht).
두 번 꿰매면 오래간다(찢어지지 아니한다).

Vorsicht ist besser als Nachsicht.
먼저 살피는 것이 나중에 살피는 것보다 낫다.

佛 Deux sûretés valent mieux qu'une.
두 개의 確實性(확실성)은 하나보다 낫다.

Méfiance est mère de sûreté. 疑心(의심)은 安全(안전)의 어머니.

Qui dit averti, dit muni.
通知(통지)를 받았다고 말하는 자는 準備(준비)를 갖추고 있다고 말한다. 어떤 事態(사태)에 精通(정통)한 자는 그것에 대한 對備策(대비책)도 갖추고 있다는 뜻.

羅 Posteriores cogitationes sapientiores solent esse.
뒤의 생각이 언제나 더욱 賢明(현명)하다.

어리석은 자가 많이 웃는다

漢 痴者多笑(치자다소). 上同.

日 馬鹿(ばか)の高(たか)笑(わら)い. 바보의 높은 웃음.

英 A fool is ever laughing. 바보는 언제나 웃고 있다.

Thorns make the greatest crackling[1].
가시가 제일 많이 바시락(딱딱)거린다.

獨 Am vielen Lachen erkennt man den Narren.
많이 웃으면 바보라는 것을 알 수 있다.

佛 Plus on est de fous, plus on rit. 바보일수록 많이 웃는다.

Rire comme un fou. 바보처럼 웃는다.

어부지리(漁父之利)[2]

뜻 두 當事者(당사자)가 다투면 제3자가 利(이)를 본다.

類 蚌鷸之爭(방휼지쟁). 방합과 도요새가 양보하지 않고 다투는 것.

日 漁夫(ぎょふ)の利(り). 上同.

鷸蚌(いつぼう)の争(あらそ)い. 上同.

鷸蚌(いつぼう)の争(あらそ)いは漁夫(ぎょふ)の利(り)となる.
방합과 도요새의 다툼은 漁夫(어부)의 利(이)가 된다.

英 Two dogs fight for a bone and the third runs away with it[3].
두 마리 개가 뼈다귀 한 개를 위하여 싸우면 세 번째 개가 그것을 가지고 도망간다.

獨 Wenn zwei sich zanken, freut sich der dritte.
둘이 다투면 제3자가 기뻐한다.

Wenn zwei sich streiten, gewinnt der dritt.
둘이 다투면 제3자가 이득을 얻는다.

---

1) 전도서 7장 6절. For as the crackling of thorns under a pot, so is the laughter of the fool : this also is vanity에서 유래.

2) 도요새와 조개가 다투고 있는데 지나가는 漁夫가 둘 다 잡았다는 寓話에서 유래함.

3) 이솝의 우화.

Während ihrer zwei zanken um ein Ei, steckt's der dritte bei.
둘이서 한 알을 위하여 다투는 동안 제3자가 그것을 취한다.

없는 꼬리 흔들까

(類) 소도 언덕이 있어야 비빈다.
도깨비도 수풀이 있어야 모인다.

(日) 無(な)い袖(そで)は振(ふ)られぬ.
없는 소매는 흔들 수 없다. 아무리 하고 싶어도 財力(재력)이 없으면 할 수 없다는 뜻.

(英) A man cannot give what he hasn't got.
가지지 않은 것은 줄 수 없다.

Where nothing is, nothing can be had.
아무것도 없는 곳에서는 아무것도 가질 수 없다.

A naked man cannot be stripped off clothes.
벗은 자의 옷을 벗길 수 없다.

It is hard to get a stocking off a bare leg.
벗은 다리에서 양말을 벗기기는 어렵다.

An empty bag cannot stand up right. 빈 자루는 바로 설 수 없다.

(獨) Ohne Federn ist nicht gut fliegen. 깃털 없이는 잘 날 수 없다.

Den Nackten kann man nicht ausziehen.
벗은 자를 벗길 수 없다.

Ein leer Sack steht nicht aufrecht. 빈 자루는 바로 서지 않는다.

Aus leeren Taschen ist nicht gut zahlen.
빈 호주머니에서는 돈을 치를 수 없다.

Wo nichts ist, hat auch der Kaiser sein Recht verloren.
아무것도 없는 곳에서는 왕도 그의 權利(권리)를 상실한다.

Man kann den Beutel nicht weiter auftun, als er geschlitzt ist.
지갑은 찢어진 입 이상으로 열 수 없다.

Man soll nicht eher fliegen, als bis man Federn hat.
깃을 가지기 전에 날아서는 안 된다.

Wo es kahl ist, kann man sich kein Haar ausraufen.
머리가 벗어진 곳에서는 머리털을 뽑을 수 없다.

(佛) Qui n'a rien, ne peut rien.
아무것도 가지지 않은 자는 아무것도 못 한다.

On ne peut pas peigner un diable qui n'a pas de cheveux.
머리카락이 없는 惡魔(악마)의 머리채를 잡을 수 없다.

A l'impossible nul n'est tenu.
누구도 불가능한 것을 强制(강제)할 수 없다.

Où il n'y a rien, le roi perd ses droits.
아무것도 없는 곳에서는 왕도 權利(권리)를 喪失(상실)한다.

(羅) Nil dat quod non habet. 갖지 아니한 것은 줄 수 없다.

Nudo vestimenta detrahere. 벗은 사람으로부터 옷을 뺏다.

▌엎지른 물 ▌

(類) 깨어진 그릇.

깨어진 그릇 이 맞추기.

엎지른 물 쓸어 담기.

엎지른 물이요, 깨어진 독이다.

쏘아버린 화살이다.

(漢) 一覆之水(일복지수) 不復盛器(불복성기).
한번 엎지른 물을 그릇에 다시 담을 수 없다.

破器相接(파기상접). 깨어진 그릇 맞추기.

破器相準(파기상준). 上同.

覆水不復(복수불부). 엎지른 물은 담을 수 없다.

覆水不返盆(복수불반분). 엎지른 물은 그릇에 돌아오지 아니한다.

旣往不咎(기왕불구). 지난 일은 탓하지 아니한다.

成事不說(성사불설). 다 된 일을 가지고 말하지 아니한다.

往者不可諫(왕자불가간) 來者猶可追(내자유가추)[1].
지난 일을 말해도 소용없고, 장래의 일에 주의하여 잘못이 없도록 하라는 뜻.

日 覆水(ふくすい)盆(ぼん)にかえらず.
엎지른 물은 그릇에 돌아오지 아니한다.

落花(おちばな)枝(えだ)に帰(かえ)らず.
落花(낙화)는 가지로 돌아오지 아니한다.

英 Glass, china, and reputation are easily cracked and never well mended.
유리, 사기 및 名聲(명성)은 부서지기 쉽고, 잘 修理(수리)되지 아니한다.

What is done cannot be undone.
旣往之事(기왕지사)는 돌이킬 수 없다.

What is lost is lost. 잃어버린 것은 잃어버린 것이다.

Never grieve for that you cannot help.
어쩔 수 없는 일에 悲嘆(비탄)하지 말라.

It is too late to call again yesterday.
어제를 다시 부르는 것은 너무 늦다.

It is of no use crying over spilt milk.
엎지른 牛乳(우유) 보고 우는 것은 소용없다.

Let bygones be bygones. 지난 일은 지난 일로 하자.

---

1) 論語 微子篇.

獨 Geschehen ist geschehen. 旣往之事(기왕지사)는 旣往之事이다.

Aus gebackenen Eiern schlüpft kein Hühnchen.
구운 鷄卵(계란)에서 병아리는 까지지 아니한다.

佛 A chose faite point de remède. 旣往之事에는 대책이 없다.

L'amitié rompue n'est jamais bien soudée.
한 번 끊어진 友情(우정)은 잘 붙지 아니한다.

▎엎친 데 덮친다 ▎

類 마디에 옹이[1].

엎친 놈 위에 덮친다.

여윈 개 비루[2] 오른다.

고비에 人蔘(인삼). 일이 공교롭게 난처하게 되었다는 뜻.

눈 위에 서리 친다.

기침에 재채기.

하품에 딸꾹질.

쇠똥에 미끄러져서 개똥에 코방아 찧는다.

두 번 있는 일은 세 번 있다.(p.126)

漢 顚之而覆之(전지이복지)[3]. 엎어진 데 뒤집어진다.

雪上加霜(설상가상). 눈 위에 서리를 더한다.

禍不單來(화불단래). 禍(화)는 홀로 오지 아니한다.

---

1) 옹이 : 나무에 있는 가지의 그루터기.
2) 비루 : 동물의 털이 빠지는 피부병.
3) 東言解.

日 弱(よわ)り目(め)に祟(たた)り目(め).
　衰弱(쇠약)한 때에 災難(재난)을 입는다.

鬼(おに)は弱(よわ)り目(め)に乗(の)る.
　귀신은 病弱(병약)한 때에 붙는다.

こぶの上(うえ)のはれ物(もの). 혹 위에 부스럼.

泣(な)き面(つら)に蜂(はち). 우는 얼굴에 벌.

転(ころ)べば糞(くそ)の上(うえ). 자빠지면 똥 위에.

英 One misfortune comes on the neck of another.
　한 불행은 다른 不幸(불행)에 곧 따라 온다.

Mischiefs, like waves, never come alone.
　災難(재난)은 물결처럼 홀로 오지 아니한다.

Misfortunes seldom come singly.
　不幸(불행)은 홀로 오는 일이 드물다.

It is a good ill that comes alone.
　홀로 오는 不幸(불행)은 좋은 불행이다.

One misfortune calls another.
　한 不幸(불행)은 다른 불행을 부른다.

Men use him ill that has ill luck.
　사람들은 運(운) 나쁜 사람을 虐待(학대)한다.

Nothing is succeeds like success.
　成功(성공)처럼 계속 일어나는 것은 없다.

An unhappy man's cart is easy to tumble.
　不幸(불행)한 사람의 마차는 잘 뒤집어진다.

獨 Die Fliegen setzen sich am meisten auf die mageren Pferde.
　파리는 야윈 말에 제일 많이 앉는다.

Je magerer der Hund, je größer die Flöhe.
　개가 여윌수록 벼룩이 크다.

Ein Unglück kommt selten allein.
不幸(불행)은 홀로 오는 일이 별로 없다.

佛 Un malheur ne vient pas seul. 불행은 홀로 오지 아니한다.
Un malheur amène son frère. 불행은 兄弟(형제)를 데리고 온다.
A chevaux maigres vont les mouches. 파리는 여윈 말에 간다.

緣分(연분)은 따로 있다

類 연분이 있으면 곰보도 一色(일색)으로 보인다.
緣分(연분)만 있으면 언청이도 고와 보인다.
연분은 억지로 안 된다.
연분이 있어야 成婚(성혼)도 된다.

漢 月下老人 赤繩繫足(월하노인 적승계족).
婚姻(혼인)을 仲媒(중매)하는 월하노인(신선)이 붉은 끈으로 남녀의 다리를 묶어 두면, 원수 집안끼리라도, 아무리 멀리 살아도, 꼭 結婚(결혼)하게 된다고 하는 전설.

日 縁(えん)は異(い)なもの味(あじ)な物(もの).
연분이란 常識(상식)으로 判斷(판단)될 수 없는 이상한 것이고, 각자의 입맛처럼 다르다는 뜻.

縁(えん)の目(め)には霧(きり)が降(ふ)る.
연분 있는 눈에는 안개가 내린다.

縁は汚(きたな)いもの.
연분은 더러운 것이다. 물질적, 肉慾的(육욕적) 이유로 맺어지는 경우를 두고 말함.

出雲(いずも)の神(かみ)の縁結(えんむす)び.
仲媒神(중매신)의 인연 맺기.

縁あれば兎口(いぐち)も靨(えくぼ). 인연이 있으면 언청이도 보조개.

英 Marriages are made in heaven. 결혼은 하늘이 이룬다.

Marriage is destiny. 결혼은 宿命(숙명)이다.

Marriage is lottery. 결혼은 抽籤(추첨)이다.

獨 Die Ehen werden in Himmel geschlossen.
결혼은 하늘에서 맺어진다.

Die Ehen werden in Himmel geschlossen, darum fallen so viele nach der Heirat aus dem Wolken.
결혼은 하늘에서 맺어진다. 그래서 結婚(결혼) 후 구름에서 떨어지는 자가 많다.

佛 Les mariages sont écrits dans le ciel. 결혼은 하늘에 쓰여 있다.

Dieu fait les gens et le diable les accouple.
神(신)이 사람들을 만들고, 악마가 그들을 夫婦(부부)로 만든다.

열 길 물 속은 알아도 한 길 사람 속은 모른다

類 천 길 물 속은 알아도 계집 마음 속은 모른다.

물은 건너보아야 알고 사람은 지내보아야 안다.(p.162)

大川(대천) 바다도 건너보아야 안다.

길고 짧은 것은 대 보아야 안다.

漢 寧測十丈水深(녕측십장수심) 難測一丈人心(난측일장인심)[1]. 上同.

水深雖知(수심수지) 人心難知(인심난지)[2].
물 깊이는 알아도 사람 마음은 알기 어렵다.

日 人(ひと)には添(そ)うてみよ馬(うま)には乘(の)ってみよ.
사람은 겪어 보고, 말은 타 보아라.

---

1) 耳談續纂.
2) 松南雜識.

知(し)らぬは人(ひと)の心(こころ). 알 수 없는 것은 사람의 마음.

人心(じんしん)測(はか)り難(がた)し. 人心(인심)은 측량하기 어렵다.

英 A man's mind is a mirk mirror. 사람의 마음은 흐린 거울이다.

獨 Erfahrung ist die beste Lehrmeister.
經驗(경험)은 제일 좋은 스승이다.

Probieren geht über Studieren. 實驗(실험)은 연구보다 낫다.

佛 Il ne faut pas mesurer les autres à son aune.
타인을 자신의 尺度(척도)로 재지 말라.

Le coeur de l'homme est un abîme.
사람의 마음은 深淵(심연)이다.

▌열두 가지 재주에 저녁거리가 없다▐

類 하루 저녁에 단속곳 셋하는 여편네 속곳 벗고 산다.

漢 十二技之匠人(십이기지장인) 夕供去無處(석공거무처)[1].
열두 가지 기술이 있는 匠人(장인)이 저녁 먹으러 갈 곳이 없다.

才不救飢(재불구기) 多能益窮(다능익궁).
재주는 굶주림을 구하지 못하고 다능할수록 더욱 궁하다.

日 器用(きよう)貧乏(びんぼう). 잔재주 있는 자는 가난하다.

多芸(だげい)は無芸(ぶげい). 재주 많은 것은 재주 없는 것이다.

百芸(ひゃくげい)は一芸(いちげい)の精(くわ)しきに如(し)かず.
백 가지 재주는 한 가지 재주에 精通(정통)함만 같지 못하다.

なんでも屋(や)に名人(めいじん)なし.
무엇이든 할 수 있는 자 名人(명인)은 없다.

---

1) 東言解.

なんでも来(こ)いに名人(めいじん)なし.
무엇이든지 오라 하는 사람 중에 名人(명인)없다.

㊮ A little of everything and nothing in the main.
모든 일에 조금씩 알고 있으나, 주된 것은 아무 것도 없다.

He who commences many things finishes but few.
많은 일을 시작하는 자는 完成(완성)하는 일이 없다.

Good workmen are seldom rich.
名匠(명장)에는 富者(부자)가 드물다.

Jack of all trades and master of none.
모든 장사를 다 할 수 있으나 제대로 하는 것은 없다.

Jack of all trades is of no trade. 上同.

㊮ Viel Handwerk verderben den Meister.
많은 손재주는 大家(대가)를 망친다. 많은 손재주로 大家가 될 수 없다.

Neunerlei Handwerk, achtzehnerlei Unglück.
아홉 가지 손재주에 열여덟 가지 不幸(불행).

Vierzehn Handwerke, fünfzehn Unglück.
열네 가지 손재주에 열다섯 가지 불행.

Der Meister einer Kunst nährt Weib und sieben Kinder, ein Meister aller sieben Künste nährt sich selber nicht.
한 가지 기술을 가진 大家(대가)는 妻(처)와 일곱 子女(자녀)를 먹여 살리지만, 일곱 기술을 가진 匠人(장인)은 자기 자신도 먹여 살릴 수 없다.

㊮ Bon à tout, propre à rein.
모든 것을 잘하는 자는 어디에도 適合(적합)하지 않다.

Qui est propre à tout n'est propre à rien. 上同.

熱(열)은 熱로 다스린다

漢 以熱治熱(이열치열). 上同.

以夷制夷(이이제이). 오랑캐로써 오랑캐를 막는다.

以機奪機(이기탈기) 以毒攻毒(이독공독)[1].
기틀로써 기틀을 뺏고, 독으로써 독을 다스린다.

日 毒(どく)をもって毒を制(せい)す. 毒(독)으로써 毒을 다스린다.

盗人(ぬすびと)の番(ばん)には盗人を使(つか)え.
도둑 지키는 데는 도둑을 쓰라.

蛇(じや)の道(みち)は蛇(へび).
뱀의 길은 뱀이 잘 안다. 同類(동류)끼리는 하는 짓을 서로 잘 짐작한다.

英 Those that are stung by the scorpion are healed by the scorpion.
전갈에 찔린 자는 전갈에 의하여 고쳐진다.

It is good to strike the serpent's head with your enemy's hand.
적의 손으로 뱀의 머리를 치는 것이 상책이다.

Like cures like. 同類(동류)는 同類를 고친다.

The spear of Achilles could both wound and heal[2].
아킬레스의 창은 傷處(상처)를 입히기도 하고 고치기도 한다.

The smell of garlic(or leeks)[3] takes away the stink of dunghills (or the smell of onions).
마늘(또는 부추) 냄새는 똥거름 무덤 냄새(또는 파냄새)를 없앤다.

Diamonds cut diamonds. 다이아몬드가 다이아몬드를 깎는다.

Contraries cure contraries. 反對(반대)는 반대를 고친다.

---

1) 普燈錄.
2) Mysia의 왕 Telephus는 아킬레스의 창에 상처를 입었는데 神託(신탁)에 의하여 그의 상처는 아킬레스의 창에 의하여서만이 치료된다고 했다.
3) eat the leek : 굴욕을 참다.

Danger itself is the best remedy for danger.
危險(위험) 그 자체가 위험에 대한 最善(최선)의 대책이다.

Dangers are overcome with dangers.
危機(위기)는 위기로 克服(극복)된다.

Danger is not overcome without another.
위험은 다른 위험 없이 克服(극복)되지 아니한다.

Set a thief to catch a thief. 도둑을 잡는 데 도둑을 풀어 놓아라.

The wolf knows what the ill beast thinks.
늑대는 고약한 짐승이 생각하는 바를 안다.

A hair of the(same) dog that bite you[1]. 당신을 문 개의 털.

To a crafty man, a crafty and a half. 1人의 狡猾(교활)한 자에게는 1人 半(일인 반)의 교활한 자로 대항하는 것이 좋다.

A cunning man is overmatched by a cunning man and a half.
1인의 狡猾(교활)한 자는 1人 半(반)의 교활한 자에 의하여 극복된다.

For a deceiver, a deceiver and a half.
1人의 詐欺(사기)꾼에게는 1人 半의 사기꾼으로.

A mad parish must have a mad priest.
미친 教區(교구)에는 미친 牧師(목사)가 있어야 한다.

獨 Man muß Böse mit Bösem vertreiben.
惡(악)은 악으로 쫓아야 한다.

Wer Böses mit Bösem heilen will, der macht des bösen noch soviel.
악을 악으로 고치려는 자는 더 많은 악을 만든다.

Ein Keil treibt den andern aus.
한 쐐기(楔)는 다른 쐐기를 밀쳐 낸다.

Einen Nagel schlägt man mit dem andern aus.
한 못으로 다른 못을 뺀다.

---

1) 문 개의 털로 상처를 치료한다는 데서 유래.

Auf einen großen Klotz gehört ein großer Keil.
두꺼운 통나무에는 두꺼운 쐐기를 쳐야 한다.

Auf einen Schelm gehören anderthalb.
1人의 惡人(악인)에게는 1人 半(일인 반)의 악인이 필요하다.

Auf einen Shelm anderthalben. 上同.

Wer einen Bauer betrügen will, muß einen Bauer mitbringen.
한 農夫(농부)를 속이려는 자는 다른 농부를 데려와야 한다.

(佛) A dur âne, dur aiguillon. 억센 당나귀에게는 억센 막대기.

Reprendre(prendre) du poil de la bête.
동물의 털을 다시 사용한다. 傷處(상처)를 입힌 動物(동물)의 털을 상처를 고치는 데 사용한다는 뜻.

A vilain, vilain et demi.
1인의 野卑(야비)한 사람에게는 1인 반의 야비한 사람으로.

Aux grands maux, les grands remèdes. 큰 병에는 큰 약.

(羅) Contraria contrariis curantur. 반대물이 반대물을 치료한다.

Similia similibus curantur. 類(유)는 유를 치료한다.

▌오는 情(정)이 있어야 가는 情이 있다 ▌

(類) 人情(인정)도 품앗이라.

오는 떡이 두터워야 가는 떡이 두텁다.

네 떡이 한 개면 내 떡이 한 개다.

제 사랑 제가 끼고 있다.

(漢) 相扶相助(상부상조). 서로 돕다.

雲從龍 風從虎(운종용 풍종호).
구름은 용을 따르고, 바람은 호랑이를 따른다.

㊐ 魚心(うおごころ)あれば水心(みずごころ)あり.
魚心(어심) 있으면 水心(수심) 있다. 저쪽에서 나오는 것에 따라 이쪽에도 相應(상응)한 대접을 한다는 뜻.

思(おも)えば思(おも)われる. 생각하면 저쪽에서도 생각한다.

世(よ)の中(なか)は持(も)ちつ持(も)たれつ.
세상살이는 서로 가지는 것.

世(よ)は相持(あいも)ち.
세상은 서로 마주 잡는 것. 相互扶助(상호부조)하여 살아가라는 뜻.

旅(たび)は道連(みちづ)れ世(よ)は情(なさけ).
旅行(여행)은 길동무요, 세상살이는 人情(인정)이다.

渡(わた)る世間(せけん)に鬼(おに)は無(ない).
살아가는 세상에 도깨비 (귀신, 악마)는 없다. 세상에는 인정 깊은 사람도 있다는 뜻.

㊮ Scratch me(or my back)and I'll scratch you(or yours).
나를 긁어 주면 너를 긁어 주겠다.

Feed me this year is feed you the next.
今年(금년)에 나를 먹여 주면 來年(내년)에 너를 먹여 준다.

Scratch my breech and I will claw your elbow.
나의 볼기를 긁어 주면 너의 팔꿈치를 긁어 주겠다.

Serve me, serve you. 나에게 奉仕(봉사)하면, 너에게 봉사한다.

Nab1) me, I'll nab thee. 나를 깨물면 너를 깨물어 주겠다.

Ka2) me, (and I'll) ka thee. 나에게 해 주면 너에게 해 준다.

Love is the loadstone of love. 사랑은 사랑의 磁石(자석)이다.

Love is the reward of love. 사랑은 사랑의 報酬(보수)이다.

A house-going parson makes a church-going people.
信者(신자) 집을 訪問(방문)하는 牧師(목사)는 敎會(교회) 가는 사람을 만든다.

1) nab : bite gently.
2) ka : claw, invite, serve, oblige.

One good turn deserves another.
하나의 善行(선행)은 다른 하나의 선행의 가치를 지닌다.

One shrewed turn asks another.
하나의 惡行(악행)은 다른 악행을 부른다.

獨 Brätst du mir die Wurst, (so) lösch ich dir den Durst, sagt der Kellner zum Koch.
그대가 나에게 소시지를 구워 주면 나는 그대의 갈증을 없애 주겠다고 給仕(급사. 술창고 관리인)가 料理師(요리사)에게 말했다.

Wer gern tanzt, dem ist bald gepfiffen(leicht pfeifen).
춤을 즐겨 추는 사람에게는 피리를 쉽게 불어준다.

Wer gern hört, dem ist leicht rufen.
잘 듣는 자는 쉽게 불리어진다.

Wie du mir, so ich dir. 네가 나에게 하는 대로 내가 너에게 하겠다.

Ein Ehre ist der andern wert.
한 尊敬(존경)은 또 하나의 존경의 가치를 지닌다. 존경은 서로 하게 된다는 뜻.

Eine Liebe ist der andern wert.
하나의 사랑은 또 하나의 사랑의 가치가 있다.

Ein Dienst ist des andern wert.
하나의 奉仕(봉사)는 다른 하나의 奉仕의 가치가 있다.

Ein Eisen macht das andere scharf(wetzt das andere).
한 쇠는 다른 쇠를 날카롭게 한다.

Ein Messer wetzt das andere. 칼은 서로 간다.

Ein Kuh lecht die andere. 암소는 서로 핥는다.

Eine Hand wäscht die andere. 한 손이 다른 손을 씻는다.

Man muß leben und leben lassen.
사람은 살아야 하고 살게 해야 한다.

(佛) Passez-moi la rhubarbe, je vous passerai le séné[1].
나에게 大黃(대황)을 건네 주면, 너에게 센나를 주겠다.

Je vous passe la casse, passez-moi le séné.
그대에게 계수나무 열매를 줄 테니, 나에게 센나를 다오.

‖ 오르지 못할 나무는 쳐다보지도 마라 ‖

(漢) 難上之木勿仰(난상지목물앙)[2]. 上同.

木難上不可仰(목난상불가앙)[3]. 上同.

(日) 登(のぼ)れない木(き)は仰(あお)ぎ見(み)るな. 上同.

高嶺(たかね)の花(はな). 높은 산의 꽃. 꺾지 못할 꽃.

高嶺(たかね)の花(はな)を羨(うらや)むより足下(あしもと)の豆(まめ)を拾(ひろ)え.
높은 산의 꽃을 부러워하기보다 발 밑의 콩을 주워라.

(英) Hew not too high lest the chips fall into the eye.
부스러기가 눈에 들어가지 않도록 너무 높은 곳을 자르지 말라.

He that hews above his head may have the speal fall in his eye.
머리 위에 있는 나무를 자르는 자는 그의 눈에 부스러기가 들어갈 것이다.

Too much hope deceives. 너무 큰 希望(희망)은 속인다.

Wise men care not for what they cannot have.
怜悧(영리)한 자는 가질 수 없는 것을 바라지 아니한다.

One can take no aim at things too high.
너무 높은 곳에 있는 물건은 겨냥할 수 없다.

---

1) rhubarbe나 séné는 모두 下劑로 쓰이는 약초이다.
2) 旬五志.
3) 洌上方言.

One may point at a star but not reach at it.
별을 바라볼 수는 있으나 그것에 到達(도달)할 수는 없다.

Things that are above us are nothing to us.
우리 위에 있는 것은 우리하고는 關係(관계)없다.

God sends you readier meat than running hares.
하나님은 뛰는 토끼보다 더 손쉬운 고기를 그대에게 보낸다. 不可能(불가능)한 것을 시도하는 사람에게 하는 말.

No meat(or morsel) for mowers.
풀 깎는 사람에 관계없는 고기. 微淺(미천)한 사람에게 過分(과분)한 물건이라는 뜻.

A Pisgah sight[1].
피스가 山(산)으로부터의 展望(전망). 도달할 수 없는 理想(이상)을 바라본다는 뜻.

獨 Lobe die Berge und bleibe in der Ebene(im Tal).
산을 稱讚(칭찬)하고 평지(또는 계곡)에 머물러라. 남을 시샘하지 말고 자기 분수에 머무르라는 뜻.

佛 Tout bonheur que la main n'atteint pas n'est qu'une rêve.
손이 미치지 아니하는 幸福(행복)은 모두 꿈에 불과하다.

Un moineau dans la main vaut mieux qu'une grue qui vole.
手中(수중)의 참새 한 마리는 나는 鶴(학)보다 가치 있다.

羅 Quae supra(or infra) nos nihil ad nos.
우리 위에(또는 밑에) 있는 것은 우리에게 없는 것이다.

Noli altum sapere. 높은 일에 상관하지 말라.

---

1) Pisgah는 死海의 東北에 있는 山으로, 神이 Moses에게 Pisgah 山上에서 約束의 땅 Canaan을 보여 주었으나 Moses는 神의 뜻으로 그곳에 가지 못하고 죽었다 (Deuteronomy 34 : 1~4).

❙ 옷이 날개다 ❙

類 입은 거지는 얻어 먹어도, 벗은 거지는 못 얻어 먹는다.

옷 잘 입고 미운 사람 없다.

옷 헐벗고 예쁜 사람 없다.

겉 볼 안이라.

옷은 새 옷이 좋고, 사람은 옛 사람이 좋다.

對 袈裟長衫(가사장삼)이 중을 만들지 아니한다.(p.20)

겉 다르고 속 다르다.

漢 衣以新爲好(의이신위호), 人以舊爲好(인이구위호).
옷은 새 것이 좋고, 사람은 옛 사람이 좋다.

日 馬子(まご)にも衣裳(いしょう). 馬夫(마부)에게도 衣裳(의상).

木偶(でく)にも髪(かみ)かたち. 木造人形(목조인형)에도 머리 모양.

藁人形(わらにんぎょう)にも衣裳(いしょう)から.
짚人形도 衣裳(의상)으로부터.

英 Apparel makes the man. 衣服(의복)은 사람을 만든다.

Clothes make the man. 上同.

Dress up a stick and it does not seem to be a stick.
막대기에 옷을 입히면 막대기로 보이지 아니한다.

Dress a stick and it seems a youth.
막대기에 옷을 입히면 젊은 사람으로 보인다.

Clothes set forth[1] poles, and clothe but a pillar, and it shall look like a lady.
옷은 막대기를 장식한다. 그래서 기둥이라도 옷을 입히면 그것은 淑女(숙녀)로 보일 것이다.

1) set forth : 출발하다, 진열하다, 설명하다, 발표하다, 꾸미다.

Fair feathers make fair fowls.
아름다운 깃은 아름다운 새를 만든다.

Fine feathers make fine birds. 上同.

Fair fowls have fair feathers. 좋은 새는 좋은 깃을 가지고 있다.

Gay feathers make gay birds. 화려한 깃은 화려한 새를 만든다.

A man knows a beautiful bird by the feathers.
사람은 좋은 새를 깃으로 안다.

Trim up a hedgehog and he will look like a lord.
고슴도치도 다듬으면 領主(영주)로 보인다.

Deck a hedgehog and he will seem a baron.
고슴도치도 꾸미면 男爵(남작)으로 보인다.

The tailor makes the man.
洋服(양복)장이는 훌륭한 紳士(신사)를 만든다.

(獨) Kleider machen Leute. 衣服(의복)이 사람을 만든다.

Kleider machen Leute, aber das Herz den Menschen.
衣服(의복)은 사람을 만들고, 마음은 人間(인간)됨을 만든다.

Kleider machen Leute, und Lumpen machen Leuß.
衣服은 사람을 만들고, 누더기는 이를 만든다.

(佛) L'habit fait le moine. 의복이 僧侶(승려)를 만든다.

La belle plume fait le bel oiseau. 좋은 깃은 좋은 새를 만든다.

C'est la plume qui fait l'oiseau. 새를 만드는 것은 깃이다.

On devient l'homme de son uniforme.
사람은 그의 制服(제복)에 맞는 사람이 된다.

C'est la robe qu'on salue. 사람이 인사를 하는 것은 옷이다.

(羅) Vestis virum facit. 의복은 훌륭한 사람을 만든다.

▌외손뼉이 울랴 ▌

(類) 두 손뼉이 마주쳐야 소리가 난다.

소도 언덕이 있어야 비빈다.

도깨비도 수풀이 있어야 모인다.

(漢) 孤掌難鳴(고장난명). 上同.

獨掌不鳴(독장불명). 上同.

獨不將軍(독불장군).
혼자서는 장군이 될 수 없다. 여러 사람의 도움 없이는 큰 일을 할 수 없다.

單絲不成線(단사불성선). 한 가닥 실은 줄을 이루지 못한다.

(日) 孤掌(こしょう)鳴(なら)し難(がた)し. 上同.

一本(いっぽん)薪(まき)は燃(も)えぬ. 한 개피 장작은 타지 않는다.

(英) More words than one go to a bargain.
한 마디보다 많은 말로 흥정이 이루어진다.

The lower millstone grinds as well as the upper.
아래 맷돌도 윗 맷돌만큼 잘 간다.

Friendship stands not on one side.
友情(우정)은 한 쪽만으로 서지 않는다.

It takes two to make a querrel.
싸움을 하는 데 두 當事者(당사자)가 필요하다.

Two words to a bargain.
去來(거래)에는 두 말. 契約(계약)에는 두 사람이 필요하다는 뜻.

▌외 심은 데 콩 나랴 ▌

(類) 외 덩굴에 가지 열릴까.

콩 심은 데 콩 나고, 팥 심은 데 팥 난다.

가시나무에 가시가 난다.

왕대 밭에 왕대 난다.

漢 種瓜得瓜(종과득과) 種豆得豆(종두득두)[1].
외 심으면 외를 얻고, 콩 심으면 콩 얻는다.

種李不成桃(종리불성도) 種禾不生豆(종화불생두).
오얏 심으면 복숭아 생기지 아니하고 벼 심으면 콩 나지 아니한다.

燕雀不生鳳(연작불생봉) 狐兎不乳馬(호토불유마)[2].
제비와 참새는 봉을 낳지 아니하고, 여우와 토끼는 말에게 젖을 줄 수 없다.

日 瓜(うり)の蔓(つる)に茄子(なすび)はならね.
외 덩굴에 가지는 열리지 아니한다.

この親(おや)にしてこの子(こ)あり.
이 아버지 있음으로써 이 아들 있다.

燕雀(えんじゃく)鳳(ほう)を生(う)まず.
燕雀(연작)은 鳳(봉)을 낳지 아니한다.

英 The like breeds the like. 同類(동류)가 同類를 낳는다.

Like begets like. 上同.

Such as the tree(is) such is the fruit.
그러한 나무에 그러한 열매가 열린다.

As the tree is, so is the fruit. 上同.

Like tree, like fruit. 그 나무에 그 열매.

Such bird, such nest(egg). 그러한 새에 그러한 둥지(알).

An eagle does not hatch a dove.
독수리는 비둘기를 까지 아니한다.

---

1) 種瓜得瓜種豆得豆 施薄報薄施厚得厚 有施無報何異禽獸.

2) 周易 參同契.

Of a thorn springs not a rose. 가시에서 장미는 나지 아니한다.

The mare lame, the colt the like. 암말이 절면 망아지도 같다.

Of evil grain no good seed(can come).
좋지 않은 씨에서 나쁜 곡물이 나온다.

Sowed cockle reaped no corn.
선옹초(仙翁草)를 심어도 곡식을 거두어들일 수 없다.

獨 Von den Disteln liest[1)] man keine Feigen.
엉겅퀴에서 無花果(무화과)를 수확할 수 없다.

Disteln bringen keine Feigen. 上同.

Kann man auch Trauben lesen von den Dornen, oder Feigen von den Disteln?
가시에서 포도를, 엉겅퀴에서 무화과를 收穫(수확)할 수 있을까?

Grobes Tuch gibt keine feinen Kleider.
거친 천에서 纖細(섬세)한 옷이 나오지 아니한다.

Man kann vom Ochsen nur Rindfleisch erwarten(nichts anderes verlangen als Rindfleisch).
황소로부터는 쇠고기만을 期待(기대)할 수 있다. 쇠고기 이외는 아무것도 기대할 수 없다.

Der Apfel fällt nicht weit vom Stamm(e).
사과는 줄기에서 멀리 떨어지지 아니한다.

佛 D'un sac à charbon (il) ne peut sortir (de) blanche farine.
石炭(석탄) 포대에서는 흰 밀가루가 나올 수 없다.

Tel père, tel fils. 그 아버지에 그 아들.

Telle mère, telle fille. 그 어머니에 그 딸.

Bon sang ne peut mentir.
훌륭한 血統(혈통)은 거짓말할 줄 모른다.

---

1) lesen : 주워 모으다, 收穫(수확)하다, 읽다.

Bon chien chasse de race.
좋은 개는 혈통으로 사냥을 한다. 혈통은 속일 수 없다는 뜻.

羅 Aquila non generat columbam. 독수리는 비둘기를 낳지 않는다.

E squilla non nascitur rosa. 둥근 파에서 장미는 생기지 아니한다.

Mali corvi malum ovum. 나쁜 새에 나쁜 알.

勇將(용장)아래 弱卒(약졸) 없다

漢 勇將無弱卒(용장무약졸). 上同.

虎父無犬子(호부무견자). 호랑이 아버지에 개 자식은 없다.

日 勇将(ゆうしょう)の下(もと)に弱卒(じゃくそつ)なし. 上同.

犬猿(いぬざる)も主(あるじ)に従(したが)う.
개와 원숭이도 주인을 좇는다. 짐승도 주인의 버릇을 배운다는 뜻.

親(おや)を見(み)たけりゃ子(こ)を見(み)よ.
어버이를 보고 싶으면 子息(자식)을 보아라.

上(かみ)を学(まな)ぶ下(しも). 위를 배우는 아랫사람.

英 Such captain, such retinue.
그러한 隊長(대장)에 그러한 從者(종자).

Such as the captain is, such is the soldier. 上同.

Such man such master. 그러한 部下(부하)에 그러한 주인.

Such as the priest such is the clerk.
그러한 牧師(목사)에 그러한 執事(집사).

Such as the abbot is, such is the monk.
그러한 修道院長(수도원장)에 그러한 修士(수사).

㊩ Freudiger Hauptmann macht freudige Kriegsleute.
勇敢(용감)한 隊長(대장)은 용감한 兵士(병사)를 만든다.

Wie der Herr, so der Knecht(Diener).
그 主人(주인)에 같은 從者(종자).

Wie der Hirt, so die Herde. 그러한 양치기에 그러한 양떼.

Wie die Frau, so die Magd. 그 主婦(주부)에 그 下女(하녀).

Wo der Abt Würfel gibt, so spielen die Mönche.
修道院長(수도원장)이 주사위를 던지면, 修士(수사)들은 노름을 한다.

Wie der Abt singt, so antworten die Mönche.
修道院長이 노래하는 대로 修士(수사)들은 대답한다.

㊋ Tel maître, tel valet. 그 主人(주인)에 그 從者(종자).

Les bons maîtres font les bon valets.
좋은 주인들은 좋은 종들을 만든다.

Le moine répond comme l'abbé chante.
司祭(사제)가 노래하는 대로 修道士(수도사)들은 答唱(답창)한다.

▎우는 아이에게 젖 준다 ▎

㊟ 무는 개를 돌아본다.

보채는 아이 밥 한 술 더 준다.

㊤ 不啼之兒(부제지아) 其誰穀之(기수곡지)[1].
울지 않는 아이에게 누가 밥 주랴.

㊐ 泣(な)く子(こ)に乳(ちち). 우는 아이에게 젖.

泣く子に羊羹(ようかん). 우는 아이에게 양갱.

1) 耳談續纂.

㊍ The squeaking wheel gets the grease.
빼걱거리는 수레에 기름 친다.

▌우물 안 개구리 ▌

㊅ 井底蛙(정저와). 上同.

座井觀天(좌정관천). 우물에 앉아 하늘을 본다.

㊐ 井戸(いど)の中(なか)の蛙(かえる)大海(たいかい)を知(し)らず.
우물 속의 개구리는 大海(대해)를 모른다.

㊍ He that stays in the valley shall never get over the hill.
골짜기에 사는 자는 산을 넘는 일이 없다.

They think a calf a muckle beast that never saw a cow.
어미 소를 본 일이 없는 사람은 송아지를 巨獸(거수)라 생각한다.

獨 Im engen Kreis verengert sich der Sinn.
좁은 環境(환경)에서는 생각이 좁아진다.

佛 Il est bien de son pays.
그는 그의 故鄕(고향)에 대하여 잘 알고 있다.

Il n'a jamais vu que[1] le clocher de son village.
그는 자기 마을의 鐘樓(종루) 말고는 본 것이 없다.

▌우물을 파도 한 우물을 파라 ▌

類 고생 끝에 낙이 있다.(p.38)

---

1) ne~jamais que~ : ~이외에는 결코~않다.

(漢) 鑿井鑿一井(착정착일정)[1]. 上同.

(日) 井戸(いと)を堀(ほ)るなら水(みず)の出(て)るまで.
우물을 파면 물이 나올 때까지.

度度(たびたび)植(う)えかえる木(き)は根(ね)が張(は)らない.
자주 옮겨 심는 나무는 뿌리를 뻗지 못한다.

(英) Go through-stitch with a business. 일을 철저히 하라.

A rolling stone gathers no moss.
구르는 돌은 이끼가 끼지 아니한다.

(獨) Rollender Steine hat kein Moos. 上同.

(佛) Pierre qui roule n'amasse pas mousse. 上同.

La clef dont on se sert est toujours claire.
使用(사용)하고 있는 열쇠는 언제나 반짝인다.

Arbres souvent remués font à peine[2] bons fruits.
가끔 옮기는 나무는 좋은 열매를 맺지 아니한다.

(羅) Musco lapis volutus haud obducitur.
구르는 돌은 이끼로 덮히지 아니한다.

❙ 웃음 속에 칼이 있다 ❙

(類) 웃고 사람 친다.

웃으며 한 말에 초상난다.

등 치고 간 내먹는다.

---

1) 東言解.
2) à peine : 조금 전에. 겨우. 거의 ~않다.

(漢) 口有蜜(구유밀) 腹有劍(복유검)[1].
입에는 꿀, 뱃속에는 칼. 달콤한 말에 무서운 凶計(흉계)가 있다는 뜻.

外面似菩薩(외면사보살) 內心如夜叉(내심여야차)[2].
겉은 보살을 닮았으나 속마음은 야차[3]와 같다.

(日) 笑(わらい)の中(なか)に刀(かたな)あり. 웃음 속에 칼 있다.

口(くち)に蜜(みつ)あり腹(はら)に剣(けん)あり.
입에는 꿀이 있고 배에는 칼이 있다.

(英) He has honey in his mouth and the razor at his girdle.
그는 입에는 꿀, 허리띠에는 면도칼을 가지고 있다.

Under honey ofttimes lies bitter gall(or poison).
꿀 밑에는 쓴 즙(또는 毒)이 있는 일이 더러 있다.

Bees that have honey in their mouths have stings in their tails.
입에 꿀을 가진 벌은 꼬리에 침을 가지고 있다.

The sting is in the tail. 針(침)은 꼬리에 있다.

(獨) Honig im Mund, Galle im Herzen.
입에는 꿀, 마음에는 膽汁(담즙).

Außen Honig, innen Galle. 밖에는 꿀, 속에는 담즙.

Im Mund(die) Bibel, im Herzen Übel.
입에는 聖書(성서), 마음에는 惡意(악의).

Zucker auf der zunge, Galle im Herz.
혀 위에 사탕, 마음 속에 담즙.

(佛) Bouche de miel, coeur de fiel. 꿀 같은 입, 담즙 같은 마음.

---

1) 唐書 李林甫傳.
2) 華嚴經・唯識論.
3) 夜叉 : 두억시니(斗玉神). 모습이 추악하며, 사람을 해하는 잔인한 귀신.

羅 Mel in ore, noracula sub cinglo.
입에는 꿀, 허리띠 밑에 短劍(단검).

雄辯(웅변)은 銀(은)이요, 沈默(침묵)은 金(금)이다

類 말이 많으면 쓸 말이 적다.
김 안 나는 숭늉이 더 뜨겁다.
혀 아래 도끼 들었다.(p.395)
쌀은 쏟고 주워도, 말은 하고 못 줍는다.(p.250)
말은 보태고, 떡은 뗀다.
말은 보태고 奉送(봉송)[1]은 던다.
말은 할수록 거칠어지고, 가루는 칠수록 부드러워진다.
말은 할수록 늘고, 되질은 할수록 준다.
말 많은 집은 장맛이 쓰다.
말 단 집에 장 단 법 없다.
두 번 듣고 한 번 말하라(귀는 둘이고 입은 하나).

漢 多言數窮(다언수궁)[2]. 말이 많으면 궁지에 빠지는 경우가 많다.
言甘家醬不甘(언감가장불감)[3]. 말 단 집 장맛 쓰다.

日 雄弁(ゆうべん)は銀(ぎん)沈黙(ちんもく)は金(きん). 上同.
言(い)わぬは言(い)うにまさる.
말하지 아니하는 것은 말하는 것보다 낫다.

---

1) 奉送 : 물건을 싸서 선물로 보냄.
2) 老子.
3) 旬五志.

英 If a word be worth one shekel[1)], silence is worth two.
말이 1세켈의 價値(가치)가 있다면, 沈默(침묵)은 2세켈의 가치가 있다.

Wide ears and a short tongue. 넓은 귀에 짧은 혀.

Keep your mouth shut and eyes open.
그대의 입을 닫고 눈을 떠라.

It is better to play with the ears than the tongue.
혀보다 귀를 活用(활용)하는 것이 낫다.

Silence is the best ornament of a woman.
沈默(침묵)은 여자의 가장 좋은 裝飾(장식)이다.

Silent woman is better than a double-tongued man.
조용한 여자는 一口二言(일구이언)하는 남자보다 낫다.

獨 Reden ist Silber, Schweigen ist Gold.
雄辯(웅변)은 銀(은)이요, 沈默(침묵)은 金(금)이다.

Verschwiegener Mund, ein güldener[2)] Mund.
沈默(침묵)하는 입은 黃金(황금)의 입이다.

Besser geschwiegen als übel gesprochen.
邪惡(사악)한 말을 하는 것보다 침묵이 낫다.

Besser stumm als reden dumm.
어리석은 말을 하는 것보다 침묵이 낫다.

佛 Le silence est d'or et la parole est d'argent.
沈默(침묵)은 금이요, 雄辯(웅변)은 은이다.

Il vaut mieux se taire que de parler mal.
서투른 말보다 침묵이 낫다.

Le silence est quelquefois plus éloquence que les paroles.
침묵이 때로는 말 이상으로 웅변적이다.

---

1) Shekel : 古代 유태의 銀貨.
2) gülden : golden의 詩語.

원숭이도 나무에서 떨어진다

類 項羽(항우)도 落傷(낙상)할 적 있고, 蘇秦(소진)[1]도 忘發(망발)할 적 있다.

漢 知者千慮(지자천려) 必有一失(필유일실), 愚者千慮(우자천려) 必有一得(필유일득).
賢明(현명)한 사람도 천 번 생각에 반드시 한 번 실수는 있으며, 어리석은 사람도 천 번 생각하면 반드시 한 번은 득을 본다.

善泅者溺(선인자익) 善騎者墮(선기자타) 各以其所好(각이기소호) 反自爲禍(반자위화)[2].
헤엄 잘 치는 자 물에 빠지고 말 잘 타는 자 떨어진다. 각기 잘하는 바가 도리어 화가 된다.

日 猿(さる)も木(き)から落(お)ちる. 上同.

河童(かっぱ)[3] の川(かわ)流(なが)れ. 河童이 물에 떠내려가다.

弘法(こうぼう)にも筆(ふで)の誤(あやま)り.
名筆(명필)인 弘法大師에게도 붓의 잘못이 있다.

上手(じょうず)の手(て)から水(みず)がもる.
잘한다는 손에서 물이 샌다. 잘하는 사람도 실수한다는 뜻.

竜馬(りゅうめ)もつまずく. 龍馬(용마)도 비틀거린다.

英 Homer nods[4] sometimes.
호머와 같은 大詩人(대시인)도 방심하여 실수한다.

Even Homer sometimes nods. 上同.

---

1) 蘇秦 : 중국 戰國時代의 謀士(모사). 뛰어난 언변으로 秦(진)나라에 대항하기 위하여 다른 나라를 설득하여 동맹을 결성하는 合從策(합종책)을 성공시켜 6국의 宰相(재상)을 겸임했다. 連衡策(연횡책)을 제창한 張儀와 더불어 縱橫家(종횡가)라 일컬어진다.
2) 淮南子 原道訓.
3) 河童 : p.189 참고.
4) nod : 고개를 끄덕이다. 끄덕여 인사하다. 수긍하다. 졸다. 방심하여 실수하다.

A good horse stumbles, and even a priest may err at the alter.
좋은 말도 헛딛고, 목사도 祭壇(제단)에서 실수를 한다.

Often a full dexterous smith forges a very weak knife.
기술이 충분한 대장장이도 약한 칼을 만든 적이 있다.

The wisest man may be overseen.
가장 賢明(현명)한 사람도 실수를 한다.

The best cart may overthrow. 제일 좋은 마차도 전복할 수 있다.

A horse may stumble on four feet.
말은 네 발이라도 넘어질 수 있다.

(獨) Auch Homer schläft einmal. 호머도 한 번은 졸 때가 있다.

Kluge Hühner legen sich auch in die Nesseln.
怜悧(영리)한 암탉도 엉겅퀴에 알을 낳을 수도 있다.

Der besten Kazte kommt eine Maus hinaus.
제일 잘하는 고양이로부터라도 쥐는 도망치는 수가 있다.

Es ist keine Fuhrmann so geschikt, daß er nicht umwerfen könnte.
어떤 馬夫(마부)라도 마차를 顚覆(전복) 안 할 만큼 잘하는 마부는 없다.

(佛) Il n'est si bon cheval qui ne bronche.
헛디뎌서 비틀거리지 아니하는 名馬(명마)는 없다.

Il n'y a si bon charretier qui ne verse.
아무리 잘하는 마차꾼도 차를 顚覆(전복)시킨다.

▎有備無患(유비무환) ▎

(뜻) 준비하고 있으면 우환 없다.

漢 居安思危(거안사위) 思則有備(사즉유비) 有備無患(유비무환)[1].
편안히 살면 위기를 생각하고, 위기를 생각하면 준비를 해야하고, 준비 있으면 우환이 없다.

儉則有(검즉유) 奢則亡(사즉망). 아끼면 있고, 사치하면 없다.

惜衣有衣(석의유의) 惜食有食(석식유식)[2].
옷을 아끼면 옷이 있고, 식량을 아끼면 식량이 있다.

人無遠慮(인무원려) 必有近憂(필유근우)[3].
사람이 멀리 염려하지 아니하면 반드시 가까운 憂患(우환)이 있다.

日 備(そな)え有(あ)れば患(うれ)い無(な)し. 上同.

転(ころ)ばぬ先(さき)の杖(つえ).
지팡이가 먼저 가면 넘어지지 아니한다.

英 Dearths foreseen come not. 예견된 饑饉(기근)은 오지 않는다.

If you want peace, prepare for war.
平和(평화)를 원하거든 戰爭(전쟁)을 準備(준비)하라.

Lay up for rainy day. 비 오는 날을 위해 備蓄(비축)하다.

The night comes when no man can work.
누구도 일할 수 없을 때에 밤이 온다.

Keep something for the sore foot(or for a rainy day).
발이 아플 때를 위하여(또는 비 오는 날을 위하여) 무엇인가를 備蓄(비축)하여라.

In wealth(or weal) beware of woe.
富裕(부유)할 때에 불행을 주의하라.

Good watch prevents misfortune.
充分(충분)한 警戒(경계)는 불행을 豫防(예방)한다.

---

1) 左傳.
2) 馮夢龍 警世通言.
3) 論語・衛靈公.

Although the sun shines, leave not your cloak at home.
해가 비칠지라도 外套(외투)를 집에 두고 외출하지 말라.

For age and want, save while you may.
늙어서 가난할 때를 위하여 네가 할 수 있을 때에 貯蓄(저축)하라.

No morning sun last a whole day.
아침 해는 終日(종일) 계속되지 아니한다.

Prevention is better than cure. 豫防(예방)은 치료보다 낫다.

Providing is preventing. 準備(준비)는 예방이다.

Forewarned is forearmed.
事前 警告(사전 경고)는 미리 武裝(무장)하는 것이다.

Half-warned is half-armed.
半警告(반경고)는 半武裝(반무장)이다.

(獨) Wer allzeit angelt, dem niemals mangelt.
언제나 낚는 자는 缺乏(결핍)할 때가 결코 없다.

Junges Blut, spar' dein Gut, im Armut in Alter wehe tut.
젊은이여, 그대의 재산을 아껴라, 老後(노후)의 가난은 슬프다.

Vorsicht ist besser als Nachsicht.
뒤에 살피는 것보다 먼저 주의하는 것이 낫다.

Vorsorge ist besser als Nachsorge.
警戒(경계)는 뒤에 근심하는 것보다 낫다.

Besser bewahrt als beklagt.
呼訴(호소)하는 것보다 注意(주의)하는 것이 낫다.

Gewarnter Mann ist halb gerettet.
미리 주의 받은 자는 반은 救濟(구제)되었다.

Wer spart, wenn er hat, der findet, wenn er braucht.
있을 때에 아끼는 자는 必要(필요)할 때에 가질 수 있다.

(佛) Si tu veux la paix, prépare la guerre.
平和(평화)를 원하거든 戰爭(전쟁)을 준비하라.

Mieux vaut prévenir que guérir.
治療(치료)하는 것보다 豫防(예방)하는 것이 낫다.

Même si le soleil luit, ne laissez pas votre pardessus à la maison.
太陽(태양)이 빛나고 있을 때에라도 外套(외투)를 집에 두지 말라.

Il est bon d'avoir plusieurs cordes à son arc.
자기의 활에 몇 개의 활줄을 가지는 것이 좋다.

陰德(음덕)이 있으면 陽報(양보)가 있다

(類) 덕은 외롭지 아니하고 반드시 이웃이 있다.(p.110)

(漢) 有陰德者 必有陽報(유음덕자 필유양보)[1]. 上同.

積善之家(적선지가) 必有餘慶(필유여경) 積惡之家(적악지가) 必有餘殃(필유여앙)[2].
善行(선행)을 쌓은 집안에는 자손에게 반드시 慶事(경사)스러움이 있고, 惡行(악행)을 쌓은 집안에는 자손에게 반드시 災殃(재앙)이 있다.

(日) 陰徳(いんとく)あれば陽報(ようほう)あり. 上同.

(英) Secret gifts are openly rewards. 上同.

He that sows good seed shall reap good corn.
좋은 씨를 뿌리는 자는 좋은 穀食(곡식)을 收穫(수확)한다.

What is done by night appears by day.
밤에 행하여진 바는 낮이 되면 보인다.

(獨) Wohltun trägt Zinsen. 善行(선행)은 利子(이자)를 낳는다.

---

1) 淮南子, 人間訓.
2) 易經, 坤卦, 文言傳.

(佛) Un bienfait n'est jamais perdu.
恩惠(은혜)는 결코 없어지지 아니한다.

(羅) Virtutis enim laus omnis in actione consistit.
진실로 덕의 모든 賞讚(상찬)은 덕의 실행에 있다.

Ipsa quidem pretium virtus sibi.
德(덕) 그것은 그 자체로서 보답이다.

▎衣食(의식)이 족해야 禮節(예절)을 안다 ▎

(類) 金剛山(금강산)도 食後景(식후경)이라.(p.71)

(漢) 倉廩實而知禮節(창름실이지예절) 衣食足則知榮辱(의식족즉지영욕)[1]. 곡창이 차야 예절을 알고, 의식이 족해야 영욕을 안다.

以食爲天(이식위천). 먹어야 하늘을 위한다. 食이 제일 중요하다.

倉廩實而囹圄空(창름실이영어공)[2]. 곡창이 차면, 감옥이 빈다.

賢人進而姦民退(현인진이간민퇴)[3].
어진 사람이 나아가니, 간사한 무리는 물러난다.

(日) 衣食(いしょく)足(た)りて栄辱(えいじょく)を知(し)る. 上同.

礼(れい)は有(ゆ)に生(せい)じ無(む)に廃(すた)る.
예절은 있을 때에 생겨서, 없을 때 疲弊(피폐)한다.

(英) Meat and cloth makes the man[4]. 육류와 천이 사나이를 만든다.

Cloth shapes, meat maintains, but manners make the gentleman.
천은 모양을 내게 하고, 육류는 생존하게 하나, 禮節(예절)이 신사를 만든다.

---

1) 管子, 牧民.
2), 3) 管子, 五輔.
4) the man : 당당한 사나이, 훌륭한 신사.

Well fed[1], well bred[2]. 잘 먹여지면, 잘 양육된다.

獨 Ein hungriger Bauch hat keine Ohren.
굶주린 배는 귀를 가지지 아니한다.

Mit vollem Bauch ist gut Predigten halten.
배부른 자에게는 설교하기 쉽다.

Den Hungrigen ist nicht gut predigen.
배고픈 자를 설교하기 어렵다.

疑心(의심)은 暗鬼(암귀)를 낳는다

뜻 의심하여 두려워하면 恐怖(공포)의 妄想(망상)에 사로잡힌다.

漢 疑心生暗鬼(의심생암귀)[3]. 上同.

日 疑心(ぎしん)暗鬼(あんき)を生(しょう)ず. 上同.

恐(おそ)ろしければ藪(やぶ)が動(うご)く.
무서우면 덤불이 움직인다.

幽霊(ゆうれい)の正体(しょうたい)見(み)たり枯尾花(かれをばな).
유령의 정체를 보니 마른 참억새더라.

英 All looks yellow to the jaundiced eye.
黃疸(황달) 걸린 눈에는 모두가 누렇게 보인다.

Fight with one's own shadow. 자신의 그림자와 싸운다.

佛 Chacun croit aisément ce qu'il craint et ce qu'il désire.
누구나 恐怖(공포)와 所望(소망)을 쉽게 믿는다.

1) fed : feed(먹이를 주다, 기르다) 의 과거, 과거분사.
2) bred : breed(낳다, 양육하다)의 과거, 과거분사.
3) 列子, 說符.

La peur grossit les objets.
공포는 對象物(대상물)을 커 보이게 한다.

羅 Umbram suam metuere. 자기의 그림자를 두려워하다.

Cum umbra pugnare. 그림자와 싸우다.

▌이긴 뒤에 더욱 警戒(경계)하라 ▌

類 큰 방축도 개미구멍으로 무너진다.

漢 身貴而愈恭(신귀이유공) 家富而愈儉(가부이유검) 勝敵而愈戒(승적이유계)[1].
신분이 귀해도 더욱 恭遜(공손)하고, 집이 부유해도 더욱 儉素(검소)하며, 적에 이기고 더욱 警戒(경계)하라.

戰勝而將驕(전승이장교) 卒惰者敗(졸타자패)[2].
전쟁에 이기고 나서, 장수가 驕慢(교만)하고 병졸이 怠慢(태만)하면 패한다.

戰勝易 守勝難(전승이 수승난)[3].
싸워 이기는 일은 쉽고, 그 승리를 지키기는 어렵다.

創業易守成難(창업이수성난).
창업은 쉬우나, 그 이룬 바를 지키기는 어렵다. 政權創出(정권 창출)은 쉬우나 그 유지는 어렵다.

日 勝(か)って兜(かぶと)の緒(お)を締(し)めよ.
이기고 투구 끈을 졸라 매라.

英 Not to halloo (or whistle) until one is out of the wood.
숲을 빠져 나올 때까지 외치지 말라(또는 호루라기를 불지 마라).

---

1) 荀子, 儒效.
2) 史記. 項羽本記.
3) 吳子. 圖國.

Tighten your helmet string in victory.
勝利(승리)하고 너의 헬멧 끈을 조여라.

㊕ Celui-là est deux fois vainqueur, qui sait se vaincre dans la victoire.
勝利(승리)에 즈음하여 자기를 이길 줄 아는 자는 두 번의 승리자이다.

人情(인정)도 품앗이라

㊟ 서로 동정하여 인정을 주고 받고 하는 것은 고된 일을 서로 도와 품을 갚는 것과 같다.

㊟ 부처 위해 佛供(불공)하나 내 몸 위해 불공하지.

오는 情(정)이 있어야 가는 정이 있다.(p.283)

가는 떡이 굵어야 오는 떡이 굵다.

내가 원하는 바를 남에게 행하라

㊟ 德不孤必有隣(덕불고필유린)[1].
덕은 외롭지 않고 반드시 이웃이 있다.(p.110)

積善之家(적선지가) 必有余慶(필유여경)[2].
적선하는 집안에는 반드시 후손에게 좋은 일이 있다.

㊐ 人(ひと)は相持(あいも)[3]ち. 사람은 맞드는 것.

情(なさけ)は人(ひと)の為(ため)ならず.
인정을 쓰는 것은 남을 위한 것이 아니다.

徳(とく)孤(こ)ならず必(かなら)ず隣(りん)あり.
德은 외롭지 않고 반드시 이웃이 있다.

---

1) 論語 里仁篇.
2) 易經文言.
3) 相持ち : 맞드는 것. 번갈아 드는 것. 비용을 분담하는 것.

英 Give and take. 주고받는 것.

The charitable gives out at door and God puts in at the window.
慈悲(자비)로운 자가 문에서 내주면(거지에게 동냥을 주면), 神(신)은 창문으로 넣어준다.

Charitable men lose nothing. 자비로운 사람은 잃는 것이 없다.

He that pities another remembers himself.
타인을 同情(동정)하는 자는 자신을 생각한다.

He who greases his wheels helps his oxen.
수레바퀴에 기름칠을 하는 자는 그의 황소들을 돕는다.

He who gives to another bestows on himself.
他人(타인)에게 주는 자는 자신에게 준다.

That which is given to the poor is lent to God.
가난한 자에게 준 것은 神(신)에게 빌려 준 것이다.

He that hath pity upon the poor lendeth unto the Lord and that which he hath given will he pay him again[1)].
가난한 자를 同情(동정)하는 자는 主(주)님에게 빌려주는 것이며, 주님은 그가 준 것을 그에게 다시 갚을 것이다.

What bread men break is broken to them again.
사람이 잘라서 남에게 준 빵은 다시 잘려서 그에게로 돌아온다.

He that sows good seed shall reap good corn.
좋은 씨를 뿌리는 자는 좋은 穀食(곡식)을 收穫(수확)한다.

Blessed are the merciful for they shall obtain mercy[2)].
慈惠(자혜)로운 자는 복을 받는다, 그들은 자혜로움을 받기 때문이다.

He shall find mercy that merciful is.
자혜로운 자는 자혜로움을 받는다.

Do good. thou doest it for thyself.
施善(시선)을 하라. 그대는 그것을 자신을 위하여 행한다.

---

1) 잠언 19장 17절.
2) 마태복음 5장 7절.

Do good if you expect to receive it.
善(선)을 받기를 바라거든 선을 행하라.

One good turn deserves another.
하나의 善行(선행)은 다른 선행을 부를 만한 가치가 있다.

㊩ Ein Dienst ist des andern wert.
하나의 奉仕(봉사)는 또 다른 봉사의 가치가 있다.

Almosengeben armet nicht. 施惠(시혜)는 가난하게 하지 않는다.

Almosengeben armet nicht, Kirchengehen säumet nicht.
동냥을 준다고 가난해지지 않고, 敎會(교회) 간다고 (다른 일이) 늦어지지 아니한다.

Der verliert sein Almosen nicht, der es seinen Schweinen gibt.
돼지에게 施惠(시혜)를 하는 자는 그것을 잃어버리는 것은 아니다.

Wohltun trägt(bringt) Zinsen. 善行(선행)은 이자를 낳는다.

㊏ On a souvent besoin[1)] d'un plus petit que soi.
사람은 때로는 자기보다 적은 자를 필요로 한다. 약자에게 恩惠(은혜)를 베풀면 나중에 그의 도움을 받게 된다는 뜻.

Un bienfait n'est jamais perdu. 은혜는 결코 잃지 아니한다.

On ne fait rien pour rien.
사람이 無(무)를 위하여 하는 것은 아무것도 없다. 대가 없는 일은 없다.

Une bonne action ne reste jamais sans récompense.
善行(선행)은 報答(보답) 없이 그치는 일은 없다.

La vertu trouve toujours sa récompense.
美德(미덕)은 언제나 報償(보상)받는다.

㊔ Beneficium qui dedisse se dicit, petit.
은혜를 베풀었다고 하는 자는 그것을 구하는 것이다.

---

1) avoir besoin de～ : ～을 필요로 하다.

Gratia gratiam parit. 親切(친절)은 친절을 낳는다.

인필자모 연후인모지(人必自侮 然後人侮之)

뜻 사람은 스스로를 侮辱(모욕)한 연후에 남이 자기를 모욕한다. 自重自愛(자중자애) 하는 것이 중요하다는 뜻.

漢 夫人必自侮(부인필자모) 然後人侮之(연후인모지) 家必自毁(가필자훼) 而後人毁之(이후인훼지) 國必自伐(국필자벌) 而後人伐之(이후인벌지)[1].
무릇 사람은 반드시 스스로를 모욕한 연후에 남이 모욕하고, 가문은 스스로 훼손한 연후에 남이 훼손하며, 나라는 스스로 토벌한 다음 남이 토벌한다.
사람이 輕擧妄動(경거망동)하면 남이 업신여기며, 집안도 화목하지 못하면 남이 헐뜯으며, 나라도 잘 다스리지 못하면 남이 토벌한다.

日 自(みずか)ら侮(あなど)つて後(のち)人(ひと)之(これ)を侮(あなど)る.
스스로 侮辱(모욕)한 후에 남이 이것을 모욕한다.

英 A body is esteemed according as he values himself.
사람은 그가 스스로를 평가하는 데 따라 評價(평가)된다.

獨 Wer gemein sich macht,[2] wir dadurch veracht.
자신을 卑下(비하)하는 자는 그것으로 인하여 輕蔑(경멸)당한다.

Allzu gemein macht dich klein. 지나친 평범은 그대를 작게 한다.

Allzu große Vertraulichkeit erzeugt Verachtung.
지나친 親密(친밀)은 侮辱(모욕)을 낳는다.

---

1) 孟子, 離婁上篇.
2) sich(mit jm)gemein machen : 천한 사람과 교제하여 품위를 떨어뜨리다.

임도 보고 뽕도 딴다

類 꿩 먹고 알 먹는다.

원님도 보고 還子(환자)[1]도 탄다.

배 먹고 이 닦기.

도랑 치고 가재 잡고.

떡 삶은 물에 풀한다.

떡 삶은 물에 中衣(중의) 데치기.

군불에 밥 짓기.

남의 바지 입고 춤추기.

漢 我謁縣宰(아알현재) 兼受賑貸(겸수진대)[2].

나는 원님도 뵙고, 겸해서 진대도 받는다. 진대란 春窮期(춘궁기)에 官穀(관곡)을 빌려주고 추수 후에 거두어들이는 제도.

啖梨之美(담리지미)兼以濯齒(겸이탁치)[3].

배의 단맛을 보고, 겸해서 이빨도 닦는다.

炰餠之水(포병지수) 烹袴尤美(팽고우미)[4].

떡 삶은 물에 바지 데치니 더욱 좋다.

一擧兩得(일거양득). 한 擧動(거동)으로 두 가지 利得(이득).

一石二鳥(일석이조). 돌 하나로 새 두 마리.

一箭双鵰(일전쌍조). 화살 한 대로 독수리 두 마리.

日 一石(いっせき)二鳥(にちょう). 上同.

一挙(いっきょ)両得(りょうとく). 上同.

両手(りょうて)に花(はな). 양손에 꽃.

---

1) 還子 : 春窮期(춘궁기)에 빌려서 가을에 갚는 쌀. 還米라고도 함.

2), 3), 4) 耳談續纂.

(英) Catch two pigeons(or doves) with one bean.
콩 한 알로 비둘기 두 마리를 잡는다.

Stop two mouths with one morsel.
한 조각의 飮食(음식)으로 두 입을 막는다.

Stop two gaps with one bush[1)].
하나의 灌木(관목)으로 두 틈을 막는다.

Make two friends with one gift. 선물 하나로 친구 둘을 만든다.

One journey and two errands.
한 번 나들이로 두 가지 심부름을 하다.

Kill two birds with one stone.
一石(일석)으로 二鳥(이조)를 죽이다.

He fells two dogs with one stone.
그는 돌 하나로 개 두 마리를 거꾸러뜨린다.

(獨) Zwei Fliegen mit einer Klappe schlagen.
한 번 쳐서 파리 두 마리를 잡는다.

Mit einem Pflaster zwei Schaden heilen.
膏藥(고약) 한 장으로 두 상처를 고친다.

(佛) Faire d'une pierre deux coups. 돌 하나로 두 번 친다.

▌입에서 젖내 난다 ▌

(類) 입에서 아직 젖비린내가 난다.

대가리 피도 아직 안 말랐다.

대가리 쇠똥도 아직 안 벗어졌다.

---

1) bush : 관목(키 작은 나무). 수풀. 미개간지. 텁수염.

(漢) 口尙乳臭(구상유취). 입에서 아직 젖내가 난다.

(日) 口脇(くちわき)が白(しろ)い. 입가가 희다. 어리고 유치하다는 뜻.

口觜(くちばし)が黃色(きいろ)い. 부리가 노랗다. 아직 새끼라는 뜻.

(英) Cradle straws are scarce out of his breech.
요람의 짚이 그의 엉덩이에서 겨우 떨어지려고 한다.

Like a lapwing that runs away with the shell on its head.
알 껍질을 머리에 둘러쓰고 뛰어가는 댕기물떼새처럼.

He is still wet behind the ears. 그는 귀 뒤가 아직 젖어 있다.

His mother's milk is not out of his nose.
어머니의 젖이 그의 콧구멍에서 다 빠져 나오지 아니했다.

▌입에 쓴 藥(약)이 病(병)에는 이롭다 ▌

(類) 忠言(충언)은 귀에 거슬리나 행위에는 좋다.

(漢) 良藥苦於口而利於病(양약고어구이이어병) 忠言逆於耳而利於行(충언역어이이리어행)[1].
양약은 입에 쓰나 병에 이롭고, 충언은 귀에 거슬리나 행위에 이롭다.

(日) 良薬(りょうやく)口(くち)に苦(にが)し. 上同.

忠言(ちゅうげん)耳(みみ)に逆(さから)う. 上同.

(英) Bitter pills may have wholesome(blessed) effect.
쓴 丸藥(환약)은 건강에 좋다.

Good medicine is bitter in the mouth. 좋은 약은 입에 쓰다.

1) 孔子家語.

Men take bitter potions for sweet health.
사람은 상쾌한 健康(건강)을 위하여 쓴 약을 먹는다.

Truth finds foes where it makes none.
眞實(진실)은 敵(적)을 만들지 아니하는데도 적이 생긴다.

(獨) Bitter dem Mund, dem Magen gesund.
입에 쓴 것이 胃腸(위장)에는 좋다.

(佛) Ce qui est amer à la bouche est doux au cœur.
입에 쓴 것은 마음에 달콤하다.

Il n'y a que[1] la vérité qui blesse (offense).
마음을 傷(상)하게 하는 것은 眞實(진실)뿐이다.

입향순속(入鄕順俗)

(뜻) 시골에 가면 그곳 풍속을 따르라.

(漢) 入鄕而隨鄕 入俗而隨俗(입향이수향 입속이수속)[2].
시골에 가면 시골을 따르고, 속에 가면 속을 따르라.

入其俗從其俗(입기속종기속)[3]. 속에 들어가면 속을 따르라.

(日) 郷(ごう)に入(い)れば郷に従(したが)え. 시골 가면 시골에 따르라.

(英) Do at Rome as the Romans do.
로마에서는 로마인들이 하는 대로 하라.

He that does as his neighbors do shall be loved.
이웃이 행하는 대로 하는 자는 사랑을 받을 것이다.

---

1) Il n'y a que~ : 다만 ~뿐이다. ~만이다.
2) 童子敎.
3) 莊子, 山木篇.

(獨) Wer unter Wölfen ist, muß mit ihnen heulen.
늑대 무리 속에 있는 자는 늑대와 함께 짖어야 한다.

Wer zum Spiel kommt, muß spielen. 놀러온 자는 놀아야 한다.

In Rom tu', wie Rom tut. 로마에서는 로마가 하는 대로 행하라.

Landesbrauch ist Landesrecht.
地方(지방)의 慣習(관습)은 지방의 법이다.

(佛) Il faut vivre à Rome comme à Rome.
로마에서는 로마처럼 살아라.

Hurler avec les loups.
늑대와 함께 울부짖어라. 늑대와 함께 있으면 늑대처럼 울부짖지 아니하면 살 수 없다는 뜻.

있는 것이 없는 것보다 낫다[1]

(日) 枯(か)れ木(き)も山(やま)の賑(にぎわ)い.
마른 나무도 산의 홍청거림. 하찮은 것도 없는 것보다 낫다는 뜻.

瘦牛(やせうし)も数(かず)たかれ. 여윈 소도 數(수)에 포함된다.

(英) A bad bush is better than no bush.
나쁜 수풀도 벗겨진 들판보다 낫다.

A thin bush is better than no shelter.
얇은 수풀도 숨을 곳 없는 것보다 좋다.

Better late than never. 늦더라도 하지 아니하는 것보다 낫다.

(獨) Etwas ist besser denn nichts. 조금 있는 것이 없는 것보다 낫다.

Besser eine Fliege in der Suppe, als gar kein Fleisch.
고기가 전혀 없는 것보다 수프에 파리 한 마리라도 있는 것이 낫다.

1) 獨逸.

Lieber eine Laus im Kraut, als gar kein Fleisch.
야채 속에 고기가 전혀 없는 것보다 이라도 한 마리 있는 것이 낫다.

(佛) Tout fait nombre.
모든 것은 數(수)에 들어간다. 하찮은 것도 있으면 수가 많아 좋다.

Un méchant buisson abrite mieux que rase campagne.
보잘것없는 수풀이라도 빈 들판보다 더 좋은 피난처가 된다.

Mieux vaut tard que jamais.
늦더라도 하는 것이 하지 아니하는 것보다 낫다.

ㅈ

自己 溺(뇨)[1]를 먹다

뜻 제 오줌을 먹다. 자기가 행한 일로 인하여 욕을 보는 것.

類 외 심은 데 콩 나랴.

漢 自作之孼(자작지얼)[2]. 자기가 만든 재앙.

自繩自縛(자승자박). 자기가 꼰 새끼로 자기를 묶다.

自作自受(자작자수). 자기가 만든 일은 자기가 받는다.

自業自得(자업자득). 上同.

結者解之(결자해지). 맺은 사람이 푼다.

因果應報(인과응보).
사람이 짓는 선악의 因果에 業報(업보)가 따르는 것.

因果歷然(인과역연)[3]. 인과 관계는 뚜렷하다.

出乎爾者 反乎爾(출호이자 반호이)[4].
너로부터 나온 것은 너에게 돌아간다. 善惡殃慶(선악앙경)은 모두 사람이 招致(초치)한 것이므로 警戒(경계)에 경계를 하라는 뜻.

出爾反爾. 上同.

---

1) 溺 : 오줌 뇨(尿), 빠질 익, 약할 익.
2) 孼(얼) : 첩자식 얼, 치장할 얼, 요물 얼.
3) 화엄경.
4) 孟子 梁惠王.

日 身(み)から出(て)た錆(さび). 자기 몸에서 나온 녹. 자기 탓이라는 뜻.

因果覿面(いんがてきめん). 나쁜 업보가 卽座(즉좌)에 나타나는 것.

因果(いんが)が蹲(つくば)う.
因果(인과)가 웅크린다. 因果가 눈앞에 나타나서 기다리고 있다는 뜻.

自業自得(じごうじとく).

自作自受(じさじじう).

因果(いんが)はめぐる小車(おぐるま). 因果(인과)는 도는 작은 수레.

英 As you sow, you shall reap. 네가 뿌린 대로 거두어야 한다.

As you make your bed, so you must lie on it.
네가 잠자리를 만든 대로 그 위에 자야 한다.

Self do self have. 자기가 행한 바를 자기가 가진다.

As a man lives, so shall he die, as a tree falls, so shall it lie.
사람은 生涯(생애)와 같은 그러한 죽음을 할 것이며, 나무는 쓰러진 대로 가로누울 것이다.

As you bake, so shall you eat.
네가 빵을 굽는 대로 너는 먹을 것이다.

As they sow, so let them reap.
그들이 뿌린 대로 그들로 하여금 收穫(수확)하게 하라.

Such a life such a death. 그러한 人生(인생)에 그러한 죽음.

Such answer as a man gives, such will he get.
사람이 주는 對答(대답)에 따라 그는 얻을 것이다. 자기가 행한 對答(대답)은 자신에게 돌아온다는 뜻.

Their own knavery[1)] will pay the home[2)] at length.
그들 자신의 邪惡(사악)이 최후에 그들을 懲罰(징벌)할 것이다.

---

1) knavery : 속임수. 악행.
2) pay(one) home : 실컷 복수하다.

This must be if we brew.
우리가 꾀한 일이라면 이것은 어쩔 수 없다.

As you brew, so you must drink.
네가 술을 빚은 대로 마셔야 한다.

You must drink as you have brewed.
네가 술을 담은 그대로 너는 마셔야 한다.

He that sows thistles shall reap thorns(or prickles).
엉겅퀴를 뿌린 자는 가시를 收穫(수확)할 것이다.

獨 Wer den Acker pflegt, den pflegt der Acker.
밭을 돌보는 자를 밭이 돌본다.

Wie die Arbeit, so der Lohn. 勞動(노동)에 따라 보수가 따른다.

Wie man sich bettet, so liegt(schlaft) man.
잠자리를 깔기에 따라 사람은 잔다.

Was man sich eingebrockt hat, muß man auch ausessen (auslöffeln).
자기가 수프에 넣은 빵조각은 자기가 먹어치워야 한다.

Wie man treibt, so geht's. 사람이 행한 만큼 일이 된다.

Wie die Saat, so die Ernte. 播種(파종)에 따라 수확이 있다.

Was der Mensch sät, das wird er ernten.
사람이 씨를 뿌린 바를 그는 거두어들인다.

Wer Wind sät, wird Sturm ernten[1)].
바람을 뿌린 자는 暴風(폭풍)을 수확할 것이다. 惡(악)을 행한 자는 더 큰 罰(벌)을 받는다.

Wer Unkraut sät, kann keinen Weizen ernten.
雜草(잡초)를 뿌린 자는 밀을 수확할 수 없다.

Wer sät, der mähet. 씨 뿌린 자가 伐草(벌초)한다.

1) 호세아書 8장 7절.

(佛) Quand on crache en l'air, votre crachat(vous) retombe sur le nez.
空中(공중)에 침을 뱉으면 그대의 침은 코 위에 돌아온다.

Comme on fait son lit, on se couche.
그의 잠자리를 편 대로, 그는 잠을 잔다.

Telle vie, telle fin. 그러한 생활에 그러한 죽음이 있다.

Qui mal veut, mal lui tourne.
惡(악)을 행하고자 하는 자에게 악이 돌아온다.

Le mal retourne à celui qui le fait.
악은 그것을 행한 자에게 돌아온다.

Qui sème le vent récolte la tempête[1].
바람을 뿌리는 자는 暴風(폭풍)을 거두어 들인다. 악을 행한 자는 더 큰 罰(벌)을 받는다.

Au bout du fossé, la culbute. 도랑 근처에서 곤두박질.

A beau jeu, beau retour. 훌륭한 행위에는 훌륭한 應報(응보).

C'est bien fait! Vous l'avez voulu!
그것 잘되었다. 네가 원한 것이다.

Chacun est le fils de ses oeuvres.
각자는 자기 業蹟(업적)의 아들이다.

▌자기에게 嚴格(엄격)하고, 他人(타인)에게 寬大(관대)하라 ▌

(漢) 持己秋霜(지기추상) 待人春風(대인춘풍).
자기 몸가짐에는 추상같이 엄격하고, 남을 대함에는 춘풍같이 溫和(온화)하라.

其身正(기신정) 不令而行(불령이행), 其身不正(기신부정) 雖令不從(수령불종).
그 몸이 바르면 令(영) 없이도 행하여지나, 그 몸이 바르지 못하면 비록 명령을 해도 따르지 아니한다.

---

1) 호세아書 8장 7절.

人雖至愚(인수지우) 責人則明(책인즉명) 雖有聰明(수유총명) 恕己則昏(서기즉혼)[1].
사람이 비록 지극히 어리석어도 남을 책망하는데는 밝고, 비록 총명하더라도 자기를 용서함에는 어둡다.

(日) 己(おのれ)を責(せ)めて人(ひと)をゆるせ.
자기를 責望(책망)하고, 남을 容恕(용서)하라.

己(おのれ)を責(せ)めて人を責むるな.
나를 책망하고 남을 책망하지 말라.

(英) Pardon all but thyself. 너 말고 모두를 용서하라.

To forgive is beautiful. 容恕(용서)는 아름답다.

Forgiveness is better than revenge. 용서는 復讐(복수)보다 낫다.

(獨) Vergib dir nichts, den andern viel.
너를 용서하지 말고, 남을 많이 용서하라.

자는 범 코침 주기

(뜻) 공연히 건드려서 禍(화)를 自招(자초)한다.

(類) 자는 호랑이 불침 놓기.

자는 벌집을 건드렸다.

긁어 부스럼.(p.70)

(漢) 宿虎衝鼻(숙호충비)[2]. 자는 범 코 찌르기.

虎之方腫(호지방종) 莫觸其鼻(막촉기비)[3].
바야흐로 부스럼을 앓는 호랑이의 코를 건드리지 말라.

1) 明心寶鑑, 存心篇.
2) 南松雜識.
3) 耳談續纂.

日 触(さわ)らぬ神(かみ)に祟(たたり)なし.
접촉하지 아니하는 神(신)으로부터는 災殃(재앙)을 입지 아니한다.

近寄(ちかよ)る神(かみ)に罰(ばつ)当(あ)たる.
가까이 가는 神(신)으로부터 벌을 받는다.

参(まい)らぬ仏(ほとけ)に罰(ばつ)は当(あ)たらぬ.
參拜(참배)하지 않는 부처님으로부터는 벌을 받지 아니한다.

触(さわ)らぬ蜂(はち)は刺(さ)さぬ.
건드리지 않은 벌은 쏘지 아니한다.

英 Far from Jove(or Jupiter) far from thunder(or lightening).
주피터 神(신)으로부터 멀면, 벼락으로부터 멀다.

Far from Jupiter far from his bolt. 上同.

Do not play with edged tools. 뾰족한 연장을 가지고 놀지 말라.

It is ill jesting with[1] edged thing.
뾰족한 물건을 갖고 노는 것은 나쁘다.

It is no good meddling with[2] edge. 上同.

No jesting with edged tool. 上同.

獨 Was dich nicht brennt, das blase nicht!
너를 태우지 아니하는 불을 불지 말라.

Das Feuer, das mich nicht brennt, lösche ich nicht.
나를 태우지 아니하는 불을 나는 끄지 아니한다.

Was dich nicht juckt, das kratze nicht.
너를 가렵게 하지 아니하는 것을 긁지 말라.

Was dich nicht angeht, begehre nicht zu wissen.
너에게 無關(무관)한 일을 알려고 하지 말라.

1) jest with : 희롱하다, 놀리다, 조롱하다.
2) meddle with : 간섭하다, 부질없이 참견한다.

(佛) Il ne faut pas réveiller(éveiller) le chat qui dort.
자는 고양이를 깨우지 말라.

Ne réveillez pas le chat qui dort. 上同.

Qui s'y frotte s'y pique. 그것을 건드리는 자는 그것에 찔린다.

N'aille au bois qui a peur des feuilles.
나뭇잎을 두려워하는 자는 숲에 가지 말라.

N'approchez pas des haies.
생울타리에 접근하지 말라. 惡人(악인)과 사귀지 말라는 뜻.

(羅) Procul a Jove, procul a fulmine.
주피터로부터 멀면, 벼락으로부터 멀다.

Porro a Jove atque fulmine. 上同.

자라 보고 놀란 가슴 소댕[1]보고 놀란다

(類) 더위 먹은 소 달만 보아도 허덕인다.

국에 덴 것이 冷水(냉수)를 불고 먹는다.

뭅시 데면 膾(회)도 불어 먹는다.

(漢) 吳牛喘月(오우천월)[2].
더운 지방인 吳나라 소는 달만 보아도 해인가 싶어서 허덕인다.

懲羹吹膾(징갱취회). 국에 데면 회를 분다.

懲湯吹冷水(징탕취냉수)[3]. 국에 데면 冷水를 분다.

傷弓之鳥(상궁지조) 見曲木而驚(견곡목이경).
활에 상한 새는 굽은 나무 보고 놀란다.

---

1) 소댕 : 솥뚜껑.
2) 世說新語 言語篇.
3) 旬五志.

嚇于鼈者(혁우별자) 常驚鼎盖(상경정개)[1].
자라 보고 겁먹은 자 솥뚜껑 보고 놀란다.

日 蛇(へび)に噛(か)まれて朽縄(くちなわ)におじる.
밤에게 물리고 썩은 새끼줄에 놀란다.

船(ふね)に懲(こ)りて輿(こし)を忌(い)む.
배에 멀미나고 가마를 멀리한다.

羹(あつもの)に懲(こ)りて膾(なます)を吹(ふ)く. 국에 데고 회를 분다.

呉牛(ごぎゅう)月(つき)に喘(あえ)ぐ. 吳牛喘月(오우천월).

英 Birds once snared(or limed) fear all bushes.
한 번 덫에 걸린 새는 모든 덤불을 두려워한다.

The burnt child dreads the fire. 불에 덴 아이는 불을 두려워한다.

He that has been bitten by a serpent is afraid of a rope.
뱀에 물린 자는 새끼줄을 두려워한다.

Once bite(or bitten), twice shy. 한 번 물리면 두 번 조심한다.

A scalded cat(or dog) fears cold water.
더운물에 덴 고양이는 냉수를 두려워한다.

Whom an adder bites dreads a lizard.
毒蛇(독사)에 물린 자는 도마뱀을 두려워한다.

獨 Begossener Hund scheut das Wasser.
물을 둘러쓴 개는 물을 두려워한다.

Gebranntes Kind scheut(fürchtet) das Feuer.
火傷(화상)을 입은 아이는 불을 두려워한다.

Wer sich einmal verbrannt hat, blast hernach die Suppe.
한 번 화상을 입은 자는 다음부터 국을 분다.

1) 耳談續纂.

佛 Chat échaudé craint l'eau froide.
더운물에 덴 고양이는 冷水(냉수)를 두려워한다.

Chat échaudé ne revient pas en cuisine.
熱湯(열탕)에 덴 고양이는 부엌에 가지 아니한다.

羅 Igne semel tactus timet ignem postmodo cattus.
한 번 덴 고양이는 그 다음부터 불을 두려워한다.

자랑 끝에 불 붙는다

뜻 자랑하면 망하거나, 시비가 붙거나, 말썽거리가 생긴다.

類 자랑 끝에 쉬 슨다[1](p.328)

자식 추기 반 미친놈, 계집 추기 온 미친놈.

온통[2]으로 생긴 놈 계집 자랑, 반편[3]으로 생긴 놈 자식 자랑.

漢 自畵自讚(자화자찬). 자기 그림을 스스로 칭찬하다.

炎炎者滅(염염자멸). 활활 타는 자는 곧 꺼진다.

奢者心嘗貧(사자심상빈)[4]. 사치한 자의 마음은 일찍 가난하다.

日 自慢高慢(じまんこうまん)馬鹿(ばか)の行止(ゆきどま)り.
자랑은 바보의 막힌 곳.

自慢(じまん)の糞(くそ)は犬(いぬ)も食(く)わぬ.
자랑의 똥은 개도 안 먹는다.

自慢(じまん)は智恵(ちえ)の行止(ゆきど)まり. 자랑은 지혜가 막힌 곳.

---

1) 쉬 슨다 : 파리알을 낳는다.
2) 온통 : 통채로 전부. 아주 멍텅구리.
3) 半偏(반편) : 한 개를 절반으로 나눈 한 짝. 지능이 보통 사람의 반밖에 안 되는 사람(반편이).
4) 奢者富而不足, 儉者貧而餘有. 奢者心嘗貧, 儉者心嘗富. 譚子化書. 儉化.

独(ひと)り自慢(じまん)の誉人(ほめて)なし.
혼자 자랑에는 稱讚(칭찬)하는 자 없다.

英 Every cook commands his own sauce.
料理師(요리사)는 자신의 소스를 推薦(추천)한다.

Every potter praises his own pot.
모든 陶工(도공)들은 자신의 항아리를 칭찬한다.

Pride will(or must) have a fall. 驕慢(교만)은 몰락한다.

After a collar comes a halter.
목걸이 勳章(훈장) 뒤에 목조르는 밧줄(絞首索)이 따른다. 영광 뒤에 파멸이 따른다.

Who commends himself betrays[1)] himself.
자신을 추천하는 자는 자신을 드러낸다.

Self-praise is no recommendation.
自讚(자찬)은 推薦(추천)이 아니다.

He that praises himself spatters himself.
자기를 칭찬하는 자는 자기에게 침을 뱉는다.

Civility costs nothing. 謙遜(겸손)은 비용이 들지 아니한다.

There is more hope of a fool than of him that is wise in his own eyes.
자기 자신의 눈으로 자신을 賢明(현명)하다고 보는 자보다는 바보에게 더 希望(희망)이 있다.

The first degree of folly is to hold oneself wise, the second to profess it, the third to despise counsel.
어리석음의 첫째는 자신을 현명하다고 보는 것, 그 둘째는 그것을 公言(공언)하는 것, 그 셋째는 충고를 輕蔑(경멸)하는 것이다.

獨 Eigenlob stinkt. 自讚(자찬)은 惡臭(악취)가 난다.

Dummheit und Stolz wachsen auf einem Holz.
愚鈍(우둔)과 傲慢(오만)은 같은 나무에서 자란다.

---

1) betray : 배반하다. 누설, 밀고하다. 무심코 본성 · 비밀 등을 드러내다.

Der Kuckuck ruft seinen eigenen Namen.
　빼꾸기는 자기의 이름을 부르고 있다. 빼꾸기는 언제나 제 자랑을 하고 있다.

Eigenlob stinkt, Eigenruhm hinkt.
　自讚(자찬)은 악취가 나고 自慢(자만)은 어울리지 아니한다.

Eigenlob stinkt, Freundes Lob hinkt, Fremdes(Feindes) Lob klingt.
　自讚은 냄새나고, 친구의 稱讚(칭찬)은 어울리지 않고, 타인(敵)의 칭찬은 듣기 좋다.

(佛) Qui se vante ne vaut pas cher.
　自慢(자만)하는 자는 비싸게 값 나가지 않는다.

La roche Tarpéienne est près(voisine) du Capitole[1].
　탈패이의 바위는 카피톨 神殿(신전) 근처에 있다.

자랑 끝에 쉬 슨다[2]

(뜻) 자랑하면 오히려 羞恥(수치)스러운 일 생긴다.

(類) 자랑 끝에 불 붙는다.(p.326)

(漢) 驕者不久(교자불구). 교만한 자는 오래가지 못한다.

敖不可長(오불가장) 欲不可從(욕불가종) 志不可滿(지불가만) 樂不可極(락불가극)[3].
　오만함은 오래 못 가고, 욕심에는 따를 수 없고, 뜻은 채울 수 없고, 즐거움은 끝을 볼 수 없다.

---

1) 로마의 일곱 언덕 중의 하나인 카피토리움 언덕에는 주피터를 모시는 카피톨 神殿(신전)이 있고, 여기서 凱旋將軍(개선장군)은 성대한 戰勝祝祭(전승축제)를 벌였다. 그런데 그 바로 근처의 언덕 남단에는 30m 높이의 타르페아 암벽이 솟아 있고, 國事犯(국사범)은 이 바위 끝에서 떨어져 죽게 했다. 이것은 榮華(영화)와 破滅(파멸)의 가까움을 말해주고 있다.

2) 쉬슨다 : 파리가 알을 까다. 쉬 : 파리알.

3) 禮記 曲禮上篇.

衒士不信(현사불신) 衒女不貞(현녀부정).
잘난 체하는 선비는 믿을 수 없고, 잘난 체하는 여자는 곧지 못하다.

日 驕(おご)る者(もの)久(ひさ)しからず.
교만한 자는 오래가지 아니한다.

敖(おごり)は長(ちょう)ずべからず. 上同.

驕(おご)る平家(へいけ)[1]は久(ひさ)しからず.
교만한 平家(へいけ)는 오래가지 못한다.

英 Pride breakfasted with plenty, dined with poverty, and supped with infamy.
自慢(자만)은 豊富(풍부)한 조반을 들고, 가난한 오찬을 들고, 수치스럽게 만찬을 든다.

Pride and grace dwelt never in one place.
오만과 神(신)의 恩寵(은총)은 한 곳에 살지 아니한다.

Pride goes before destruction(and shame comes after).
자만은 破滅(파멸)에 선행한다(그리고 수치가 뒤에 따른다).

A man's praise in his own mouth does stink.
자신의 입에 의한 칭찬은 구린내가 난다.

Proper[2] praise stinks. 自讚(자찬)은 惡臭(악취)를 풍긴다.

When the cup is fullest (then) bear it evenest(or bear her fairest).
컵이 가득 차면 반반하게 잡아라.

A full cup must be carried steadily.
가득찬 컵은 차분히 움직여야 한다.

Climb not too high for fear of[3] falling.
떨어지지 않도록 너무 높이 오르지 말라.

The morning sun never lasts a day.
아침 해는 終日(종일) 繼續(계속)되지 아니한다.

---

1) 平家(へいけ) : 日本 武家의 一族으로 平(たひら)氏를 말함.
2) proper : 적당한, 올바른, 예의 바른, 고유의, 특유의, 자기 자신의.
3) for fear of : in order to prevent.

(獨) Wer die Nase zu hoch trägt, fällt leicht darauf.
코를 너무 높이 가지면, 그 위에 쉽게 자빠진다.

Hochmut kommt vor dem Fall. 오만은 破滅(파멸)에 선행한다.

Wenn(der) Hochmut aufgeht, geht Glück unter.
傲慢(오만)이 올라가면 幸福(행복)은 내려간다.

Übermut tut selten gut. 오만이 좋은 일은 좀처럼 없다.

Hochmut tut nimmer gut. 傲慢(오만)은 결코 좋지 아니하다.

Hochmut und Stolz wachsen auf einem Holz.
오만과 自慢(자만)은 같은 나무에서 자란다.

(佛) L'orgueil précède la ruine et la hauteur précède la chute.
오만은 파멸에 선행하고, 倨慢(거만)은 墮落(타락)에 선행한다.

Grande montée, grande chute. 크게 올라가면, 크게 떨어진다.

Qui se loue s'emboue. 自讚(자찬)하는 자는 진흙으로 더럽힌다.

Qui se vante ne vaut pas cher.
자만하는 자는 비싸게 값나가지 아니한다.

▌자식은 애물[1]이라 ▌

(뜻) 자식은 애를 태우는 물건인지라, 부모의 걱정거리라는 뜻.

(類) 자식 둔 골에는 호랑이도 두남[2]둔다.

자식 둔 골은 호랑이도 돌아본다.

막내 울음소리는 저승까지 들린다.

가지 많은 나무 바람 잘 날 없다.
자식 많이 둔 부모는 걱정 없는 날이 없다.

1) 애물 : 애를 태우는 물건, 어려서 부모 먼저 죽은 자식.
2) 두남두다 : 편들다, 가엾게 여겨 도와주다.

漢 養雛之谷 虎亦顧(양추지곡 호역고)[1].
자식 둔 골은 호랑이도 돌아본다.

日 子(こ)は三界[2](さんがい)の首枷(くびかせ).
자식은 三界(삼계)의 項鎖(항쇄)[3].

子は厄介(やっかい)の首枷. 자식은 귀찮은 項鎖.

子に惹(ひ)かされるは親(おや)の因果(いんが).
자식에 끌리는 것은 어버이의 因果(인과).

子は有(あ)るも嘆(なげ)き無(な)きも嘆き.
자식은 있어도 한탄(恨嘆), 없어도 한탄.

子を持(も)てば七十五度(しちじゅうごたび)泣(な)く.
자식을 가지면 일흔다섯 번 운다.

子程(こほど)喜(よろこ)ばし難(にく)いものはなく親程(おやほど)喜ばし易(やす)いものはない.
자식처럼 즐겁게 하기 어려운 것 없고, 어버이처럼 즐겁게 하기 쉬운 것은 없다.

英 Children suck the mother when they are young and the father when they are old.
자식은 어려서는 어머니의, 자라서는 아버지의 젖을 빤다. 자라서는 아버지의 돈을 타 쓴다는 뜻.

Children when(they are) little make parents fools, when (they are) great, (they make them) mad.
자식은 어려서는 어버이를 바보로 만들고, 자라서는 어버이를 미치게 한다.

獨 Viele Kinder, viele Sorgen. 자식이 많으면 걱정도 많다.

佛 Il est heureux qui a des enfants, il n'est pas malheureux qui n'en a point.
자식을 가지는 자는 幸福(행복)하지만, 갖지 않은 자는 不幸(불행)하지는 않다.

---

1) 松南雜識
2) 三界 : 불가에서 말하는 과거 · 현재 · 미래 또는 天界 · 地界 · 人界.
3) 項鎖(항쇄) : 목에 씌우는 칼.

작은 고추가 맵다

(類) 작아도 후추알.

잔 고기 가시 세다.

(漢) 雖小唯椒(수소유초)[1]. 비록 작아도 후추.

(日) 小粒(こつぶ)でもぴりりと辛(から)い山椒(さんしょう)の実(み).
작은 낟알이지만 얼얼하게 매운 산초나무 열매.

小男(こおとこ)の大力(おおちから). 작은 사나이에 큰 힘.

(英) There is steel in my needle's eye though there be little of it.
작지만 바늘귀에는 鋼鐵(강철)이 있다.

There is good steel in my needle eye. 上同.

A short man needs no stool to give a great(long) lubber a box on the ear[2].
키 작은 사람이 키 큰 뒤틀바리의 따귀를 갈기는 데 椅子(의자)는 필요 없다.

Little head great wit. 작은 머리에 큰 지혜.

An inch of a nag is worth a span of an old horse.
乘用馬의 1인치는 늙은 말의 한 뼘(9인치)보다 낫다.

Little dogs have long tails. 작은 개가 긴 꼬리를 가진다.

(獨) Kleine Büchsen, gute Salben. 작은 箱子(상자)에 좋은 향수.

In den kleinsten Töpfchen sind die besten Sälblein.
제일 작은 병에 제일 좋은 香水(향수)가 들었다.

Wenig und gut. 적고 좋다.

(佛) Dans les petites boîtes sont les bons onguents.
작은 箱子(상자)에 좋은 香油(향유)가 들어 있다.

---

1) 耳談續纂.
2) box on the ear : 따귀를 갈기다.

En petite tête gît grand sens. 작은 머리에 큰 지혜가 들었다.

잘못이 있으면 고치는 데 꺼리지 말라[1]

漢 過則勿憚改(과즉물탄개)[2]. 上同.

過而不改(과이불개) 是謂過矣(시위과의)[3].
허물을 고치지 아니하면 이것을 허물이라 한다.

君子豹變(군자표변) 小人革面(소인혁면)[4].
군자는 깨달으면 性行(성행)을 일변시키지만 소인은 얼굴만 바꾼다.

日 過(あやま)ちては改(あらた)むるに憚(はばか)ること勿(なか)れ. 上同.

英 It is never too late to mend. 고치기에 너무 늦은 것은 없다.

Never too late to mend. 上同.

Repentance never comes too late[5].
後悔(후회)는 너무 늦게 오는 법은 없다. 悔改(회개)하면 앞으로는 괜찮다.

Show a good man his error and he turns it to a virtue but an ill man doubles his fault.
善(선)한 자에게 그의 잘못을 지적하면, 그는 그것을 德(덕)으로 바꾼다. 그러나 惡(악)한 자는 그의 잘못을 倍(배)로 만든다.

He that errs and mends to God himself commends.
잘못하고 그것을 고치는 자는 신에게 그 자신을 推薦(추천)하는 것이다.

Who errs and mends he commends himself to God. 上同.

---

1) 論語.
2) 君子不重則不威 學則不固 主忠信無友不知己者 過則勿憚改(論語 學而篇).
3) 論語 衛靈公篇.
4) 易經 革卦爻傳.
5) 이와 反對로 Repentance comes too late : 후회는 너무 늦게 온다는 것도 있다.

㊘ Besser spät als nie. 늦어도 없는 것(아니하는 것)보다 낫다.

Fallen ist keine Schande, aber liegenbleiben.
넘어지는 것은 羞恥(수치)가 아니고, 그대로 누워있는 것이 수치다.

㊋ Erreur n'est pas compté.
잘못은 셈하지 아니한다. 過失(과실)이 있더라도 그것을 고칠 수 있다.

▎재주는 곰이 넘고 돈은 胡人(호인)[1]이 받는다 ▎

㊖ 고생하는 사람은 따로 있는데, 엉뚱한 사람이 덕을 본다.

㊑ 먹기는 撥長(발장)[2]이 먹고 뛰기는 말더러 뛰라 한다.

먹기는 洪中軍(홍중군)이 먹고 뛰기는 擺撥(파발)말[3]이 뛴다.

죽 쑤어 개 바라지한다.

죽 쑤어 개 좋은 일 한다.

㊐ 犬(いぬ)骨折(ほねお)って鷹(たか)の餌食(えじき).
개가 고생했는데 독수리 먹이.

犬(いぬ)追出(おひだ)した鶉(うずら)を鷹(たか)が捕(と)る.
개가 내쫓은 메추라기를 독수리가 잡는다.

鳶(とび)に油揚(あぶらあ)げさらわれる.
솔개에게 油腐(유부)를 빼앗기다.

駕(かご)に乗(の)る人(ひと)舁(かつ)ぐ人.
가마에 타는 사람, 둘러메는 사람

駕籠(かご)舁(か)き駕籠に乗(の)らず.
가마꾼은 가마에 타지 아니한다.

---

1) 胡人 : 중국인.
2) 撥長 : 擺撥軍의 장.
3) 擺撥말 : 公文을 급히 나르는 軍卒이 타는 말.

英 Fools lade[1)] the water and wise men catch the fish.
바보는 물을 푸고, 賢明(현명)한 자는 고기를 잡는다.

One beats the bush and another catches the bird.
한 사람이 수풀을 두들기고, 엉뚱한 사람이 새를 잡는다.

One sows, another reaps.
한 사람이 씨를 뿌리고, 엉뚱한 사람이 收穫(수확)한다.

Set a fool to roast eggs and a wise man to eat them.
바보로 하여금 鷄卵(계란)을 부치게 하고, 賢明(현명)한 사람이 그것을 먹는다.

The chicken is the country's but the city eats it.
병아리는 시골 것이지만 都市(도시)에서 그것을 먹는다.

The hen is poor man's but the rich man eats it.
암탉은 가난뱅이의 것이지만 富者(부자)가 그것을 먹는다.

Fools build big houses and wise men buy them.
어리석은 자가 큰 집을 짓고, 賢者(현자)가 그것을 산다.

獨 Narren bauen Häuser, kluge(gescheite) Leute kaufen (bewohnen) sie.
바보가 집을 짓고 현명한 사람이 그것을 산다(그곳에 거주한다).

Der eine schlägt 'nen[2)] Nagel ein, der andere hängt den Hut daran. 한 사람이 못을 치고 다른 사람이 모자를 건다.

Der eine fangt den Hasen, der andere ißt ihn.
한 사람이 토끼를 잡고 엉뚱한 사람이 그것을 먹는다.

Der eine hat's Genieß, der andere hat's Verdrieß.
한 사람은 得(득)을 보고, 다른 사람은 損害(손해)를 본다.

Der eine trägt Holz, der andere wärmt sich daran.
한 사람이 장작을 가져오고, 엉뚱한 사람이 그것으로 불을 쬔다.

---

1) lade : 싣다. (짐, 책임)을 지우다. 떠 넣다. 떠내다.
2) 'nen : einen의 俗字.

Der eine klopft auf den Busch, der andere fangt den Vogel.
한 사람이 수풀을 두들기고, 엉뚱한 사람이 새를 잡는다.

Der eine pflanzt den Baum, der andere ißt die Pflaum.
한 사람이 나무를 심고, 엉뚱한 사람이 자두를 먹는다.

Der eine hat die Mühe, der andere die Brühe.
한 사람이 수고를 하고 엉뚱한 사람이 국물을 먹는다.

佛 Il a battu les buissons, et un autre a pris les oiseaux (oisillons).
그는 수풀을 두들기고, 엉뚱한 사람이 새(새 새끼)를 잡아간다.

▎轉禍爲福 (전화위복) ▎

뜻 禍를 福으로 돌리는 것.

類句
塞翁之馬(새옹지마). 화복과 吉凶(길흉)은 예측할 수 없다.(p.203)

漢 禍福無門(화복무문), 唯人所召(유인소소)[1].
화복에 문이 없고, 오로지 사람이 부르는 바다.

智者之擧事也 轉禍而爲福 因敗而爲功者也[2].

禍兮福所倚 福兮禍所伏 孰知其極 其無正邪[3].

日 禍(わざわい)を転(てん)じて福(ふく)となす. 上同.

禍は福の倚(よ)る所(ところ). 禍(화)는 福(복)이 깃드는 곳.

禍(わざわい)も福(ふく)の端(はし)となる. 禍도 福의 단서가 된다.

英 He that stumbles and falls not goes faster.
헛딛고 넘어지지 않은 자는 빨리 간다.

---

1) 左傳 襄公.
2) 戰國策 燕策上, 史記 蘇秦傳.
3) 老子 第58章.

There is no ill but may turn to one's good.
好轉(호전)되지 않는 禍(화)는 없다.

When you see your house in flames, approach and warm yourself. 너의 집에 불이 난 것을 보면 가까이 가서 몸을 데워라.

獨 Aus der Not muß man eine Tugend machen.
困窮(곤궁)에서 德(덕)을 닦아라.

佛 A quelque chose malheur est bon. 不幸(불행)한 것도 도움이 된다.

Un bonheur vient parfois d'un malheur.
幸福(행복)은 때로는 불행에서 온다.

Le diable n'est pas toujours à la porte d'un pauvre homme.
惡魔(악마)는 언제나 가난한 자의 玄關(현관)에 있는 것은 아니다.

正直(정직)한 사람의 자식은 굶어 죽지 않는다

對 정직한 자의 자식은 가난하다.

漢 巧詐不如拙誠(교사불여졸성).
기교로 속이는 것은, 졸렬하나 성의 있는 것만 같지 못하다.

德不孤必有隣(덕불고필유린).
덕은 외롭지 아니하고, 반드시 이웃이 있다.

日 正直(しょうじき)は一生(いっしょう)の宝(たから). 정직은 일생의 보배.

巧詐(こうさ)は拙誠(せっせい)に如(し)かず. 巧詐不如拙誠.

策士(さくし)策(さく)に倒(たお)る.
策士(책사)가 計策(계책)에 넘어 간다.

正直(しょうじき)の頭(こうべ)に神宿(かみやど)る.
정직한 머리에 神(신)이 깃든다.

上手(じょうず)な嘘(うそ)より下手(へた)な実意(じつい).
　잘하는 거짓말보다 서툰 참뜻.

正直(しょうじき)の儲(もう)けは身(み)につく.
　정직한 벌이는 몸에 붙는다.

正直は阿果(あほう)の異名(いみょう). 정직은 바보의 별명.

正直貧乏(しょうじきびんぼう)横着栄耀(おうちゃくえいよう).
　정직은 가난하고 뻔뻔함은 호사를 누린다.

英 Honesty is the best policy. 정직이 최선의 政策(정책)이다.

Fortune waits on honest toil and earnest endeavour.
　행운은 정직한 勤勉(근면)과 誠實(성실)한 노력에 시중을 든다.

The deceitful man falls oft into the snares of deceit.
　속이는 자는 속임의 덫에 자주 빠진다.

Craft brings nothing home.
　狡猾(교활)은 아무것도 집에 가지고 오지 아니한다.

He went out with shift and came home with shame.
　策略(책략)을 가지고 나가서 猖披(창피)를 가지고 집에 온다.

獨 Bet' und arbeit, so hilft dir Gott allezeit.
　祈禱(기도)하고 일하라, 그러면 신은 언제나 그대를 도울 것이다.

Ehrlich macht reich, aber langsam geht's her.
　正直(정직)은 부자를 만든다. 그러나 進行(진행)이 느리다.

Ehrlich währt am langsten. 정직이 가장 오래 持續(지속)된다.

Durch Gebet und Mühe erhält man Ochsen und Kühe.
　기도와 努力(노력)으로 수소와 암소를 간직한다.

Der gerade Weg ist beste. 곧은 길이 제일 좋다.

Allzu gut ist dumm. 지나친 善(선)은 바보 같다.

Der Gerechte muß viel leiden.
정직한 자는 많은 苦痛(고통)을 겪어야 한다.[1)]

▌제 논에 물 대기 ▌

(뜻) 자기에게만 有益(유익)하도록 일을 처리함.

(漢) 我田引水(아전인수). 上同.

(日) 我(わが)田(た)へ水(みず)を引(ひ)く. 上同.

我(わが)寺(てら)の仏(ほとけ)尊(とうと)い.
나의 절의 부처님이 존귀하다.

(英) All men row galley way.
모든 사람은 櫓(노)를 갤리船 方式(방식)으로 젓는다. 자기 앞으로 당긴다는 뜻.

Every miller draws water to his own mill.
모든 물레방아 주인은 물을 자기 물레방아로 끌어들인다.

Every man thinks his own geese swans.
각자는 그 자신의 거위를 白鳥(백조)라 생각한다.

(獨) Jeder Müller leited das Wasser auf seine eigene Mühle.
모든 물레방아 주인은 물을 그 자신의 물레방아로 인도한다.

Jeder lobt sein Handwerk.
각자는 자기의 직업(수공업)을 稱讚(칭찬)한다.

(佛) Chacun prêche pour son saint(ou paroisse).
각자는 자기의 聖人(또는 교구)을 위하여 說敎(설교)한다.

---

1) 舊約 詩篇 34-19.

‖ 제 눈에 眼鏡(안경) ‖

뜻 남이 보기에는 우스운 것도 제 마음에 들면 좋다. 사람의 嗜好(기호)는 제각기 달라서 남이 이해할 수 없다.

類 갓 쓰고 박치기해도 제 멋.

오이를 거꾸로 먹어도 제 멋.

道袍(도포)를 입고 논을 갈아도 제 멋.

동냥치 妾(첩)도 제 멋에 취한다.

동냥자루도 제 멋에 찬다.

漢 十人十色(십인십색).(p.248)

蓼虫不知苦(요충부지고)[1]. 여뀌벌레는 쓴 것을 모른다.

日 蓼(たて)食(く)う虫(むし)も好(す)き好(ず)き.
여뀌를 먹는 벌레도 좋아한다.

蓼(たて)の虫(むし)葵(あおい)に移(うつ)らず.
여뀌벌레는 아욱에 옮기지 아니한다. 쓴 여뀌를 먹는 벌레는 百采之主(백채지주)라는 아욱에 옮기지 아니한다.

英 Everyone to his taste. 각자는 그의 趣味(취미)에 따른다.

Every man as he loves(or likes). 각자는 그가 좋아하는 대로.

Every man has his delight. 각자는 제 나름의 즐거움을 가진다.

Tastes differ. 趣味(취미)는 다르다.

Every man as he loves, quoth the good man when he kissed his cow.
주인은 암소에 입을 맞추고 각자는 그가 좋아하는 대로라고 말했다.

There is no accounting for tastes.
취미에 대한 說明(설명)은 있을 수 없다.

There is no disputing about tastes. 취미에 대한 논쟁은 없다.

---

1) 鶴林玉露.

(獨) Über den Geschmack läßt sich nicht streiten.
趣味(취미)에 대하여 다투게 하지 말라.

Geschmäcke sind verschieden. 취미는 多樣(다양)하다.

Jedes Tierchen hat sein Pläsierchen.
모든 작은 動物(동물)에는 그들의 즐거움이 있다.

Jedem Tierchen sein Pläsierchen. 上同.

(佛) Chacun voit avec ses lunettes. 각자는 자기 안경으로 본다.

Les cinq doigts(Tous les doigts)de la main ne se ressemblent pas.
손의 五指(모든 손가락)도 똑같지는 않다.

Les goûts sont différent. 趣味(취미)는 다르다.

Des goûts et des couleurs, il ne faut pas disputer.
맛과 색깔에 대하여서는 다툴 수 없다.

Tous les goûts sont dans la nature.
모든 취미는 天性(천성)에 있다.

Chacun prend son plaisir où il le trouve.
각자는 자기가 發見(발견)하는 곳에서 즐거움을 취한다.

Autant de têtes, autant d'avis. 머리에 따라 의견이 다르다.

(羅) De gustibus(et coloribus) non est disputandum.
맛과 색깔은 논의할 수 없다.

▌제때의 한 수는 때늦은 백수보다 낫다 ▌

(뜻) 憂患(우환)은 커지기 전에 제거하지 아니하면 나중에 큰 곤란을 겪게 된다.

(類) 제때의 一針(일침)은 千針(천침).

하루 물림이 열흘 간다.

기와 한 장 아끼려다 대들보 썩힌다.

한 푼 아끼려다 백 냥 잃는다

좁쌀만큼 아끼다가 돔돌만큼 해 본다.

닭 잡아 겪을 나그네 소 잡아 겪는다.

새 잡아 잔치할 것을 닭 잡아 잔치한다.

漢 涓涓不塞將爲江河(연연불새장위강하) 熒熒不救炎炎奈何(형형불구염염나하) 兩葉不去將用斧柯(양엽불거장용부가)[1].
졸졸 흐를 때에 막지 아니하면 장차 큰 강이 되고, 모락모락 탈 때에 끄지 아니하면 활활 타게 되어 어찌할거나. 두 떡잎 때에 제거하지 아니하면 장차 도끼를 써야 한다.

日 今日(きょう)の一針(ひとはり)明日(あす)の十針(とはり).
오늘의 一針 (일침)은 내일의 十針.

今日(きょう)の手遅(ておくれ)明日(あす)についてまわる.
오늘 손이 늦으면 내일에 따라 돈다.

二葉(ふたば)にして絶(た)たざれば斧(おの)を用(もち)うるに至(いた)る. 떡잎 때에 자르지 아니하면 도끼를 사용하기에 이른다.

英 A stitch in time saves nine.
때에 맞는 한 바늘 꿰맴은 아홉 바늘을 절약한다.

If you kill one flea in March, you kill a hundred.
삼월에 벼룩 한 마리를 잡으면 백 마리를 잡는 것과 같다.

獨 Ein Stich zur rechten Zeit erhält das ganze Kleid.
適時(적시)의 一針(일침)은 衣服(의복) 전체를 온전히 한다.

---

1) 文韜 守土篇.

(佛) Un point fait à temps[1]) en sauve mille.
제때의 一針은 千針을 구한다.

Ne remets pas à demain les affaires. 일을 내일로 미루지 말라.

▎제 똥 구린 줄 모른다 ▎

(類) 숯이 검정 나무란다.

똥벌레가 제 똥 더러운 줄 모른다.

(漢) 自過不知(자과부지). 자기 허물은 모른다.

(日) 我(わ)が糞(くそ)はくさくなし.. 上同.

(英) He thinks his fart as sweet as musk.
그는 자기 방귀를 麝香(사향)처럼 달콤하다고 생각한다.

He farts frankincense[2]). 그는 乳香(유향) 냄새나는 방귀를 뀐다.

Everyone thinks his own fart smells sweet.
누구나 자기 방귀는 달콤한 냄새가 난다고 생각한다.

(獨) Für eigene Fehler sind wir Maulwürfe, für Fremde Luchse.
자신의 결점에는 두더지가 되고, 남의 缺點(결점)에는 살쾡이가 된다.

(佛) Le bossu ne voit pas sa bosse, mais il voit celle de son confrère.
곱추는 자기의 혹을 볼 수 없지만, 그의 同僚(동료)의 것은 볼 수 있다.

(羅) Suus cuique crepitus bene olet.
각자에게 그의 방귀는 냄새가 좋다.

---

1) à temps : 늦지 않게, 제때에.
2) frankincense : 이스라엘 민족이 제사 때에 쓰는 고급 향료.

죽음 앞에서는 英雄豪傑(영웅호걸)도 없다

類 죽음 앞에는 老少(노소)와 貧富貴賤(빈부귀천)이 없다.
풋감도 떨어지고, 익은 감도 떨어진다.

日 冥途(めいど)の道(みち)には王(おう)なし.
저승길에는 王(왕)이 없다.

英 All is alike at the latter day[1], a bag of gold and a wisp of hay.
最後(최후)의 날에는 모든 것이 같다. 한 포대의 黃金(황금)이나 한 다발의 乾草(건초)나.

On the turf all men are equal, and under (beneath) it.
잔디 위에서 (또는 경마장에서) 모든 사람은 平等(평등)하다. 그리고 그 밑에서도.

Six feet of earth make all men equal.
6피트의 땅이 모든 사람을 平等(평등)하게 한다.

A thousand pounds and a bottle[2] of hay is all one thing at doomsday.
最後(최후)의 審判日(심판일)에는 천 파운드의 돈이나 한 묶음의 乾草(건초)나 다 같은 물건이다.

佛 Le plus riche, en mourant, n'emporte qu'un linceul.
으뜸가는 부자도 죽을 때에는 壽衣(수의) 한 벌만 가지고 간다.

Six pieds de terre suffisent au plus grand homme.
가장 偉大(위대)한 사람에게도 6피트의 땅으로 充分(충분)하다.

중용지도(中庸之道)

뜻 不偏(불편) 不當(부당)하지 아니하고, 過(과)·不及(불급)이 없는 適切(적절)한 정도를 유지하는 平凡(평범) 속에 도리가 있다.

---

1) the latter day : Last day.
2) bottle : bundle.

㊢ 차면 넘친다.(p.354)

過猶不及(과유불급).(p.50)

㊗ 中庸其至乎(중용기지호) 民無能久(민무능구)[1].

中庸之德(중용지덕)은 至極(지극)한 것이나, 백성으로서 능히 행하는 자가 없은 지 오래이다.

㊐ 物(もの)は八分目(はちぶんめ). 事物(사물)은 八部(팔부).

腹(はら)八分目(はちぶんめ).

배는 팔부. 過食(과식)하지 말고 팔부쯤 먹는 것이 적절하다.

十分(じゅうぶん)はこぼれる. 차면 넘친다.

㊖ Virtue is found in the middle. 德(덕)은 中庸(중용)에서 발견된다.

Measure is treasure. 節度(절도)는 보물이다.

There is a measure in all things. 모든 사물에는 절도가 있다.

The golden mean is best. 中庸(중용)이 最善(최선)이다.

Temperate men are the wisest. 알맞은 사람이 가장 현명한 자이다.

Every extremity is vice. 모든 極端(극단)은 惡德(악덕)이다.

Do not all you can; spend not all you have; believe not all you hear; and tell not all you know.

행할 수 있는 것을 모두 하지 말고, 가진 것을 모두 쓰지 말고, 듣는 것을 모두 믿지 말고, 아는 것을 모두 말하지 말라.

獨 Mittelmaß ist die beste Straß'.

중간(平均 · 平凡)이 제일 좋은 길이다.

佛 Il faut lier le sac avant qu'il soit plein.

포대가 가득 차기 전에 묶어야 한다.

---

1) 中庸.

L'excès en tout est un défaut.
만사에 있어서 過度(과도)함은 결점이다.

A trop tirer, la corde casse. 너무 당기면 밧줄은 끊어진다.

Il faut savoir s'arrêter à temps.
適時(적시)에 그칠 줄 알아야 한다.

羅 In medio stat virtus. 德(덕)은 중간에 선다.

중이 미우면 袈裟(가사)도 밉다

類 중이 밉기로 袈裟까지 미우랴.

고운 사람 미운 데 없고, 미운 사람 고운 데 없다.(p.42)

對 마누라가 예쁘면 처가 말뚝에도 절한다.

漢 雖嫉僧 袈裟何憎(수질승 가사하증)[1].
중이 미울지라도 가사는 어찌 미우랴.

僧雖憎 袈裟何憎(승수증 가사하증)[2]. 上同.

日 坊主(ぼうず)憎(にく)けりゃ袈裟(けさ)まで憎(にく)い.
중이 미우면 가사까지 밉다.

英 Hate the ground he treads on. 그가 밟고 있는 땅까지 미워한다.

Hate is blind, as well as love.
憎惡(증오)는 愛情(애정)처럼 盲目的(맹목적)이다.

Love me love my dog. 나를 사랑하면 나의 개도 사랑하라.

佛 Qui m'aime aime mon chien. 上同.

---

1) 洌上方言.
2) 旬五志.

▍중이 제 머리 못 깎는다 ▍

類 무당이 제 굿 못 한다.(p.158)

짚신장이 헌 신 신는다.(p.352)

봉사 제 占(점) 못 친다.

日 坊主(ぼうず)の不信心(ふしんじん). 스님의 不信心(불신심).

医者(いしゃ)の若死(わかじ)に出家(しゅつけ)の地獄(じこく).
　의사의 夭折(요절), 出家(출가)한 중의 지옥. 의사가 摂生(섭생)을 하지 아니하여 일찍 죽고, 중이 罪業(죄업)을 쌓아 지옥에 떨어진다.

礼法師(れいぼうし)の無礼(ぶれい). 예법사의 무례.

英 What was good the friar never loved.
　修道士(수도사)가 善(선)을 좋아하지 아니했다.

Do as the friar says not as he does.
　수도사가 말한 대로 행하고, 그가 행한 대로 행하지 말라.

Physician, cure thyself. 의사여, 그대 자신을 治療(치료)하라.

A good lawyer is a bad neighbor.
　좋은 辯護士(변호사)는 나쁜 이웃이다.

獨 Viele Prediger sind, die selbst nicht hören.
　많은 說教者(설교자)들은 그 자신은 듣지 아니한다.

佛 Médecin, guéris-toi, toi-meme. 의사여, 그대 자신을 고쳐라.

▍지는 것이 이기는 것이다 ▍

類 굽히는 것이 꺾이는 것보다 낫다.

(日) 負(ま)けるが勝(かち). 지는 것이 이기는 것이다.

曲(まが)らねば世(よ)が渡(わた)られぬ.
굽지 아니하면 處世(처세)를 할 수 없다.

損(そん)して得(とく)取(と)れ.
損害(손해)를 보고 利得(이득)을 취하라. 당장에는 손해를 보고 나중에는 得을 보라.

損(そん)せぬ人(ひと)に儲(もうけ)なし.
損害(손해) 보지 않는 사람에게 벌이 없다.

(英) Sometimes the best gain is to lose.
最上(최상)의 利得(이득)이란 때로는 損害(손해)를 보는 것이다.

To stoop to conquer. 征服(정복)하기 위하여 掘從(굴종)한다.

He that loses is merchant as well as he that gains.
損害(손해)를 보는 者도 得(득)을 보는 者와 같이 商人(상인)이다.

You must take the fat with the lean.
살코기와 함께 脂肪(지방)도 가져야 한다.

Yielding is sometimes the best way of succeeding.
讓步(양보)는 때로는 成功(성공)의 가장 좋은 方法(방법)이다.

(獨) Wer das Feuer haben will, muß den Rauch leiden.
불을 가지려 하는 자는 煙氣(연기)를 참아야 한다.

Nachgeben stillt allen Krieg.
양보는 모든 紛爭(분쟁)을 鎭靜(진정)시킨다.

Der Leidende überwindet den Streitenden.
참는 者(자)는 다투는 者를 克服(극복)한다.

Lieber (Besser) biegen als brechen.
부러지는 것보다 굽히는 것이 낫다.

Der Klügere (Klügste) gibt nach. 賢者(현자)는 讓步(양보)한다.

Der Gescheitere gibt nach. 上同.

Besser Unrecht leiden, als Unrecht tun.
　不法(불법)을 참는(당하는) 것이 不法을 行(행)하는 것보다 낫다.

Besser Nachgeben, als Schaden kommen.
　손해보다 양보가 낫다.

㊋ Qui perd gagne.. 잃은 자가 얻는다.

Il n'est pas marchand qui toujours gagne.
　언제나 버는 자는 商人(상인)이 아니다.

Il faut savoir perdre pour gagner.
　얻기 위해서는 잃을 줄 알아야 한다.

Sachons perdre dans l'occasion. 때로는 損害(손해) 볼 줄 알아라.

Tout n'est pas profit. 모든 것이 버는 것은 아니다.

Il faut savoir sacrifier un véron pour prendre un saumon.
　연어를 잡기 위하여 피라미를 犧牲(희생)할 줄 알아라.

▌至誠(지성)이면 感天(감천)이다 ▌

(뜻) 지극한 정성을 가지면, 하늘이 感動(감동)하여 소원을 들어준다.

(類) 돌도 十年을 보고 있으면 구멍이 뚫린다.

(漢) 人有善願(인유선원) 天必從之(천필종지).
　사람이 착한 所願(소원)을 가지면, 하늘은 반드시 이에 따르게 한다.

(日) 至誠(ちせい)天(てん)に通(つう)ず. 지성은 하늘에 통한다.

(獨) Was von Herzen kommt, das geht wieder zu Herzen.
　眞心(진심)에서 나온 것은 진심으로 돌아간다.

知足安分(지족안분)

(뜻) 편안한 마음으로 제 分數(분수)를 지키고 滿足(만족)할 줄 알아라.

(類) 토끼 둘을 잡으려다 하나도 못 잡는다.

(漢) 知足不辱(지족불욕)[1]. 족한 줄 알면 욕을 먹지 아니한다.

知足者富(지족자부)[2]. 족한 줄 아는 자는 부자이다.

(日) 足(た)ることを知(し)れ. 만족할 줄 알아라.

足(た)るを知(し)る者(もの)は富(と)む. 知足者富.

足(た)るを知(し)れば辱(はずか)しめられず.
만족할 줄 알면 부끄러움을 당하지 아니한다.

欲(よく)は身(み)を失(うしな)う. 貪慾(탐욕)은 몸을 망친다.

足(た)る事(こと)を知(し)れば福人(ふくじん). 족한 것을 알면 복인.

(英) Nothing is better than a contented mind.
滿足(만족)한 마음보다 좋은 것은 없다.

A contented mind is a kingdom(or crown).
만족은 王國(왕국)(또는 왕관)이다.

Contentment(or A contented mind) is great rich.
만족은 巨富(거부)이다.

Content is happiness. 만족은 幸福(행복)이다.

The greatest wealth is contentment with a little.
最大(최대)의 부는 적은 것에 만족하는 것이다.

He has enough that is pleased(or content).
滿足(만족)한 사람은 充分(충분)히 가지고 있다.

---

1) 知足不辱 知止不殆 可以長久(老子 第44章).
知足不辱 知止不殆 功遂身退 天地道也(漢書 疏黃傳).

2) 勝人者有力 自勝者强 知足者富 强行者有志(老子 第三十三章).

A covetous man is never rich.
貪慾(탐욕)한 자는 결코 부자가 아니다.

Content is the philosopher's stone[1], that turns all touches into gold.
滿足(만족)은 접촉하는 모든 것을 금으로 변화시키는 哲學者(철학자)의 돌이다.

He has nothing that is not content(or contented).
만족하지 아니한 사람은 가진 것이 없다.

Plenty makes poor.
豐富(풍부)는 貧困(빈곤)을 만든다. 살 만해지면 더 바란다는 뜻.

He is not poor that has little but he that desires much.
가진 것이 없는 자는 가난하지 않으나, 많이 바라는 者는 가난하다.

A covetous man is good to none but worse to himself.
욕심 많은 사람은 누구에게도 좋지 않고, 자신에게는 더욱 나쁘다.

He is not rich that has much but he that covets least.
많이 가진 자가 부자가 아니라, 가장 적게 탐욕하는 자가 부자이다.

He is not rich that possesses much, but he that is content with what he has.
많이 所有(소유)하는 자가 부자가 아니라 현재 소유하는 바에 滿足(만족)하는 자가 부자이다.

Let every man be content with his own kevel[2].
각자는 자기의 運命(운명)에 만족하는 것이 좋다.

He is rich enough who wants nothing.
아무것도 願(원)하지 아니하는 자는 充分(충분)한 부자이다.

He who is content in his poverty is wonderfully rich.
자신의 가난에 滿足(만족)하고 있는 자는 놀라운 부자이다.

That which suffices is not little.
충분하다는 것은 적은 것이 아니다. 소량에도 만족하면 그것은 많은 것이 된다는 뜻.

---

1) philosopher's stone : 鍊金術師의 化金石.
2) kevel : 고리, 운명(lot).

(獨) Zufriedenheit ist der größte Reichtum.
滿足(만족)은 최대의 부이다.

Zufriedenheit macht glücklich. 만족은 행복하게 한다.

Entbehre gern, was du nicht hast.
그대가 갖지 않은 것은, 기꺼이 없이도 지내라.

Was man nicht besitzen kann, muß man entbehren können.
가질 수 없는 것은, 없이도 지낼 수 있어야 한다.

Es kommt selten etwas Besseres nach.
보다 좋은 것이 뒤따르기란 드물다.

(佛) Contentement passe richesse. 만족은 부를 凌駕(능가)한다.

Est assez riche, qui est content. 만족한 자는 충분한 부자이다.

On est assez riche quand on a le nécessaire.
필요한 것을 갖고 있으면 充分(충분)히 부자이다.

N'est pas pauvre qui a peu, mais qui désire beaucoup.
적게 가진 자가 가난한 것이 아니고, 많이 바라는 자가 가난하다.

(羅) Dives est, qui sibi nihil deesse putat.
자기에게 없는 것이 없다고 생각하는 자는 富者(부자)이다.

▎짚신장이 헌 신 신는다 ▎

(類) 산 밑 집에 방아공이가 논다.[1)]

대장장이 집에 식칼이 논다.

갓장이 헌 갓 쓰고, 무당 남 빌어 굿한다.

키장수 집에 헌 키.

---

1) 논다 : 貴하다. 원형은 놀다.

漢 冶家無食刀(야가무식도)[1]. 대장간에 식도가 없다.

山底杵貴(산저저귀)[2]. 산 밑에 절구공이가 귀하다.

陶者用缺盆(도자용결분). 옹기장수 깨어진 그릇 쓴다.

日 冶家(やか)に刀(かたな)なし. 대장장이 집에 칼이 없다.

紺屋(こうや・こんや)の白袴(しろばかま).
染色(염색)집 주인의 흰 치마.

髮結(かみゆい)の乱(みだ)れ髮. 美容師(미용사)의 헝클어진 머리.

駕籠(かご)かき駕籠に乗(の)らず.
轎軍(교군)[3]은 가마에 타지 아니한다.

英 Who is worse shod[4] than the shoemaker's wife and the smith's mare?
누가 구둣집 마누라나 대장장이 암말보다 더 나쁜 신을 신고 있나?

The cobbler's wife goes the worst shod.
신기료[5] 마누라가 제일 나쁜 신을 신는다.

The tailor ill dressed, the shoemaker ill shod.
洋服(양복) 만드는 사람 옷 못 입고, 신 만드는 사람 신 못 신는다.

獨 Der Schuster hat die schlectesten Schuhe.
신기료가 제일 나쁜 신을 신는다.

佛 Les cordonniers sont les plus mal chaussés. 上同.

---

1) 東言解.
2) 東言解・旬五志・松南雜識.
3) 轎軍(교군) : 가마 메는 사람.
4) shod : shoe(신기다)의 과거 및 과거분사.
5) 신기료 : 헌 신 고치는 사람.

大

차면 넘친다

類 달도 차면 기운다.

열흘 붉은 꽃은 없다.

장난도 심하면 싸움이 된다.

漢 滿則溢(만즉일). 차면 넘친다.

盈則虧(영즉휴)[1]. 日月(일월)이 차면 기운다.

勢無十年 花無十日紅(세무십년 화무십일홍).
십년 勢道(세도) 없고, 열흘 붉은 꽃 없다.

天道之數(천도지수) 至則反(지즉반) 盛則衰(성즉쇠) 人心之變(인심지변) 有余則驕(유여즉교) 驕則緩怠(교즉완태)[2].
天道의 이치는 이르면 되돌아 오고 성하면 쇠한다. 人心의 변화는 여유가 있으면 교만해지고 교만해지면 게을러진다.

天道虧盈而益謙(천도휴영이익겸) 地道變盈而流謙(지도변영이유겸) 鬼神害盈而福謙(귀신해영이복겸) 人道惡盈而好謙(인도오영이호겸)[3].
天道는 차서 넘치는 자를 깎아서 謙遜(겸손)한 자에게 보태어 주고, 地道는 가득찬 것을 변하게 하여 謙虛(겸허)한 곳에 흘려보

---

1) 日中則移 月盈則虧 物盛則衰 天地之常數也(史記 蔡澤傳).
2) 管子.
3) 易經 謙卦.

내고, 鬼神(귀신)은 가득 찬 것을 害(해)하여 謙遜(겸손)한 자를 복되게 하고, 人道(인도)는 가득 찬 것을 미워하고 謙虛(겸허)한 것을 좋아한다.

日 満(み)つれば虧(か)ける世(よ)の習(なら)い.
차면 기우는 것이 世上(세상)의 관례.

満(まん)は損(そん)を招(まね)く. 가득 차면 손해를 부른다.

盈(み)つれば虧(か)く. 차면 기운다.

十分(じゅうぶん)はこぼれる. 충분하면 넘친다.

戯(ざれ)も昴(こう)ずれば喧嘩(けんか)になる.
장난도 심하면 싸움이 된다.

英 After a flood there comes an ebb. 밀물 뒤에 썰물 온다.

Every flow hath its ebb. 모든 밀물에는 썰물이 있다.

Every tide hath its ebb. 上同.

At length the string cracks by being overstrained.
絃(현)은 지나치게 당기면 드디어 터진다.

When play is best, it is time to leave.
놀이가 제일 재미있을 때, 그때가 떠나야 할 때이다.

When the game is at the best, best leave.
놀이가 한창일 때 그만두어라.

When the pot's full, it will boil over.
주전자가 가득 차면, 끓어 넘친다.

獨 Das Bessere ist der Feind des Guten.
더 좋은 것은 좋은 것의 敵(적)이다. 더 좋게 하려다 더 나쁘게 한다는 뜻.

Bessern ist oft bösern. 改善(개선)은 가끔 改惡(개악)이 된다.

Wenn das Maß voll ist, so läuft es über.
되(升 승)가 가득 차면 넘친다.

Zuviel zerreißt den Sack. 너무 많으면 자루를 찢는다.

Jeder Flut hat ihre Ebbe. 모든 滿潮(만조)에 干潮(간조)가 있다.

Was die Flut bringt, nimmt die Ebbe wieder.
밀물이 가져온 것을 다시 썰물이 가지고 간다.

佛 Le mieux est l'ennemi du bien. 最上(최상)은 행복의 적이다.

Bien vient à mieux, et mieux à mal.
좋은 것은 더 좋게 되고, 더 좋은 것은 나쁘게 된다.

Chaque vague a son flux et son reflux.
모든 波濤(파도)는 밀물과 썰물을 갖는다.

Le surplus rompt le couvercle. 過多(과다)는 뚜껑을 부순다.

Le trop ne vaut rien. 지나친 것은 가치가 없다.

察察(찰찰)이 不察(불찰)이다

뜻 지나친 살핌이 오히려 不注意(부주의)를 낳는다.

日 念者(ねんじゃ)の不念(ぶねん). 주의 깊은 자의 부주의.

弘法(こうぼう)にも筆(ふで)の誤(あやま)り.
弘法大師와 같은 名筆(명필)도 붓의 잘못이 있다.

念(ねん)の過(す)ぐるは不念(ぶねん). 察察이 不察이다.

凝(こ)っては思案(しあん)に能(あた)わず.
너무 집착하면 分別(분별)이 안 된다.

英 Too much taking heed is loss. 지나친 조심은 損失(손실)이다.

Too much diligence is hurtful. 지나친 勤勉(근면)은 해롭다.

獨 Der Wolf frißt auch die gezählten(gezeichneten) Schafe.
늑대는 수를 해 둔(표시를 한) 양도 잡아먹어 버린다. 아무리 조심을 해도 어디엔가 빈틈이 있다는 뜻.

Das Schaf, das sich absondert, frißt der Wolf.
늑대는 구분해 둔 양도 먹어버린다.

(佛) Trop de précaution nuit. 지나친 注意(주의)는 손해가 된다.

Brebis comptées le loup les mange.
늑대는 수를 헤아려 둔 羊(양)도 먹어버린다.

‖ 千里(천리)길도 한 걸음부터 ‖

(類) 티끌 모아 泰山(태산).(p.374)

(漢) 塵合泰山(진합태산). 上同.

合抱之木(합포지목) 生於毫末(생어호말) 九層之台(구층지대) 起于累土(기우루토) 千里之行(천리지행) 始於足下(시어족하)[1).
한 아름의 큰 나무도 털끝만 한 것에서 자라고, 구층의 臺(대)도 한 무더기 흙에서 일어나고, 천리길도 발 밑에서 시작된다.

(日) 千里(せんり)の道(みち)も一歩(いっぽ)より. 천리길도 한 걸음부터.

千里(せんり)の行(こう)も足下(そっか)に始(はじま)る.
천리를 가는 것도 발 밑에서 시작된다.

塵(ちり)も積(つも)れば山(やま)となる. 티끌도 쌓이면 산이 된다.

(英) Step after step the ladder is ascended.
한 걸음 한 걸음 사다리를 올라간다.

Step after step goes far. 한 걸음 한 걸음 멀리 간다.

Many drops make a shower. 많은 물방울이 소나기가 된다.

He who would climb the ladder must begin at the bottom.
사다리에 오르려면 밑에서 시작해야 된다.

---

1) 老子 第六十四章.

By link and link the coat of mail is made at last.
한 고리 한 고리씩 갑옷은 만들어진다.

獨 Schritt vor Schritt kommt man weit. 한 걸음 한 걸음씩 멀리 간다.

Der erste Schritt ist der schwerste. 첫 걸음이 제일 어렵다.

佛 Pas à pas on va bien loin. 한 걸음 한 걸음 멀리 간다.

Il n'y a que le premier pas qui coûte.
괴로운 것은 第一步(제일보)뿐이다.

Chose commencée est à moitié faite.
시작된 일은 半(반)쯤 遂行(수행)한 것이다.

天網恢恢疎而不漏(천망회회소이불루)[1]

뜻 하늘의 法網(법망)은 성글지만 새지 아니한다. 惡人(악인)은 모두 잡혀서 處罰(처벌)을 받는다.

類 天道不謟(천도부도)[2]. 天道는 공평하여 의심이 없다.

天道無親(천도무친) 常與善人(상여선인)[3].
天道는 親疎(친소)가 없고, 인재나 善人의 편을 든다.

天道福善禍淫(천도복선화음)[4].
天道는 善人을 복되게 하고, 放縱淫亂(방종음란)한 자에게 禍(화)를 내린다.

日 天網(てんもう)恢恢(かいかい)疎(そ)にして漏(もら)さず. 上同.

天網(てんもう)遁(のが)れ難(がた)し.
하늘의 그물로부터 달아나기 어렵다.

---

1) 老子 七十三.
2) 左傳.
3) 老子 七十九.
4) 書經 湯誥.

天道(てんどう)諂(うたが)わず. 天道不諂.

英 The god's mill goes slowly, but grinds well.
신의 방앗간은 천천히 돌지만 잘 빻는다.

Heaven's vengeance is slow but sure.
하늘의 報復(보복)은 느리지만 확실하다.

Justice has long arms. 正義(정의)는 긴 팔을 가지고 있다.

The gallows will have its own at last.
絞首臺(교수대)는 結局(결국)에는 그 자신의 것을 가진다.

God comes with leaden feet but strikes with iron hand.
神(신)은 납의 다리로 와서 쇠의 손으로 친다.

God is slow in coming, but strikes sure.
神(신)은 천천히 와서 正確(정확)히 친다.

God stays long but strikes at last.
神(신)은 오래 머물지만 결국은 내리친다.

The revenge of God doth not come down in haste.
神(신)의 報復(보복)은 急(급)히 오지 아니한다.

Punishment is lame but it comes[1].
罰(벌)은 절름발이지만 꼭 온다.

Divine vengeance comes slowly but surely.
하늘의 報復(보복)은 느리지만 꼭 온다.

獨 Es ist nichts so fein gesponnen[2], es commt doch endlich an die Sonnen(ans Licht der Sonnen).
나쁜 일은 아무리 잘 짜여져도 결국 그것은 暴露(폭로)된다.

Gottes Mühlen mahlen langsam, aber sicher(fein).
하늘의 물레방아는 느리지만 정확히(곱게) 빻는다.

---

1) 복수의 女神 Poena는 절름발이지만 먼저 가는 죄인을 놓치지 아니한다는 神話에서 유래한다.

2) spinnen, spann, gesponnen : (베 · 그물)을 짜다, (음모)를 꾀하다.

(佛) **La punition boite, mais elle arrive.**
處罰(처벌)은 절지만 그녀는 닥쳐온다.

La justice arrive d'un pied boiteux.
正義(정의)는 한 쪽 다리를 절면서 다가온다.

Le gibet ne perd pas ses droits.
絞首臺(교수대)는 그의 권리를 잃지 아니한다.

Qui est destiné à être pendu n'est jamais noyé.
絞首(교수)될 운명의 사람은 溺死(익사)하지 아니한다.

▌千石(천석)꾼은 천 가지 걱정, 萬石(만석)꾼은 만 가지 걱정 ▌

(뜻) 돈이 많고 살림이 클수록 일이 많다.

(類) 돈이 원수다.

(漢) 富則多事(부즉다사). 부자는 일이 많다.

(日) 金持(かねもち)苦労(くろう)多(おお)し. 부자는 苦生(고생)이 많다.
貧乏人(びんぼうじん)こわいものなし. 가난뱅이 두려운 것이 없다.
貧乏(びんぼう)する程(ほど)楽(らく)をする. 가난할수록 즐겁다.

(英) A rich man, and a miserable. 부자는 곧 不幸(불행)한 사람이다.

(獨) Wer da hat die Kühe, muß auch haben die Mühe.
암소를 가진 자는 고생도 또한 가져야 한다.

Viele Kühe, viele Mühe. 암소가 많으면 고생이 많다.

(佛) Plus on a d'argent, plus on a de soucis.
사람은 돈을 많이 가질수록 근심을 많이 가진다.

Moins on a d'argent, moins on a de soucis.
사람은 돈을 적게 가질수록 근심을 적게 가진다.

Grande fortune, grande servitude(service).
큰 財産(재산)은 큰 노역(봉사)이다.

醉中(취중)에 眞談(진담) 나온다

類 常時(상시)에 먹은 마음이 醉中에 난다.

外貌(외모)는 거울로 보고 마음은 술로 본다.

마음은 술로 알고, 쇠는 불로 안다.

漢 酒入舌出(주입설출). 술이 들어가면 혀가 나온다.

日 酒(さけ)は本心(ほんしん)をあらわす. 술은 本心(본심)을 나타낸다.

英 Fair cheve[1] good ale, it makes many folks speak as they think.
좋은 술이 繁榮(번영)하도록, 술은 많은 사람으로 하여금 그들이 생각하는 대로 말하게 한다.

A full[2] heart lied never. 滿醉(만취)한 자는 거짓말을 안 한다.

He speaks in his drink what he thought in his drouth.
목이 말랐을 때의 생각을 醉(취)하여 이야기한다.

In wine there is truth. 술에 眞實(진실)이 있다.

When the wine enters, out goes the truth.
술이 들어가면 眞實이 나온다.

Wine in, truth out. 上同.

Wine is the glass(or mirror) of the mind. 술은 마음의 거울.

Wine washes off the daub. 술은 칠(도료)을 씻어 낸다.

---

1) cheve : succeed.
2) full : 감격한, 滿醉(만취)한.

(獨) Im Wein liegt Wahrheit, im Bier liegt Klarheit.
포도주에는 眞實(진실)이 있고, 맥주에는 淸明(청명)이 있다.

(佛) La vérité est dans le vin. 眞實은 술에 있다.

(羅) In vino veritas. 葡萄酒(포도주)에 진실이 있다.

치수 보아 옷 짓는다

(類) 치수 맞춰 옷 마른다.[1]

꼴 보고 이름 짓는다.

體數(체수) 보고 옷 짓고 꼴 보고 이름 짓는다.

구멍 보아 쐐기 깎는다.

누울 자리 보아가며 다리 편다.

이불 깃 보아 다리 편다.

(漢) 量入以爲出(양입이위출). 收入(수입)을 보아서 支出(지출)을 하라.

衣視其體 名視其貌(의시기체 명시기모)[2].
체수 보고 옷 짓고, 꼴 보고 이름 짓는다.

(日) 蟹(かに)は甲羅(こうら)に似(に)せて穴(あな)を堀(ほ)る.
게는 등딱지에 닮도록 구멍을 판다.

根性(こんじょう)に似(に)せて家(いえ)をつくる.
根性(근성)에 닮도록 집을 짓다.

入(い)るを計(はか)って出(い)ずるを制(せい)す.
들어오는 것에 맞추어서 나가는 것을 調節(조절)한다.

身(み)の程(ほど)を知(し)れ. 분수를 알아라.

---

1) 마른다 : 옷감, 材木 등을 치수에 맞추어 베고 자르다.
2) 耳談續纂.

(英) Cut your coat according to(or after) your cloth.
천에 맞추어서 上衣(상의)를 裁斷(재단)하라.

Everyone stretches his legs according to his coverlet.
누구나 이불에 맞추어 발을 뻗는다.

Stretch your arm no farther than your sleeve will reach.
소매가 닿는 곳 이상으로 팔을 뻗지 말라. 과분한 소비를 하지 말라.

Kennel is lodging good enough for a dog.
개에게 개집은 충분히 훌륭한 잠자리이다.

A little bird is content[1)] with a little nest.
작은 새는 작은 둥지에 滿足(만족)한다.

Seem not greater than thou art. 너보다 더 크게 보이게 하지 말라.

Make not your sail too big for the ballast(or the boat).
돛을 바닥짐(또는 배)보다 크게 만들지 말라.

(獨) Wer sich nicht nach der Decke streckt, dem bleiben die Füße unbedeckt.
이불에 맞추어 四肢(사지)를 뻗지 않는 자는 발을 덮지 못한다. 身分(신분)에 맞는 생활을 아니하면 馬脚(마각)이 드러난다는 뜻.

Man muß das Kleid nach dem Körper schneiden.
몸의 치수에 맞추어 옷을 裁斷(재단)해야 한다.

Ein kleiner Vogel braucht ein kleines Nest.
작은 새는 작은 둥지를 필요로 한다.

Kleine Vögelein, kleine Nestlein. 上同.

Jeder strecke sich nach seiner Decke.
누구나 이불에 맞추어 발을 뻗는다.

(佛) Il faut tailler la robe selon le corp(drap).
신체(또는 천)에 따라 의복을 재단해야 한다.

---

1) content : 만족하는(with). 만족시키다(oneself). 만족. 찬성. 내용물. 목차. 용량.

À petit oiseau petit nid. 작은 새는 작은 둥지.

Il faut savoir se plier aux circonstances.
　環境(환경)에 따를 줄 알아야 한다.

Chacun doit vivre selon sa condition.
　누구나 條件(조건)에 맞는 생활을 해야 한다.

▍親(친)할수록 禮儀(예의)를 지켜라[1] ▍

㊝ 朋友有信(붕우유신). 벗 사이에는 믿음이 있어야 한다.

㊐ 親(した)しき中(なか)にも礼儀(れいぎ)あり.
　親(친)한 사이에도 禮儀(예의)가 있다.

親しき中(なか)にも垣(かき)をせよ. 친한 사이에도 울타리를 쳐라.

(英) A hedge between keeps friendship green.
　친구 사이의 울타리는 友情(우정)을 푸르게 한다.

To preserve friendship let there be a wall between.
　友情을 持續(지속)하기 위하여서는 사이에 울타리를 쳐라.

(獨) Liebe deinen Nachbar, reiß aber den Zaun nicht nieder!
　이웃을 사랑하라. 그러나 울타리를 허물지 말라.

Allzu gemein macht dich klein.
　지나치게 平凡(평범)하면 너를 작게 評價(평가)한다.

Allzu große Vertraulichkeit erzeugt Verachtung.
　지나치게 큰 親密(친밀)은 侮蔑(모멸)을 초래한다.

Für einen Kammerdiener gibt es keinen Helden.
　侍從(시종)에게는 英雄(영웅)은 없다.

1) 日本俗談.

㊋ La familiarité engendre le mépris. 親密(친밀)은 경멸을 낳는다.

Il n'y a point de héros pour son valet de chambre.
하인에게 英雄(영웅)은 없다.

N'abusons pas de trop de nos amis.
그대 친구를 지나치게 濫用(남용)하지 말라.

ㅋ

큰 방축도 개미 구멍으로 무너진다

(뜻) 작은 일이라고 방심하면 큰 禍(화)를 당한다.

(類) 이긴 뒤에 더욱 경계하라.(p.307)

(漢) 堤潰蟻穴(제궤의혈). 개미 구멍으로 둑이 무너진다.

千丈之隄(천장지제) 以螻蟻之穴潰(이누의지혈궤) 百尺之室(백척지실) 以突隙之煙焚(이돌극지연분)[1].
천 길 방죽도 개미와 땅강아지 구멍으로 무너지고, 백 척의 방도 굴뚝 틈의 연기로 탄다.

見小敵勿侮(견소적물모)[2]. 작은 적을 보고 무시하지 말라.

牆之壞也於隙(장지괴야어극)[3]. 담장은 틈으로 무너진다.

(日) 油断(ゆだん)大敵(たいてき). 放心(방심)이 큰 적이다.

油断(ゆだん)は怪我(けが)の基(もと). 방심은 상처의 원인.

勝(か)って兜(かぶと)の緒(お)を締(し)めよ.
이기고 나서 투구의 끈을 조여라.

敵(てき)に勝(か)つて愈愈(いよいよ)戒(いまし)む.
적에 이기고 더욱 더 경계한다.

1) 韓非子 喩老篇.
2) 左傳.
3) 淮南子 人間訓.

大事(だいじ)は小事(しょうじ)より起(おこ)る.
　큰 일은 작은 일에서 일어난다.

千里(せんり)の堤(つつみ)も蟻(あり)の穴(あな)から.
　천 리의 둑도 개미 구멍에서.

(英) Security[1] is the greastest enemy. 放心(방심)은 최대의 적이다.

He that thinks himself surest is often deceived.
　자신을 가장 安全(안전)하다고 생각하는 자는 가끔 속는다.

There is no little enemy. 작은 敵(적)은 없다.

Though thy enemy seems a mouse, yet watch him like a lion.
　그대의 적이 쥐새끼로 보일지라도, 그를 사자처럼 감시하라.

A little leak will sink a ship. 작게 새는 물이 배를 가라앉힌다.

The tortoise wins the race while the hare is sleeping.
　토끼가 자고 있는 동안에 거북이가 競走(경주)에 이긴다.

The way to be safe is never to be secure.
　安全(안전)하게 되는 방법은 確信(확신)하지 않는 데 있다.

(獨) Kleine Feinde und kleine Wunden sind nicht zu verachten.
　작은 敵(적)과 작은 상처를 輕視(경시)해서는 안 된다.

(佛) Pour un point Martin perdit son âne[2].
　點(점) 하나 때문에 마르땡은 그의 나귀를 잃었다.

---

1) security : 안전. 안심. 방심. 보증. 담보. securities : 증권.

2) 이태리의 Asello라는 고장의 僧院長 Martin(Martino)은 당시 변변한 여관이 없었으므로 가끔 길손을 僧院에 머물게 했다. 그래서 그는 문에 라틴語로 Porta patens esto. Nulli claudaris honesto(문은 언제나 열려 있다. 정직한 누구에게도 잠겨 있지 아니하다)라고 써 붙이기로 했는데, 이 文句를 板에 새기는 자가 구두점을 잘못 찍어 Porta patens esto nulli, Claudaris honesto(문은 누구에게도 열리지 아니한다. 정직한 사람에게도 잠겨 있다)가 되어 버렸다. 法王이 이 소문을 듣고 大怒하여 Martin을 좌천시켰다. 여기서 점 하나로 Martin은 Asello를 잃었다는 속담이 생겼는데, Asello는 라틴語의 Asellus(나귀)에 통하므로, 여기서 점 하나로 Martin은 나귀를 잃었다로 변해버렸다고 한다.

Petite étincelle engendre grand feu.
작은 불꽃도 큰 불을 피운다.

Il n'y a pas(point) de petit ennemi.
작은 敵(적)이란 없다. 작은 적이라도 만들지 말고, 가벼이 하지 말라.

Il ne faut pas négliger les petites choses.
작은 일을 무시해서는 안 된다.

羅 Inest et formicoe bilis.
개미도 성을 낼 때가 있다. 하찮은 것이라도 가벼이 해서는 안 된다는 뜻.

Inimicum quamvis humilem docti est metuere.
敵(적)은 아무리 弱(약)할지라도 그것을 두려워하는 것이 分別(분별) 있는 사람의 도리이다.

E

타산지석(他山之石)

뜻 다른 산에서 나는 돌로 내 구슬을 갈 수 있다. 남의 잘못도 자기의 德(덕)을 닦는 데 거울로 삼을 수 있다.

類 남의 흉으로 제 허물을 고친다.

漢 以人爲鏡(이인위경). 사람으로써 거울을 삼는다.

以人爲鑑(이인위감). 上同.

佗山之石可以爲錯(타산지석가이위착)[1].
다른 산의 돌로써 숫돌을 할 수 있다.

佗山之石可以攻玉(타산지석가이공옥)[2].
다른 산의 돌로써 옥을 다듬을 수 있다.

日 他山(だざん)の石(いし)とする. 他山之石으로 삼다.

人(ひと)のふり見(み)て我(わ)がふり直(なお)せ.
남의 행동을 보고 나의 행동을 고쳐라.

英 Learn wisdom by the follies of others.
타인의 愚行(우행)으로 지혜를 배우라.

---

1) 詩經. 小雅 鶴鳴篇.
2) 上同.

He is wise who can beware by other men's harms.
他人(타인)의 損害(손해)로 조심할 수 있는 자는 현명하다.

By other folk's harms a wise man mends his own.
타인이 손해 입는 것을 보고 賢明(현명)한 사람은 자신의 손해를 막는다.

Happy is he whom other men's harms make beware.
타인이 손해 입는 것을 보고 조심하는 자는 幸福(행복)하다.

He is happy that can be warned by other's harms.
타인의 손해로 警戒(경계)를 할 수 있는 자는 행복하다.

The fault of another is a good teacher.
他人(타인)의 잘못은 좋은 선생이다.

It is lawful to learn even from an enemy.
敵(적)일지라도 그로부터 배우는 것은 옳다.

㊣獨 Anderer Fehler sind unsere gute Lehrer.
타인의 缺點(결점)은 우리의 훌륭한 스승이다.

Wer nicht selbst weiß, sich zu raten[1]), schau, was andre vor ihm taten.
스스로 어찌하여야 할 바를 알 수 없는 자는 타인이 그의 앞에서 행한 바를 보라.

Willst du strafen mich und Meine, sieh zuvor auf dich und Deine. 그대가 나를 벌하려거든 먼저 그대 자신을 반성하라.

Zieh erst den Balken aus deinem Auge, ehe du den Splitter in des anderen Auge siehst[2]).
그대가 타인의 눈 속의 먼지를 보기 전에 그대 눈 속의 각목을 먼저 뽑아라. 스스로 알 수 없는 자기의 큰 缺點(결점)이라는 뜻.

㊣佛 Un fou avise bien un sage.
어리석은 자가 賢者(현자)에게 충고할 수도 있다. 현명한 자는 어리석은 자를 보고 거기서 教訓(교훈)을 찾는다.

---

1) sich nicht zu raten wissen : 어찌할 바를 모르다.
2) 마태복음 7장 3절.

羅 Felix quem faciunt aliena pericula cautum.
타인의 危險(위험)이 그를 注意(주의) 깊게 하는 자는 행복하다.

▌털어서 먼지 안 나는 사람 없다▐

類 부처 밑을 기울이면 삼거웃[1]이 드러난다.

日 叩(たた)けば埃(ほこり)が出(で)る. 털면 먼지 난다.

新(あたら)しい畳(たたみ)でも叩(たた)けばごみが出(で)る.
새 돗자리라도 털면 먼지 난다.

英 Cavil will enter in at any hole and if it find none it will make one.
트집은 어떤 구멍에라도 들어간다. 그리고 만약 구멍을 찾지 못하면 만든다.

Every man has his weak side.
모든 사람은 弱點(약점)을 지니고 있다.

Many without punishment, but none without fault.
罰(벌) 받지 않는 자는 많으나, 罪(죄) 없는 자는 없다.

獨 Je mehr man den Dreck umkehrt, desto mehr stinkt er.
汚物(오물)은 휘저을수록 惡臭(악취)를 많이 풍긴다.

Man muß den Dreck nicht rühren, sonst stinkt er noch mehr.
똥은 건드리면 안 된다. 그렇지 않으면 냄새가 더 많이 난다.

1) 삼거웃 : 삼 껍질의 끝을 다듬을 때에 긁혀 떨어진 검불. 이 검불을 부처님의 소상(塑像)을 만들 때에 흙에 섞어 버무리면 부처님 상에 금이 생기지 아니한다.

‖ 토끼 둘을 잡으려다가 하나도 못 잡는다 ‖

(類) 뛰는 토끼 잡으려다가 잡은 토끼 놓친다.
달아나는 노루 보고 얻은 토끼 놓았다.
게도 구럭[1]도 다 잃었다.
멧돝 잡으러 갔다가 집돝 잃었다.

(對) 같은 방향으로 달리는 토끼 두 마리를 잡아라.
임도 보고 뽕도 딴다.(p.312)
양 손에 떡.

(漢) 蟹筐俱失(해광구실)[2]. 게도 광주리도 모두 잃다.
蟹旣逸網又失(해기일망우실)[3]. 게도 잃고 그물도 잃다.

(日) 虻蜂(あぶはち)取(と)らず. 등에[4]도 벌도 잡지 못한다.
虻(あぶ)も取(と)らず蜂(はち)もとらず.
　등에도 잡지 않고 벌도 잡지 아니한다.
欲(よく)の熊鷹(くまたか)股(また)裂(さ)くる.
　欲心(욕심) 많은 뿔매는 가랑이 찢어진다.
二兎(にと)を追(お)う者(もの)は一兎(いっと)を得(え)ず.
　토끼 두 마리를 쫓는 자는 한 마리도 못 잡는다.
元(もと)も子(こ)も失(うしな)う. 元金(원금)도 利子(이자)도 잃다.

(英) He that hunts two hares loses both.
　두 토끼를 사냥하는 자는 둘 다 잃는다.
He that hunts two hares at once will catch neither. 上同.

---

1) 구럭 : 망태기.
2) 旬五志 · 東言解.
3) 洌上方言.
4) 등에 : 마소 따위의 피를 빨거나 꽃의 꿀을 먹는 것으로 몸에 털이 많고 파리보다 좀 큰 날짐승.

Between two stools the tail(or ass) goes(or comes) to ground.
두 의자 사이에서 엉덩방아를 찧는다.

All have, all lose. 모두를 가지면 모두를 잃는다.

All covet, all lose. 모든 것을 貪(탐)내면 모든 것을 잃는다.

Grasp all, lose all. 모두 다 쥐면 모두 다 잃는다.

He that will have all loses all.
모두를 가지려는 자는 모두를 잃는다.

One thing at a time and that done well.
한 때에 한 일을 하면 잘 처리된다.

Camel going to seek horns lost his ears.
뿔을 찾으러 간 駱駝(낙타)가 귀를 잃어버렸다.

Covetousness brings nothing home.
貪慾(탐욕)은 아무것도 집에 가지고 오지 아니한다.

The greedy man and the gileynour[1] are soon agreed.
탐욕자와 詐欺(사기)꾼은 곧 합의된다.

To lose both the principal and the interest.
元金(원금)과 利子(이자)를 모두 잃다.

A greedy man God hates. 神(신)은 욕심 많은 자를 미워한다.

獨 Man soll nicht zwei Hasen auf einmal jagen.
동시에 토끼 두 마리를 쫓아서는 안 된다.

Wer alles will gewinnen, dem alles wird zerrinnen.
모든 것을 얻으려고 하면 모든 것을 잃는다.

Wer viel anfängt, endet wenig. 많이 시작하는 자는 끝이 적다.

Wer zuviel(haben) will, dem wird zu wenig.
너무 많이 시도하는 자는 얻는 것이 없다.

Wer zu viel faßt, läßt viel fallen. 너무 많이 쥐는 자는 많이 흘린다.

---

1) gileynour : 사기꾼(Scoteland어).

Wer alle Prügel aufliest, kommt nicht aus dem Wald.
모든 막대기를 모으는 자는 숲에서 나올 수 없다.

㊋ Qui trop embrasse mal étreint. 많이 끌어안는 자는 서툴게 안는다.

Il ne faut pas courir deux lièvres à la fois.
동시에 토끼 두 마리를 쫓지 말라.

S'asseoir entre deux chaises le cul par terre.
두 椅子(의자) 사이에 앉으면 엉덩방아를 찧는다.

On ne peut pas sonner les cloches et aller à la procession.
종을 울리면서 行列(행렬)에 가담할 수 없다.

Couper l'arbre pour avoir le fruit. 과일을 가지려고 나무를 자른다.

Tuer la poule aux oeufs d'or[1].
黃金(황금) 알을 가지려고 암탉을 죽인다.

(羅) Duos qui sequitur lepores neutrum capit.
두 마리 토끼를 쫓는 자는 兩者(양자)를 잃는다.

▌티끌 모아 泰山(태산) ▌

(類) 천리길도 한 걸음부터.(p.357)

(漢) 塵合泰山(진합태산). 上同.

積水成淵(적수성연). 물이 모여 못을 이룬다.

水到渠成(수도거성). 물이 모여 도랑이 생긴다.

(日) 塵(ちり)も積(つも)れば山(やま)となる. 먼지도 쌓이면 산이 된다.

(英) Drop by drop the tub is filled. 한 방울 한 방울씩 통은 가득 찬다.

An inch an hour, a foot a day. 한 시간에 한 치, 하루에 한 자.

---

1) La Fontaine의 寓話에서 由來.

Little and often fills the purse. 조금씩 자주 모이면 지갑은 찬다.

Every little makes a great. 모든 작은 것이 큰 것을 이룬다.

Many a pickle(little) makes a mickle(muckle).
　많은 少量(소량)이 大量(대량)을 만든다.

獨 Kleine Bäche machen großen Flüsse.
　작은 개울들이 大河(대하)를 이룬다.

Viele Federn machen ein Bett. 많은 깃털이 침대를 만든다.

Klein und dick gibt auch ein Stück.
　작아도 두꺼우면 한 덩어리가 된다.

Klein Vieh macht auch Mist.
　작은 가축도 똥을 눈다. 작은 장사도 薄利多賣(박리다매)로 이득을 본다는 뜻.

Viele Korner machen ein Haufen. 많은 낟알이 무더기를 만든다.

Viele Tropfen machen einen Bach. 많은 물방울이 시내를 이룬다.

Viele wenig machen ein Viel. 많은 작은 것이 큰 것을 만든다.

Wenig und oft, macht zuletzt viel.
　작게 자주 모이면 드디어 큰 것을 이룬다.

佛 Au long aller petit fardeau pèse. 작은 짐도 멀리 가면 무겁다.

Petit à petit l'oiseau fait son nid.
　새는 조금씩 조금씩 둥우리를 짓는다.

Les petits ruisseaux font les grandes rivières.
　많은 溪川(계천)이 大河(대하)를 이룬다.

ㅍ

▌八百金(팔백금)으로 집을 사고 千金(천금)으로 이웃 산다 ▌

(類) 세 닢 주고 집 사고, 천 냥 주고 이웃 산다.

집을 사면 이웃을 본다.

(日) 隣(となり)千金(せんきん)に替(か)えん. 이웃은 千金으로도 바꿀 수 없다.

(英) He that has a good neighbour has a good morrow. 좋은 이웃을 가진 자는 좋은 아침을 맞이한다.

A good neighbour, a good morrow. 上同.

He that has an ill neighbour has oftentimes an ill morning. 나쁜 이웃을 가진 자는 가끔 나쁜 아침을 맞이한다.

You must ask your neighbour if you shall live in peace. 그대가 평화롭게 살 수 있는지를 이웃에 물어야 한다.

(獨) Besser ein Nachbar an der Wand als ein Bruder über Land. 멀리 있는 兄弟(형제)보다 가까이 있는 이웃이 낫다.

Böse Nachbar, täglich Unglück. 나쁜 이웃은 매일 불행.

Ein guter Nachbar ist ein edel Kleinod. 좋은 이웃은 보물이다.

Wer einen guten Nachbar hat, bekommt einen guten Morgen. 좋은 이웃을 가진 자는 좋은 아침을 맞이한다.

Kaufe deines Nachbarn Rind, und freie deines Nachbarn Kind.
네 이웃의 소를 사고, 네 이웃의 아이에게 구혼하라.

(佛) Qui a bon voisin a bon matin.
좋은 이웃을 가진 자는 좋은 아침을 맞이한다.

Qui a mal voisin, il a mal matin.
나쁜 이웃을 가진 자는 나쁜 아침을 맞이한다.

Mieux vaut son bon voisin que longue parenté.
멀리 있는 親戚(친척)보다 가까이 있는 이웃이 낫다.

▎八字(팔자) 逃亡(도망)은 독 안에 들어도 못 한다 ▎

(類) 八字는 독에 들어가서도 못 피한다.

八字는 못 속인다.

자라 좆이 길면 물 밖에 나오나.

노루 꼬리 길면 얼마나 길까. 보잘것없는 것을 핀잔하는 말.

(對) 八字도 길들일 탓.

八字를 고친다.

(漢) 人生本已定(인생본이정) 浮生空自忙(부생공자망).
사람 팔자는 본래 정해져 있는데, 덧없는 인생이 헛되이 바쁘다.

獐尾曰長 幾許其長(장미왈장 기허기장)[1].
노루 꼬리 길다한들 얼마나 길까.

蝦跳而不出斗(하도이불출두)[2].
새우가 뛰어도 그릇 밖에 못 나온다.

---

1) 耳談續纂.
2) 碧巖集.

㊐ 蝦(えび)踊(おど)れども川(かわ)を出(い)でず.
새우가 춤을 추어도 강을 나오지 못한다.

鰻(うなぎ)は滑(すべ)っても一代(いちだい), 沙魚(はぜ)はとんでも一代. 長魚(장어)는 미끄러져도 一代, 문절망둑은 뛰어도 一代.

騒(さわ)ぐ烏(からす)も団子(だんご)一(ひと)つ騒(さわ)がぬ烏(からす)も団子(だんご)一(ひと)つ.
떠드는 까마귀도 瓊團(경단) 하나, 떠들지 않는 까마귀도 경단 하나.

英 The goat must browse[1] where she is tied.
염소는 매인 곳에서 풀을 뜯어 먹어야 한다.

Where the buck is bound there he must bleat.
숫양은 묶인 곳에서 울어야 한다.

獨 Seinem Schicksal kann niemand entgehen.
누구도 運命(운명)을 피해 갈 수 없다.

佛 La vie est une prison perpetuelle.
인생은 영원한 監獄(감옥)이다.

▎피는 물보다 진하다 ▎

뜻 血緣(혈연)이 있는 자끼리는 남하고 다르다.

類 피가 켕긴다[2]. 혈연이 있는 자끼리는 매몰찬 행동을 못 한다.

㊐ 血(ち)は水(みず)よりも濃(こ)し. 上同.

血筋(ちすじ)は争(あらそ)われぬ. 핏줄은 다툴 수 없다.

---

1) browse : 새싹, 어린 잎, 어린 잎을 뜯어 먹다, 책을 여기 저기 뒤적이며 읽다.
2) 켕기다 : 팽팽해지다, 꺼리는 바 있어 결단을 못 하다, 마주 버티다.

親(しん)は泣寄(なきよ)り他人(たにん)は食寄(くいよ)り.
어버이는 와서 울고 타인은 와서 먹는다. 불행한 일이 있으면 어버이는 眞心(진심)으로 슬퍼하나, 타인은 먹기 위하여 모여든다는 뜻.

英 Blood is thicker than water. 피는 물보다 진하다.

One crow never pulls out another crow's eyes.
까마귀끼리는 눈알을 뽑지 아니한다. 血緣(혈연)이 있는 자끼리는 殘忍(잔인)하게 싸우지 아니한다는 뜻.

Hawks will not peck out hawk's eyes.
매는 다른 매의 눈알을 뽑지 아니한다.

獨 Blut ist dicker als Wasser. 피는 물보다 진하다.

佛 La chemise est plus proche que le pourpoint.
속 內衣(내의)는 바깥 上衣(상의)보다 가깝다.

La peau est plus proche que la chemise.
피부는 슈미즈보다 가깝다.

羅 Cornix cornici non effodit oculos.
까마귀는 까마귀의 눈을 뽑지 아니한다.

必要(필요)는 法(법)을 깨트린다

뜻 그렇게 하지 아니할 수 없는 切迫(절박)한 필요에서 행한 행위는 違法性(위법성)을 免除(면제)하고, 책임 추궁을 하지 아니한다.

類 필요는 법을 모른다.

日 必要(ひつよう)は法(ほお)を知らない. 필요는 법을 모른다.

英 Necessity has no law. 上同.

Necessity knows no law. 上同.

Necessity defeats the law. 필요는 법을 깨뜨린다.

Necessity makes that lawful which otherwise is unlawful.
 긴급은 긴급하지 않는 경우의 불법을 合法化(합법화)시킨다.

㉓ Not kennt kein Gebot.
 필요(또는 급박)는 법(또는 금지)을 모른다.

㊈ Nécessité n'a pas(point) de loi. 필요(급박, 궁핍)에는 법이 없다.

La faim n'a pas de loi. 배고픔에는 法(법)이 없다.

Ventre affamé n'a pas d'oreilles.
 굶주린 배는 귀를 가지지 아니한다.

(羅) Necessitas non habet legem. 필요에는 법이 없다.

Necessitas vincit legem. 필요는 법을 無效(무효)로 한다.

Quod est necessarium est licitum.
 필요한 것은 適法(적법)한 것이다.

핑계 없는 무덤은 없다

(類) 핑계가 좋아서 사돈네 집에 간다.

여든에 죽어도 핑계에 죽는다.

처녀가 애를 낳고도 할 말이 있다.

핑계 핑계 도라지 캐러 간다.

핑계 김에 서방질한다.

(日) 理屈(りくつ)と膏薬(こうやく)はどこへでもつく.
 핑계와 고약은 어디에도 붙는다.

(英) It is an easy thing to find a staff to beat a dog.
 개를 때릴 막대기를 찾기란 쉽다.

If you want a pretence to whip a dog, it is enough to say he eat up the frying-pan.
개를 때릴 구실을 원한다면, 프라이팬에 든 것을 먹었다고 말하는 것으로 충분하다.

A pretext is never wanting. 핑계는 얼마든지 있다.

Find a woman without an excuse, find a hare without a meuse (muse).
辨明(변명) 없는 여자를 찾아내고, 달아날 틈 없는 토끼를 찾아라.

獨 Wenn man den Hund schlagen will, findet man bald einen Stock.
개를 때리고 싶으면 막대기는 곧 찾을 수 있다.

佛 Qui veut noyer son chien l'accuse de la rage[1].
개를 溺死(익사)시키려 하는 자는 그 개를 狂犬(광견)이라고 비난한다.

羅 Malefacere qui vulet, nusquam non causam invenit.
나쁜 짓을 하려는 자에게 그 이유를 찾을 수 없는 일은 결코 없다.

1) 프랑스에서는 옛날에 개를 죽일 때 목에 큰 돌을 달아서 강에 던졌다 한다.

ㅎ

하나를 보면 열을 안다

뜻 일부만 보아도 전부를 알 수 있다.

매우 영리하여 이해가 빠르다.

類 한 가지를 보면 열두 가지를 안다.

하나를 들으면 백을 통한다.

漢 聞一知十(문일지십). 하나를 듣고 열을 안다.

以近知遠(이근지원) 以一知萬(이일지만) 以微知明(이미지명)[1]. 근처를 보고 먼 곳을 알며, 하나로써 만을 알고, 희미함에서 밝음을 안다.

一葉落知天下秋(일엽락지천하추). 한 잎 떨어져, 천하에 가을을 안다.

日 一(いち)を聞(き)いて十(じゅう)を知(し)る. 하나를 듣고 열을 안다.

一(いち)をもって万(まん)を察(さつ)す. 하나로써 만을 안다.

一葉(いちよう)落(お)ちて天下(てんか)の秋(あき)を知(し)る. 한 잎 떨어져서 천하의 가을을 안다.

一滴(いってき)舌上(したうえ)に通(つう)じて大海(たいかい)の塩味(しおみ)を知(し)る. 한 방울 혀 위에 통하면 대해의 소금 맛을 안다.

1) 荀子 非相.

一班(いっぱん)を見(み)て全豹(ぜんぴょう)を卜(ぼく)す.
반점 하나를 보고 표범 전체를 점친다.

(英) The fox is known by his brush. 여우는 꼬리로써 인정을 받는다.

The sack is known by the sample.
자루 속에 든 것은 見本(견본)을 보면 모두 알 수 있다.

You may see by a bit what the bread is.
한 조각으로써 빵 전체를 알 수 있다.

You may know by a handful the whole sack.
한 주먹 끄집어내어 보면 자루 속에 든 것을 모두 알 수 있다.

One may see day at a little hole.
사람은 작은 구멍을 통하여 햇빛을 볼 수 있다.

Day and truth may be discerned through a little hole.
햇빛과 眞理(진리)는 작은 구멍을 통하여서도 識別(식별)된다.

Pluck the grass to know where the wind sits.
風向(풍향)을 알기 위하여 풀을 꺾는다. 작은 것으로 대세를 안다는 뜻.

The selvage shows the cloth.
織物(직물)의 가장자리는 천의 품질을 보여준다.

The self-edge makes show of the cloth. 上同.

Straws show which way the wind blows. 짚이 풍향을 알려 준다.

Half a word to a wise man is enough.
怜悧(영리)한 자에게는 반 마디 말로도 충분하다.

Half a word to a good understander.
理解(이해)가 빠른 자에게는 반 마디.

Many words to a fool, half word to the wise.
愚者(우자)에게는 많은 말, 賢者(현자)에게는 半(반) 마디.

Send a wise man on an errand and say nothing unto him.
賢者(현자)를 심부름 보낼 때에는 아무것도 말하지 않는다.

㊞獨 An der Klaue erkennt man den Löwen.
발톱으로 사자를 알 수 있다.

Den Bauer erkennt man an der Gabel, den Advokaten am Schnabel.
農夫(농부)는 갈퀴로, 辯護士(변호사)는 주둥아리로 알 수 있다.

An den Federn erkennt man den Vogel. 깃털을 보고 새를 안다.

佛 A bon entendeur, salut. 잘 듣는 자에게 福(복)이 있다.

A bon entendeur, demi-mot. 잘 듣는 자에게 반 마디.

羅 Verbum satis sapienti. 賢者(현자)에게는 한 마디로 족하다.

▌하늘 보고 침 뱉기 ▌

類 누워서 침 뱉기.

제 갓에 침 뱉기.

日 天(てん)を仰(あお)ぎて唾(つばき)す. 하늘을 우러러 침 뱉는다.

英 The stone you throw will fall on your own head.
그대가 던진 돌은 그대 자신의 머리 위에 떨어질 것이다.

He that hews above his head may have the speal fall in his eyes.
자기 머리 위에 있는 나무를 자르는 자는 그의 눈에 부스러기가 들어간다.

獨 Wer über sich haut, dem fallen die Späne ins Gesicht.
위를 짜르는 자에게 부스러기가 얼굴에 떨어진다.

佛 Quand on crache en l'air, votre crachat retombe sur le nez.
공중에 침을 뱉으면, 그 침은 코 위에 떨어진다.

Qui mal veut, mal lui tourne.
惡(악)을 행하고자 하는 자에게 악은 돌아온다.

▌하늘은 스스로 돕는 자를 돕는다 ▌

(漢) 天助自助(천조자조)[1]. 上同.

(日) 天(てん)は自(みずか)ら助(たす)くる者(もの)を助(たす)く. 上同.

(英) God helps those who help themselves. 上同.

(獨) Hilf dir selbst, so hilft dir Gott.
너 자신을 도우라, 그러면 神(신)은 너를 도울 것이다.

(佛) Aide-toi, le ciel t'aidera.
너를 도우라, 그러면 하늘은 너를 도울 것이다.

À toile ourdie, Dieu envoie le fil.
씨줄(縱糸)을 친 포(素地網)에 신은 실을 보낸다.

(羅) Industriam adjuvat deus. 신은 勤勉(근면)을 돕는다.

Dii facientes adjuvant. 신은 活動(활동)하는 者(자)를 돕는다.

▌하늘을 보아야 별을 따지 ▌

(類) 잠을 자야 꿈을 꾸고, 꿈을 꾸어야 님을 보지.

산에 가야 범을 잡지.

씨도 안 뿌리고 거두려 한다.

(日) 蒔(ま)かぬ種(たね)は生(は)えぬ.
뿌리지 아니한 씨는 돋아나지 아니한다.

(英) Pluck not where you never planted.
그대가 심지 아니한 곳에서는 딸 수 없다.

---

1) 孟子.

An old nought(or naught) will never be aught.
옛날의 無(무)가 지금부터 有(유)로 되는 일은 없다.

Nothing is given us in this life without much labour.
이 世上(세상)에 많은 努力(노력) 없이 주어지는 것은 아무것도 없다.

Nothing stake nothing drow.
내기에 아무것도 걸지(賭) 아니하면, 아무것도 끌어올 수 없다.

Nothing down[1] nothing up[2]. 上同.

Nothing comes of(or from) nothing.
無(무)에서는 아무것도 안나온다.

No mill, no meal. 방아를 찧지 않으면 밥이 없다.

If you put nothing into your purse, you can take nothing out.
그대가 지갑 속에 아무것도 넣지 아니하면 아무것도 꺼낼 수 없다.

He who does not kill hogs will not get black pudding[3].
돼지를 죽이지 아니한 자는 검은 푸딩을 가질 수 없다.

There came nothing(or nought) out of the sack but what was in it.
부대 속에서는 그 속에 있었던 것 외에는 아무것도 나오지 아니한다.

No automn fruit without spring blossom.
봄 꽃 없이 가을의 結實(결실) 없다.

Harvest follows seedtime. 수확은 파종에 뒤따른다.

獨 Fleiß erhält den Preis. 勤勉(근면)은 賞(상)을 품고 있다.

Ohne Fleiß kein Preis. 勤勉 없이 報償(보상) 없다.

Aus leerem Stroh drischt man keinen Weizen.
빈 밀집에서는 밀을 脫穀(탈곡)할 수 없다.

Aus nichts wird nichts. 無(무)에서는 아무것도 되지 아니한다.

---

1) down : lay down, wager.
2) up : take up, take into one's possession.
3) black pudding : 돼지 피와 기름으로 만든 푸딩.

Von nichts kommt nichts. 上同.

㊋ On ne fait rien de rien. 無(무)에서는 아무것도 생기지 아니한다.

Pas de course, pas de prix. 뛰지 않으면 賞(상)이 없다.

On ne récolte que ce qu'on a semé.
사람은 씨를 뿌린 것 外(외)에는 收穫(수확)할 수 없다.

On recueille ce qu'on a semé.
播種(파종)한 것을 收穫(수확)한다.

Il faut semer pour recueillir.
거두어들이기 위해서는 씨를 뿌려야 한다.

On ne peut tirer du sac que ce qu'y est.
부대 속에서는 그 속에 있었던 것 以外(이외)에는 끄집어 낼 수 없다.

Comme tu sémeras, tu moissonneras.
그대가 播種(파종)한 대로 수확할 것이다.

㊋ Qui fuguit molam farinam non invenit.
맷돌로부터 달아나는 자는 가루를 얻을 수 없다.

Ex nihilo nihil fit. 無에서는 아무것도 만들 수 없다.

Nil sine magno vita lavore dedit mortalibus.
人生(인생)은 큰 努力(노력)이 없는 人間(인간)에게 아무것도 부여하지 아니했다.

▌하던 지랄도 멍석 펴 놓으면 안 한다 ▌

㊋ 개똥도 약에 쓰려면 없다.

까마귀 똥도 약이라니까 물에 깔긴다.

㊋ 常爲之癎(상위지간) 設網席不爲(설망석불위)[1]. 上同.

---

1) 東言解.

㊐ 乞食(こじき)も頼(たの)めば冷飯(ひやめし)食(く)わず.
거지도 청하면 찬밥을 안 먹는다.

鬼(おに)も頼(たの)めば人(ひと)食(く)わず.
귀신도 부탁하면 사람을 잡아먹지 아니한다.

犬(いぬ)も頼(たの)めば糞(くそ)食(く)わず.
개도 부탁하면 똥을 안 먹는다.

獨 Wenn man den Bauern bittet, wird er um eine Spanne länger.
농사꾼에게 청탁을 하면, 그는 키를 한 뼘이나 뻗친다.

Wenn man den Bauern bittet, so schwillt ihm der Bauch.
농사꾼에게 부탁을 하면, 그는 배를 내어 민다.

Wenn der Bauer kommt auf dem Gaul, reitet er ärger als König Saul.
농사꾼이 말을 타면, 그는 사울 王(왕)보다 더 못되게 탄다.

Kommt der Bettler auf den Gaul, wird er stolz wie König Saul.
乞人(걸인)이 말을 타면, 그는 사울 王(왕)처럼 거만해진다.

한 시를 참으면 백 날이 편하다

類 참을 忍(인)자 셋이면 殺人(살인)도 피한다.

對 性急(성급)한 사람은 술 값 먼저 낸다.(p.218)

참는 데도 한계가 있다.

漢 忍之爲德(인지위덕). 참는 것이 德(덕)을 위한 것이다.

忍之一字(인지일자) 衆妙之門(중묘지문).
참을 忍 한 자는 모든 妙理(묘리)의 문이다.

能忍恥者安(능인치자안) 能忍辱者存(능인욕자존) 脣亡而齒寒(순망이치한)[1].

수치를 잘 참는 자는 편하고, 욕됨을 잘 참는 자 안전하다. 입술이 망하면 이가 시리다.

包羞忍恥是男兒(포수인치시남아)[2].

수치를 품고 참는 것이 남자이다.

(日) 堪忍(かんにん)は一生(いっしょう)の宝(たから).

忍耐(인내)는 일생의 보배.

堪忍(かんにん)はその身(み)長久(ちょうきゅう)の基(もと).

인내는 그 몸이 長壽(장수)할 근본.

堪忍(かんにん)五両(ごりょう). 인내는 다섯 냥.

堪忍袋(かんにんぶくろ)の緒(を)が切(き)れる.

참는 포대(包袋)의 끈이 끊어지다. 참을성의 한계가 터지다.

待(ま)てば海路(かいろ)の日和(ひより)あり.

기다리면 뱃길에 좋은 날씨가 있다.

善(よ)く恥(はじ)を忍(しの)ぶ者(もの)は安(やす)し.

부끄러움을 잘 참는 자는 편안하다.

(英) Patience is a plaster for all sores.

忍耐(인내)는 모든 상처에 붙이는 膏藥(고약)이다.

Patience is a remedy for every grief.

인내는 모든 슬픔의 救濟策(구제책)이다.

Patience is a virtue. 인내는 美德(미덕)이다.

Patient man win the day. 참을성 있는 사람이 승리를 기한다.

Of sufferance comes ease. 인내에서 安樂(안락)이 온다.

---

1) 說苑 說叢篇.

2) 項羽(항우)가 劉邦(유방)에게 패하여 烏江(오강)을 건너려다 말고 자결한 것을 애석하게 여겨, 후세의 詩人(시인) 杜牧(두목)이 읊은 題烏江亭의 한 구절. 勝敗兵家事不期 包羞忍恥是男兒 江東子弟多才俊 捲土重來未可知.

獨 Geduld und Fleiß erringt den Preis.
인내와 勤勉(근면)은 상을 얻는다.

Mit Geduld und Zeit wird's Maulbeerblatt zum Seidenkleid.
忍耐(인내)와 시간으로 뽕잎이 비단옷 된다.

Wer aushält, bleibt Sieger. 참는 자가 勝利者(승리자)로 남는다.

Beharrlichkeit führt zum Ziel. 忍耐(인내)는 목적으로 인도한다.

佛 Tout vient à point à qui sait attendre.
기다릴 줄 아는 자에게는 모든 것이 때맞추어 온다.

Vous ne perdrez rien pour attendre.
그대는 기다린다 하여 잃어버릴 것은 아무것도 없다.

La patience est amère, mais son fruit est doux.
忍耐(인내)는 쓰지만 그 열매는 달다.

La patience(persévérance) vient à bout du tout[1].
인내는 만사를 成就(성취)한다.

▍해는 저물고 갈 길은 멀다 ▍

뜻 이미 늙었는데 할 일은 많다.

漢 日暮道遠(일모도원) 吾生已蹉跎(오생이차타)[2].
해는 지고 길은 먼데 나는 이미 미끄러져 넘어졌다. 일을 이루지 못하고 나이만 먹은 것을 뜻함.

吾日暮塗(途・道)遠(오일모도원) 吾故倒行而逆施之(오고도행이역시지)[3].
해는 저물고 길은 멀다. 그래서 나는 거꾸로 가서 역으로 시행하리라.

---

1) venir à bout qch : ~을 끝장내다, 끝까지 해치우다, 성취하다.
2) 唐書, 白居易傳.
3) 史記, 伍子胥傳.

(日) 日(ひ)暮(く)れて途(みち)遠(とお)し. 날은 저물고 길은 멀다.

日(ひ)西山(せいざん)にせまる. 해가 서산에 임박한다.

(英) To remain still unsettled.

아직 未解決(미해결)인 채로 남아 있다. 앞으로 할 일이 많다는 뜻.

His candle burns within the socket.

그의 촛불은 촛대 안에서 타고 있다. 餘命(여명)이 얼마 남지 아니했다는 뜻.

Art is long, life is short[1]. 藝術(예술)은 길고 인생은 짧다.

(獨) Die Kunst ist lang, das Leben kurz. 예술은 길고 인생은 짧다.

▌行廊(행랑)[2] 빌면 안방까지 든다 ▌

(類) 廳(청)을 빌려 방에 들어간다.

쪽박 빌려 주니 쌀 꾸어 달란다.

업어 주면 안아 달란다.

되면 더 되고 싶다.

줄수록 양양.

말 타면 종 두고 싶다.(p.143)

(漢) 借廳入室(차청입실). 청을 빌려 방에 들어온다.

借廳借閨(차청차규). 청을 빌려 안방 빌린다.

秦之求無已(진지구무이).

토지는 有限(유한)한데 秦(진)나라의 구함은 한이 없다. 주면 줄수록 한이 없다는 뜻.

---

1) Hippocrates의 의술의 습득은 긴 세월이 걸리나 인생은 짧다는 말이 轉化(전화)된 것임.

2) 行廊 : 대문의 양 쪽 또는 문간에 있는 방. 행랑것이 거처하는 방.

得隴望蜀(득롱망촉).
隴(농)땅을 얻은 다음 蜀(촉)나라를 넘겨다 본다.(p.144)

日 庇(ひさし)を貸(か)して母屋(おもや)を取(と)られる.
行廊(행랑)을 빌려주고 안방을 빼앗긴다.

膝(ひざ)に乗(の)せれば肩(かた)という.
무릎에 앉히면 어깨라 한다.

亀(かめ)の年(とし)を鶴(つる)が羨(うらや)む.
거북이 나이를 학이 부러워한다. 천 년을 산다는 학이 만 년을 산다는 거북의 나이를 부러워하니, 慾望(욕망)에 한이 없다는 뜻.

隴(ろう)を得(え)て蜀(しょく)を望(のぞ)む. 得隴望蜀(득농망촉).

英 A falling master makes a standing servant.
主人(주인)이 넘어지면 從(종)이 일어선다. 주인이 망하면 못된 종이 딛고 일어선다.

The more goods, the more greed.
財物(재물)이 많을수록 慾心(욕심)이 많아진다.

The more you have, the more you want.
많이 가질수록 많이 원한다.

I gave the mouse a hole and she is become my heir.
내가 생쥐에게 구멍을 주었더니 그것이 나의 상속인이 되었다.

Let an ill man lie in thy straw and he looks to be thy heir.
나쁜 사람을 그대의 짚 위에 재우면, 그는 그대의 相續人(상속인)이 되려 할 것이다.

Much would have more. 많이 가지면 더 가지려 한다.

When the fox has got in his head he will soon make the body follow. 여우가 머리를 넣으면, 곧 몸뚱이도 넣으려 한다.

獨 Läßt du einen ins Haus kommen, so kommt er dir bald in die Stube. 그대가 어떤 사람을 집에 들여주면, 곧 방에 들어온다.

Je mehr man hat, je mehr will man haben.
많이 가질수록 많이 가지려 한다.

Der Appetit kommt beim Essen. 먹으면서 食慾(식욕)이 생긴다.

Wenn man ihm eine Spanne gibt, so will er eine Elle.
한 뼘을 주면 한 자(尺)를 바란다.

Wenn man den Teufel den Finger gibt, so will er gleich die ganze Hand.
惡魔(악마)에게 손가락을 주면, 그는 곧 손 전부를 바란다.

Wer sich aufs Küssen legt, legt sich auch aufs Kissen.
입맞춤을 한 자는 요 위에 눕는다.

Vom Küssen geht's aufs Kissen. 입맞춤에서 요 위로 간다.

Der Geiz und der Bettelsack sind bodenlos.
貪慾(탐욕)과 동냥 자루에는 밑이 없다.

Des Geizes Schlund[1)] ist ohne Grund.
탐욕의 목구멍에는 밑바닥이 없다.

㊋ Plus on a, plus on veut avoir.
많이 가질수록 더 많이 가지기를 바란다.

L'avarice est comme le feu, plus on y met de bois, plus il brûle.
탐욕은 불과 같아서 장작을 넣을수록 더욱 탄다.

Quand tous vices sont vieux, avarice est encore jeune.
모든 악이 늙어가도 貪慾(탐욕)은 아직 젊다.

Avarice passe nature. 탐욕은 事理(사리)를 넘는다.

▌헌 짚신도 짝이 있다 ▌

㊖ 아무리 못나고 가난한 사람도 다 짝이 있다.

㊔ 헌 고리에도 짝이 있다.

---

1) Schlund : 목구멍, 食道, 深淵, 火口.

日 **割(わ)れ鍋(なべ)に綴(と)じ蓋(ぶた).**
갈라진 냄비에 얽어 맨 뚜껑. 못난 男女끼리 夫婦(부부)로서 和合(화합)하는 것을 비유.

似(に)た者(もの)夫婦(ふうふ). 닮은 것은 夫婦(부부).

似寄(によっ)た者(もの)が女夫(みょうと)になる.
닮은 사람이 부부가 된다.

ねじれ釜(かま)にねじれ蓋(ふた). 비뚤어진 솥에 비뚤어진 뚜껑.

似合(にあ)い似合いの釜の蓋. 닮고 닮은 솥의 뚜껑.

英 Like cup, like cover. 같은 잔에 같은 뚜껑.

Such a cup, such a cover. 그러한 잔에 그러한 뚜껑.

Such pot, such potlit. 그 단지에 그 단지 뚜껑.

The dish wears its own cover[1].
접시는 그 자신의 접시 뚜껑을 쓰고 있다.

A bad Jack may have as bad a Jill.
惡人(악인) 잭은 惡女(악녀) 질을 만날 것이다.

Each Jack shall have his Gill.
甲乭(갑돌)이는 저마다 그의 甲順(갑순)이를 만날 것이다.

The cover is worthy such a cup.
그 뚜껑은 그와 같은 컵에 가치가 있다.

Let beggars match with beggars.
乞人(걸인)은 乞人과 짝을 지우게 하라.

A scabbed horse is good enough for a scabbed squire(or knight).
버즘 있는 말은 옴딱지 있는 나리(또는 기사)에게 알맞다.

There is no pot so ugly that a cover cannot be found for it.
아무리 못생긴 단지에도 맞는 뚜껑은 있다.

---

1) cover : dish cover, 음식을 식지 않도록 하는 접시 뚜껑.

(獨) Kein Topf ist so schief, er findet seinen Deckel.
어떠한 냄비도 뚜껑이 없을 만치 비뚤어진 것은 없다.

Jeder Topf findet seinen Deckel. 어떠한 냄비에도 뚜껑은 있다.

Jeder Hans findet seine Grete.
어떤 甲乭(갑돌)이도 그의 甲順(갑순)이를 찾는다.

(佛) Il n'est si méchant pot qui ne trouve son couvercle.
자기 뚜껑을 못 찾을 만큼 못난 냄비는 없다.

A chacun sa chacune. 각 남성에게는 그의 여성이 있다.

C'est la faim qui épouse la soif.
空腹(공복)이 목마름과 결혼한다. 가난한 자끼리 結婚(결혼)한다는 뜻.

(羅) Dignum patella operculum. 甁(병)에 알맞은 뚜껑.

▌혀 아래 도끼 들어 있다 ▌

(뜻) 말을 잘못하여 남을 해치고 본인도 크게 禍(화)를 입는다는 뜻.

(類) 혀 밑에 죽을 말이 있다.

쌀은 쏟고 주워도 말은 하고 못 줍는다.

발 없는 말이 천리 간다.(p.250)

雄辯(웅변)은 은이요 沈默(침묵)은 황금이다.(p.298)

(漢) 舌底有斧(설저유부)[1]. 上同.

舌下斧入(설하부입)[2]. 上同.

多言數窮(다언수궁). 말이 많으면 窮地(궁지)에 자주 몰린다.

---

1) 松南雜識.
2) 東言解.

㊐ 舌(した)は禍(わざわい)の根(ね). 혀는 禍(화)의 근본.

口(くち)を閉(と)じて目(め)を開(あ)け. 입을 닫고 눈을 떠라.

㊖ Out of the mouth comes evil. 禍(화)는 입에서 나온다.

Into a mouth shut flies fly not.
닫혀진 입 속에 파리는 날아 들어가지 아니한다.

Into a closed up mouth, a fly cannot enter. 上同.

Little said is soon amended. 寡默(과묵)은 고치기 쉽다.

Least(Nothing) said soonest mended. 上同.

More have repented speech than silence.
沈默(침묵)보다 이야기하는 것이 더 많은 後悔(후회)를 한다.

Silence catches a mouse. 沈默(침묵)은 쥐를 잡는다.

No silence was ever written. 침묵은 기록되지 아니한다.

Silence does seldom harm. 침묵은 해를 끼치는 일이 없다.

Your lips hang in your light.
너의 입술이 너의 智力(지력) 앞에 걸려 있다. 입이 손해를 끼치고 있다는 뜻.

獨 Schweigen und Denken kann niemand kränken[1].
가만히 생각하는 것은 누구에게도 傷處(상처)를 주지 아니한다.

Besser stumm als reden dumm. 어리석은 말보다 침묵이 낫다.

Besser geschwiegen als übel gesprochen. 上同.

Wenn der Stein aus der Hand und das Wort aus dem Mund ist, können sie nicht wieder gebracht werden.
손을 떠난 돌과 입에서 나온 말은 다시 돌이킬 수 없다.

Ist der Stein aus der Hand, so ist er des Teufels.
돌이 손에서 떠나면 그것은 惡魔(악마)의 것이 된다.

---

1) kränken : 마음을 상하게 하다. 괴롭히다. 모욕을 느끼게 하다. kranken : 병을 앓고 있다.

(佛) Trop gratter cuit, trop parler nuit.
너무 긁으면 아프고, 너무 말하면 해를 본다.

Qui parle beaucoup, dit beaucoup de sottises.
많이 지껄이는 자는 어리석음을 말한다.

Bouche de miel, coeur de fiel. 꿀의 입, 膽汁(담즙)의 마음.

Un coup de langue est pire qu'un coup the lance.
혀의 일격(험담)은 創(창)의 일격보다 더 지독하다.

▌호가호위(狐假虎威)▐

(뜻) 여우가 호랑이의 威勢(위세)를 빌리다[1]. 남의 권세를 빌려 위세를 떨친다.

(日) 虎(とら)の威(い)を仮(か)る狐(きつね). 범의 위세를 빌리는 여우.

(英) An ass in a lion's skin. 獅子(사자) 가죽 속의 당나귀.

As proud comes behind as goes before.
먼저 가는 자와 똑같이 뽐내며 뒤따라온다. 먼저 가는 主人(주인) 못지 않게 뽐내는 從(종)을 말한다.

(獨) Er ist ein Esel in der Löwenhaut.
그는 사자 가죽 속의 당나귀이다.

(佛) L'âne vêtu de la peau du lion. 사자 가죽을 입은 당나귀.

---

1) 범에게 잡아 먹힐 딱한 처지가 된 여우가 꾀를 내어 범을 속인다. "나는 뭇 짐승의 왕인데 감히 나를 잡아먹으려 하느냐? 내 말이 믿어지지 아니하면 나를 따라 숲속을 한 바퀴 돌아보자" 범이 여우를 따라 숲속을 돌아보니 모든 짐승들이 여우를 보고는 도망을 쳤다. 범은 여우 뒤에 있는 자기를 두려워하여 여러 짐승이 도망치는 줄 모르고 여우의 위세를 인정했다.

❙ 호랑이 굴에 들어가야 호랑이 새끼를 잡는다 ❙

漢 不入虎穴 不得虎子(불입호혈 부득호자). 上同.

日 虎穴(こけつ)に入(い)らずんば虎児(こじ)を得(え)ず. 上同.

英 Nothing venture nothing have.
冒險(모험)하지 아니하면 아무것도 얻지 못한다.

The more danger the more honour.
危險(위험)할수록 名譽(명예)는 크다.

She that will not venture her eggs shall never have chickens.
알을 낳으려고 모험하지 아니하는 암탉은 병아리를 가질 수 없다.

獨 Wer Eierkuchen will, muß Eier einschlagen.
오믈렛을 원하는 자는 계란을 깨뜨려야 한다.

Wer Honig lecken will, muß der Bienen Stachel nicht scheuen.
꿀을 핥으려는 자는 벌침을 두려워해서는 안 된다.

Wer den Kern essen will, muß die Nuß knacken.
알맹이를 먹으려 하는 자는 호두를 깨뜨려야 한다.

Wer nicht wagt, gewinnt nicht.
冒險(모험)하지 아니하는 자는 아무것도 얻지 못한다.

佛 Qui ne risque rien, n'a rien.
모험하지 아니하는 자는 아무것도 가질 수 없다.

On ne saurait faire une omelette sans casser les oeufs.
鷄卵(계란)을 깨지 않고서는 오믈렛을 만들 수 없다

On ne mange pas son pain dans l'oisiveté.
無爲(무위) 속에서는 자기 빵을 먹을 수 없다.

호랑이도 제 말 하면 온다

漢 談虎虎至 談人人至(담호호지 담인인지)[1].
호랑이 제 말 하면 오고, 사람도 제 말 하면 온다.

日 噂(うわさ)をすれば影(かげ)がさす. 평판을 하면 그림자가 비친다.

譏(そし)れば影(かげ)がさす. 비난을 하면 그림자가 비친다.

英 The devil is never nearer than when we are talking of him.
악마 이야기를 하고 있을 때보다 악마가 더 가까이 있을 때는 없다.

Sooner named sooner come. 이름 부르기 바쁘게 나타난다.

Speak of the devil and he will appear.
惡魔(악마)를 들먹이면 악마가 나타난다.

Speak of the wolf and you will see his tail.
늑대를 들먹이면 늑대 꼬리가 보인다.

獨 Wenn man den Teufel an die Wand malt, so kommt er.
악마를 벽에 그리면 악마가 나타난다.

Man soll den Teufel nicht an die Wand malen.
악마를 벽에 그려서는 안 된다. 不吉(불길)한 이야기를 하지 말라는 뜻.

Wenn man den Wolf nennt, so kommt er gerennt.
늑대의 이름을 부르면 늑대가 쫓아온다.

Wenn man vom Wolfe spricht, so ist er nicht weit.
사람이 늑대 이야기를 하면 늑대는 먼 곳에 있지 않다.

佛 En parlant du loup, on en voit la queue.
늑대를 들먹이면 그 꼬리가 보인다.

Quand on parle de la rose, on en voit les boutons.
薔微(장미) 이야기를 하면 그 봉오리가 보인다.

---

1) 耳談續纂.

歡樂(환락) 끝에 슬픔이 온다

(對) 고생 끝에 낙이 있다.

苦盡甘來(고진감래). 쓴 것이 다하면 단 것이 온다.

(漢) 興盡悲來(흥진비래). 興이 다하면 슬픔이 온다.

歡樂極兮哀情多(환락극혜애정다)[1]. 기쁨이 극에 달하니 슬픔이 많다.

(日) 楽(らく)は苦(く)の種(たね). 樂(낙)은 고생의 씨.

歓楽(かんらく)極(きわ)まりて哀情(あいじょう)多(おお)し. 환락이 극에 달하면 슬픔이 많다.

楽は一日(いちにち)苦(く)は一年(いちねん). 낙은 하루, 苦生(고생)은 一年.

(英) After pleasure comes pain. 즐거움 뒤에 고생 온다.

Every dram(or pint) of delight has a pound(or gallon) of pain. 한 드럼(또는 한 핀트)의 쾌락마다 한 파운드(또는 한 갤런)의 고통이 있다.

If you lie upon roses when young, you'll lie upon thorns when old. 젊어서 장미에 누워 있으면 늙어서 가시에 눕게 된다.

There is no pleasure without pain. 고생 없는 快樂(쾌락)은 없다.

No weal without woe. 禍(화) 없는 福(복)은 없다.

(獨) Hast du Lust zum Süßen, laß dich Bittres nicht verdrießen. 단 것에 대한 慾望(욕망)이 있으면 쓴 것을 싫어하지 말라.

Wer viel Honig schleckt, muß viel Wermut schlucken. 꿀을 많이 핥는 자는 많은 약쑥을 들이켜야 한다.

---

1) 文選 漢武帝 秋風辭. 秋風起兮白雲飛 草木黃落兮雁南歸 蘭有秀兮菊有芳 攜佳人兮不能忘, 泛樓舡兮濟汾河, 橫中流兮揚素波, 簫鼓鳴兮發棹歌, 歡樂極兮哀情多, 小壯幾時兮奈老何.

Wer Honig lecken will, muß der Bienen Stachel nicht scheuen.
꿀을 핥으려는 자는 벌침을 두려워해서는 안 된다.

Was süß schmeckt, muß sauer erworben werden.
달콤한 맛이 나는 것은 고생으로 얻어야 한다.

Auf Freud' folgt Leid. 快樂(쾌락) 끝에 고통이 따른다.

Keine Freud' ohne Leid. 苦痛(고통) 없는 쾌락은 없다.

Freud und Leid sind nahe Nachbarn.
쾌락과 고통은 가까운 이웃이다.

Geteilte Freude ist doppelte Freude, geteilter Schmerz ist halfer Schmerz.
나누어진 기쁨은 두 배의 기쁨이고, 나누어진 苦痛(고통)은 切半(절반)의 고통이다.

Auf Lachen folgt Weinen. 웃음 뒤에 울음이 따른다.

Kurze Lust, lange Reue. 짧은 쾌락에 긴 後悔(후회).

Kurze Vergnügen, langer Jammer. 짧은 滿足(만족) 긴 고통.

佛 Nul bien sans peine. 苦生(고생) 없는 富(부)는 없다.

Pas de plaisir sans peine. 고생 없이 즐거움 없다.

Il n'y a pas de fête sans lendemain.
翌日(익일) 없는 祝祭(축제) 없다.

Il n'y a pas de roses sans epines. 가시 없는 장미 없다.

Le miel est doux, et l'abeille est amère.
꿀은 달지만 벌침은 아프다.

Plaisir d'amour ne dure qu'un moment, chagrin d'amour dure toute la vie.
사랑의 기쁨은 瞬間(순간)보다 길지 않고, 사랑의 슬픔은 사는 동안 계속된다.

羅 Sequitur post gaudia luctus. 즐거움 뒤에 슬픔이 따른다.

흐르는 물은 썩지 아니한다[1]

類 돌쩌귀에 녹이 슬지 아니한다

부지런한 물방아는 얼 새도 없다.

홈통은 썩지 아니한다.

漢 流水不腐(유수불부). 上同.

戶樞不蠹(호추불두). 문지도리[2]는 좀이 먹지 아니한다.

日 淀(よど)む水(みず)には芥(ごみ)溜(たま)る. 괸 물에 먼지 모인다.

流水(りゅうすい)腐(くさ)らず戸枢(こすう)むしばまず.
흐르는 물은 썩지 않고, 문지도리는 벌레 먹지 아니한다.

使(つか)う鍬(くわ)は錆(さ)びぬ. 쓰는 괭이는 녹슬지 않는다.

精(せい)出(だ)せば凍(こお)る間(ま)もなし水車(みずぐるま).
부지런하면 얼 틈도 없는 물방아.

英 Standing pools gather filth. 물이 괸 못에는 오물이 모인다.

Running water is better than standing.
흐르는 물은 고인 물보다 낫다.

Drawn wells have sweetest water. 퍼내는 우물의 맛이 제일 좋다.

Rolling stone gethers no moss.
구르는 돌은 이끼가 끼지 아니한다. 이 속담은 두 가지 반대로 해석된다. 첫째는 자주 움직여야 녹슬지 않고 빛난다는 긍정적 뜻이며, 둘째는 자주 轉業(전업)하면 경험을 쌓지 못하고 실패한다는 부정적인 뜻이다.

獨 Rast' ich, so rost' ich. 내가 쉬면 나는 녹슨다.

Wer rasted, der rostet. 쉬는 자는 녹슨다.

---

1) 中國.
2) 지도리 : 돌쩌귀·문장식 등의 총칭.

Gebrauchter Pflug blinkt, stehendes Wasser stinkt.
쓰이는 쟁기는 빛나고, 고인 물은 냄새 난다.

(佛) Pierre qui roule n'amasse pas mousse.
구르는 돌에는 이끼가 끼지 아니한다.

La clef dont on se sert est toujours claire.
쓰고 있는 열쇠는 언제나 반짝인다.

찾아보기

한 국 어

ㄴ

ㅁ

ㅂ

ㅅ

ㅇ

ㅊ

ㅋ

ㅌ

ㅍ

ㅎ

漢 文

ㄴ

ㄷ

ㅂ

ㅅ

ㅇ

ㅈ

ㅊ

日本語

あ

い

か

き

く

け

こ

さ

し

す

せ

そ

た

ち

つ

て

と

な

に

ひ

ふ

へ

ほ

ま

み

む

め

も

や

ら

り

る

れ

ろ

わ

英 語

A

B

C

D

E

F

G

H

J

K

L

M

N

O

P

Q

R

S

T

U

V

W

Y

Z

獨逸語

A

B

E

H

I

J

K

L

M

N

O

P

R

S

T

U

V

W

Z

프랑스어

A

B

C

D

E

F

G

H

I

J

L

M

N

O

P

Q

R

S

T

U

V

라 틴 어

Q

R

S

U

V